D1725909

Patrick Barrett | Susy Flory
Lebensretter mit langen Ohren

Über die Autoren

PATRICK BARRETT wuchs in Liscarroll auf, einem kleinen irischen Dorf in der Grafschaft Cork in Irland, wo seine Eltern *The Donkey Sanctuary Ireland* gründeten. Als Teenager schloss sich Patrick den irischen Streitkräften an und diente von 1998 bis 2003 im Kosovo und im Libanon. Anschließend arbeitete er fast zehn Jahre auf dem Eselhof. Während dieser Zeit veränderte sich sein Leben nachhaltig und der Hof wurde für ihn zu einem Zufluchtsort, wo er wieder zurückfand zur Natur, seinem Land, seiner Familie, zu Gott und der Weisheit der Esel. Seit 2016 arbeitet er als Psychotherapeut und nutzt das, was er bei seiner Arbeit auf dem Eselhof gelernt hat, um Menschen mit PTBS oder Suchterkrankungen zu helfen. 2015 heiratete er seine Jugendfreundin Eileen. Zusammen haben sie fünf Kinder.

SUSY FLORY ist *New-York-Times* Bestsellerautorin und Co-Autorin von sechzehn Büchern, darunter *Held auf vier Pfoten*. Susy ist Leiterin der *West Coast Christian Writers*, einer gemeinnützigen Organisation, die Autorenkonferenzen veranstaltet, und absolviert derzeit einen Master-Studiengang für Neues Testament am *Northern Seminary*. Mit ihrem Ehemann Robert hat sie zwei erwachsene Kinder und lebt in den Bergen von Kalifornien.

Patrick Barrett
Susy Flory

LEBENSRETTER
mit langen Ohren

Als alles verloren schien,
schickte Gott mir einen Esel

Aus dem Englischen von Heide Müller

BRUNNEN
Verlag GmbH · Giessen

Titel der US-amerikanischen Originalausgabe: Sanctuary
© 2022 Patrick Barrett und Susy Flory
Veröffentlicht mit Einverständnis von Tyndale House Publishers, Inc.

Die Bibelzitate sind folgenden Bibelübersetzungen entnommen:
1. Mose 16,12; Jakobus 2,26; Psalm 104,10; Markus 8,22-25: Neue Genfer Über-
setzung – Neues Testament und Psalmen. Copyright © 2011 Genfer Bibelgesellschaft; Genesis u. Exodus © 2020 Deutsche Bibelgesellschaft, Stuttgart, und Brunnen Verlag GmbH, Gießen.
Hiob 39,5: Hoffnung für alle®, Copyright © 1983, 1996, 2002, 2015 by Biblica,
Inc.®. Verwendet mit freundlicher Genehmigung des Herausgebers Fontis.

© der deutschen Ausgabe: 2023 Brunnen Verlag GmbH, Gießen
Lektorat: Konstanze von der Pahlen
Umschlagfoto: © Adrian O'Neill, staywildimages.com
Fotos im Innenteil: © Patrick Barrett privat; Foto von Patrick Barrett und
Susy Flory, Foto Esel (solo) © Marci Seither
Umschlaggestaltung: Jonathan Maul, Brunnen Verlag
Satz: Brunnen Verlag
Druck: GGP Media GmbH, Pößneck
Gedruckt in Deutschland
ISBN Buch 978-3-7655-3640-3
ISBN E-Book 978-3-7655-7672-0
www.brunnen-verlag.de

*Ich widme dieses Buch dem charakterstärksten und
fürsorglichsten Menschen, den ich kenne – meiner Mutter.
Ich liebe dich von ganzem Herzen.*

*Und meiner Seelenfreundin Eileen.
Du bist das hellste Licht in meinem Leben, für mich
der Inbegriff der Liebe. Mit dir ist kein Tag langweilig. Ich liebe dich.*

Inhalt

Von Eseln großgezogen

Wer hat dem Wildesel die Freiheit gegeben,
wer hat seine Fesseln gelöst?
Ich gab ihm die Steppe als Lebensraum,
die Salzwüste als sein Gebiet.

HIOB 39,5

Ich bin auf dem Rücken eines Esels aufgewachsen. Als ruheloser Tagträumer, der ich war, liebte ich es, das Land zu durchstreifen – ein Land, das ich erst im Rückblick als Paradies erkennen würde. Wirklich schätzen lernte ich Irland erst, nachdem ich es als Heimat beinahe verloren hatte.

Ich lebe in dem alten Dorf Liscarroll in der Grafschaft Cork ganz im Süden der Grünen Insel. Hier gehöre ich hin. Ich weiß, wer in welchem Haus wohnt und wer früher darin gelebt hat. So geht es allen hier. Unsere jahrtausendealte Geschichte, unsere Legenden und Lieder liegen uns im Blut. Wir sind ein Land von Träumern, die ihre Geschichten bewahren und weitererzählen.

Früher war Munster eines der Königreiche des gälischen Irlands, das von einem *rí ruirech* – König der Könige – regiert wurde. Mein Namensvetter, der heilige Patrick, brachte das Christentum nach Irland und wirkte mehrere Jahre auch in unserer Gegend. Später kamen erst die Wikinger, dann die Engländer. Jedes Mal wurde viel Blut für die Sache der Freiheit vergossen. Wir Iren sind bekannt für unseren erbitterten Widerstand gegen Unterdrückung jeder Art und wir sind Kämpfer, wenn wir auch nicht jeden Kampf gewonnen haben. Außerdem lieben wir unsere alten Sportarten, unseren Whiskey, unser Erbe, unsere Dörfer und unsere Familien.

Liscarroll war für mich als Kind ein magischer Ort, mit seinem heiligen Brunnen, *Tobar Mhuire*, der gälische Name für Marienbrunnen. Dorthin brachten die Menschen Zettel, auf die sie ihre Nöte geschrieben hatten, und hofften auf Besserung.

Tief beeindruckt war ich auch von der steinernen Kirchenruine, dem alten Friedhof, in dem unzählige Ahnen begraben liegen, und unserer großen Burg Liscarroll Castle. Sie thront mit ihren vier massiven Rundtürmen am Dorfrand.

Als Junge war die Burgruine mein Abenteuerspielplatz. Hier wurde ich zum Krieger, der siegreich gegen Schurken kämpfte. Ich weiß noch, wie ein Junge aus dem Dorf einmal auf der Burgmauer entlangrannte, hinabstürzte und sich dabei den Knöchel brach. Aber das konnte mich nicht aufhalten, dort weiter herumzutoben. Ich hatte Schlachten zu schlagen!

Zwischen den hügeligen grünen Wiesen rund um das Dorf standen seltsame Baumgruppen, die wir „Feenringe" nannten. Eichen, Eschen, Haseln, Birken und Weiden waren exakt im Kreis angeordnet. Kein Bauer hätte es gewagt, diese Bäume zu fällen oder die geheimnisvollen Orte irgendwie anzurühren – aus Angst, dass zornige Feen Unheil über ihn bringen könnten.

Dank meiner Mutter erlebte ich eine regelrechte Bilderbuch-Kindheit. Wir lebten auf einem herrlichen Hof inmitten von grünen Hügeln. Moosbewachsene, mit Brombeeren überwucherte Steinmauern durchzogen die Felder. Unser Familienbetrieb mit dem Namen *Donkey Sanctuary* (Zufluchtsort für Esel) wurde im Laufe der Zeit zu einem Heim für unzählige Langohren. Wann immer mein Vater einen Esel sah, der Hilfe brauchte, brachte er ihn nach Hause zu meiner Mutter.

Ohne meine Mutter Eileen gäbe es keinen Eselhof, darin waren sich alle einig. Sie unterstützte meinen Vater dabei, seinen Traum zu verwirklichen: Eseln in Not einen Zufluchtsort zu bieten. Aber damals war sie für mich schlicht und einfach Mam, eine typisch irische Mutter, stark, unerschrocken und zweifellos das Rückgrat unseres Zuhauses. Bei ihr ging Liebe durch den Magen. Besonders deutlich wurde mir das, wenn es für mich und meine drei älteren Schwestern Debbie, Helen und Eileen ofenfrische Scones gab.

Mam und Dad hatten den Eselhof deshalb eröffnet, weil wir Iren unsere Esel nicht immer so lieben, wie wir sollten. Jahrhundertelang dienten diese originellen Vierbeiner unserem Volk gut und willig. Die Menschen wussten ihre Arbeit zu schätzen: frische Milch zum Milchhof schaffen, Algen vom Strand abtransportieren, Gemüse zum Markt bringen, Heuballen von den Feldern und Torf aus dem Moor holen, Menschen auf ihrem Rücken tragen oder ihre Wagen ziehen. So mancher Esel hatte seinen Besitzer schon sicher nach Hause gebracht, wenn der zu tief ins Glas geschaut hatte und ungeachtet der holprigen Wege seelenruhig im Wagen schlief.

Doch kaum hatte der Traktor in Irland Einzug gehalten, blieb für die Esel nicht mehr viel zu tun. Mit zunehmender Mechanisierung in der Landwirtschaft wurden Tausende von Eseln in ganz Irland nicht mehr gebraucht. Manchmal waren die Leute auch einfach zu alt, sich um sie zu kümmern, oder sie setzten ihre kranken Esel zum Sterben an der Straße aus.

Aber einige dieser Kreaturen hatten das Glück, gefunden und gerettet zu werden, wie mein erster und bester langohriger Freund Aran. Ihm und den anderen Eseln – Timmy, Jerusalem, Penelope und Peanut, Guinness, Tinsel, Nollaig und Jacksie – verdanke ich so viel. Jeder von ihnen zeigte mir etwas über mich selbst und über das Leben.

Jetzt, wo ich älter bin, habe ich erkannt, wie viel ich mit Eseln gemeinsam habe: Auch ich will nicht immer das tun, was man mir sagt. Es ist nicht leicht, einem Esel seinen Willen aufzuzwingen, was wohl der Grund ist, warum sie manchmal misshandelt werden. Sie haben ihren eigenen Kopf und ihre eigene Sicht der Dinge. Zuweilen weigern sie sich zu gehorchen.

Esel sind viel mehr als demütige Lasttiere; sie sind klüger als Pferde, willensstark und ausgesprochen intuitiv. Wenn sie gut versorgt werden, können sie fünfzig oder sechzig Jahre alt werden. Es sind kräftige, widerstandsfähige, loyale Tiere, die hart arbeiten können. Sie leben in großen Herden, bleiben zusammen und sorgen füreinander wie große irische Familien.

Obwohl auch ich meine Herde hatte – eine Familie, die immer für mich da war, und Eltern, die bei meiner Erziehung ihr Bestes gaben –, kam eine Zeit, in der ich meine Familie, die Esel und dieses kleine Eckchen Paradies verließ und vom Weg abkam. Doch mein Herz gehörte dem Eselhof und meine Seele blieb mit dem Felsen ganz oben auf dem Hügel hinter unserem Haus verbunden. Für mich ist das der liebste Ort auf der Welt. Selbst in meinen dunkelsten Tagen trug ich ein Bild des Dorfes mit der Burg und den sanften grünen Hügeln von Liscarroll in meiner Tasche.

Auf unserem Hof fühlte ich mich als Kind zwar irgendwie immer ein wenig im Schatten der Esel; trotzdem weiß ich, dass ich ohne diese schönen, sturen Wesen heute nicht hier wäre. Die Esel waren immer für mich da, sie liebten mich, akzeptierten mich und glaubten an mich, als alle Welt mich schon fast aufgegeben hatte. Ich lernte mit ihnen zu reden und – was noch wichtiger ist – auf sie zu hören.

Ich bin in meinem Leben durch manche Prüfung gegangen. Einige davon habe ich mir ausgesucht und bestanden, andere nicht. Aber ich bin gesegnet, weil meine Mam und mein Dad verlorenen Eseln einen Zufluchtsort boten, ohne zu ahnen, dass dieser Ort auch mich eines Tages retten würde. Die Esel führten mich nach Hause, zurück zu dem zerfallenen steinernen Wachtturm oben auf dem Hügel. Und eines Nachts, als alles verloren schien, begegnete mir dort auf dem Felsen Gott.

KAPITEL EINS

Träumen mit Jacksie

Märchen sind mehr als nur wahr – nicht deshalb, weil sie uns sagen,
dass es Drachen gibt, sondern weil sie uns sagen,
dass man Drachen besiegen kann.

G. K. CHESTERTON

Jacksie ist ein struppiger braun, silber und weiß gescheckter irischer Esel mit einer lauten Stimme und einem breiten, schiefen Grinsen. Seine Mutter wollte ihn nicht, also lebte er fast von seinem ersten Tag an bei meiner Familie und hält sich inzwischen wohl selbst für einen Menschen.

Als Jacksie als winziges, hungriges Fohlen zu uns kam, brauchte er rund um die Uhr alle drei Stunden eine große Flasche Milch. Immer wenn ich mit der Nachtschicht dran war, baute ich um uns herum ein gemütliches Nest aus Stroh und wartete, bis Jacksie seine winzige weiße Samtnase an meiner Hand rieb.

„Na, hast du Hunger? Es ist gleich so weit, Jacksie."

Ich strecke die Hand aus und streiche ihm über den Widerrist, zeige ihm die Flasche und schüttle sie sanft. Jacksie legt den Kopf schief, sodass sein flauschiger Haarschopf beinahe seine leuchtenden schwarzen Augen bedeckt. Seine Ohren sind fast so groß wie sein Kopf, innen flaumig weiß und an der Spitze so braun, als seien sie in Schokolade getaucht worden. Seine Schnauze ist reinweiß und unter seinen blassroten Lippen sprießt ein Büschel weicher, lockiger Baby-Tasthaare hervor.

Sobald ich mit der Flasche auf ihn deute, legt er die Ohren zurück und stürzt darauf zu, um den Sauger zu fassen und die warme Milch zu schlürfen. Dabei blickt er mir in die Augen. Ich spüre tief in meinem Inneren ein leichtes Kribbeln. So geht es mir bei Jacksie immer.

Er sieht mich als Bruder an. Immer wenn er tagsüber meine Stimme von jenseits des Zauns hört, beginnt er in seiner quiekenden Fohlenstimme zu schreien – das typische I-Aah gelingt ihm noch nicht und das wird auch noch eine Weile so bleiben. Wenn ich das Gatter aufmache, versucht er, seinen Hals um mich zu schlingen, als wolle er mich umarmen, oder knabbert mit seinem Zahnfleisch an meinem Arm. Er möchte einfach zu meiner Herde gehören.

Wenn die Flasche halb leer ist, machen wir eine Pause und lauschen den anderen Eseln auf unserem Hof. Hunderte von ihnen pflegen in den Scheunen ihre nächtlichen Rituale. Manche stehen die ganze Nacht im Stroh und kauen abwechselnd ein wenig Heu oder ein paar Körner, bevor sie im Stehen das nächste Nickerchen halten. Andere legen sich hin und schlafen fest ein, zucken ab und zu mit den Beinen und träumen vermutlich davon, an Sonnentagen über sattgrüne Wiesen zu galoppieren. Wieder andere sind eher ruhelos und immer irgendwie in Bewegung, horchen und beobachten, stehen Wache und rufen warnend I-Aah, wenn sie auf den Feldern das heisere Bellen eines Fuchses hören.

Jacksies Ohren heben sich ein wenig und zucken, während er den Herden lauscht. Eines Tages wird er dazugehören.

Als Jacksies Magen sich allmählich füllt und er nur noch langsam schluckt, sinken seine weichen grauen Lider. Seine Augen sind schwarz umrandet und an beiden Enden ausgestellt, als hätte ihn ein ägyptischer Maskenbildner mit Kajal bemalt. Ein schmaler Streifen weißen Fells und dünne, silbrige Wimpern säumen die schwarze Linie.

Die Wärmelampe über mir wirft einen rosigen Schein. Ich ziehe meine Jacke aus und lege mich zurück ins warme Stroh. Jacksie geht auf die Knie und kauert sich zusammen, den Rücken an meine rechte Seite geschmiegt. Als seine Nase wieder auftaucht, lege ich den Arm um seinen Kopf und halte die Flasche genau im richtigen Winkel, dass er die letzten paar Tropfen heraussaugen kann.

Auch meine Augen werden schwer. Während ich auf die Flasche schaue, streift mein Blick die leicht erhabene Narbe, die sich in Form eines Halbkreises über meinen rechten Unterarm zieht. Dann schlafe ich mit Jacksie ein. Als die Flasche aus meiner Hand ins Stroh rollt, fange ich an, von einem dunkelhaarigen Jungen zu träumen. Ich weiß, dass ich es selbst bin, aber es kommt mir trotzdem so vor, als würde ich einen Film schauen, und ein Junge bin ich schon lange nicht mehr.

Ich stehe auf einem Felsblock, dem höchsten Punkt eines grünen Hügels, und spüre, wie mir der Wind durchs Haar weht. Der Felsen weist zum Himmel und die kleine ebene Fläche oben ist mein Lieblingsplatz auf dieser Erde. Meine Großmutter, die im Bruchsteinhaus am Fuße des Hügels wohnt, sagt, der Felsen sei der Überrest eines steinernen Wachtturms, der vor langer Zeit zerstört wurde. Nun bin ich also auf Beobachtungsposten und schaue hinunter auf die Straße, die mitten durchs Dorf verläuft.

An einem Ende sehe ich die mächtige Burgruine – ein großes graues Rechteck mit einem massiven Turm in jeder Ecke, erbaut aus Kalkstein vom alten Steinbruch, der zum Hof meiner Großmutter gehört. Ich stelle mir Scharen irischer Krieger in dunkelgrüner Tunika und dunklen Lederstiefeln vor, in der einen Hand einen Schild aus Eichenholz, in der anderen ein blitzendes Schwert, womit sie die Dorfbevölkerung gegen Eindringlinge verteidigen. Eines Tages möchte ich einmal genauso mutig und stark sein.

Aber im Moment ist mein tapferes Ross kein starkes Kriegspferd. Nein, es ist ein kleiner Esel mit tonnenförmigem Rumpf, grauen und weißen Flecken im Fell, wuscheligen Ohren und gedrungenen Beinen. Er heißt Aran und lebte früher bei einem alten Mann, der sich nicht mehr um ihn kümmern konnte. So landete er schließlich auf unserem Hof.

In meinem Traum trabt Aran auf den Felsen zu. Ich springe herunter, falle ihm um den Hals und schwinge mich auf seinen Rücken. „Los, Aran!" Er galoppiert ein bisschen, dann bleibt er stehen und schnappt sich ein paar Grashalme. Ich beuge mich über seinen Hals und lege die Arme um ihn. Er ist der allererste Esel, mit dem ich mich angefreundet habe. Wenn ich einsam bin, kommt er zu mir. Wenn ich Angst habe, tröstet er mich. Wenn ich das Gefühl habe, nicht gesehen zu werden, sieht Aran mich. Wir sind seelenverwandt.

Ich gleite von seinem Rücken und gemeinsam gehen wir Seite an Seite den Hügel hinunter. Es wird allmählich dunkel. Mam wird sich schon Sorgen machen. Sie erwartet uns bereits am Tor, führt Aran in den Stall und nimmt mich zum Abendessen mit ins Haus. Mam hat einfach ein Händchen für Esel. Das sagt jeder. Sie spricht ihre Sprache und bringt sie dazu, ihr zu gehorchen.

Zurück in der Wirklichkeit, schrecke ich vom Schreien eines Esels in einer der anderen Scheunen auf. Jacksie rührt sich neben mir, raschelt im Stroh, schmiegt sich ein wenig näher an mich und wärmt meine Seite. Sein Atem wird langsamer und er schläft wieder ein.

Diesmal bleibe ich wach, falle dann aber in eine Art Halbschlaf und jetzt habe ich keinen schönen Traum.

Ich bin in einer Großstadt, rings um mich Betonbauten und gepflasterte Straßen, auf denen Autos vorbeibrausen. Die Luft ist staubig und stickig, es weht kein Lüftchen und es duftet nicht nach Gras. Menschen gehen an mir vorüber, ohne mich eines Blickes zu würdigen. Als sei ich unsichtbar. Ich gehe weiter, aber überall sieht es gleich aus. Weit und breit nichts als heruntergekommene alte Gebäude.

Ich bleibe stehen und betrachte in einem Schaufenster mein Spiegelbild.

Wer bist du?

Wo ist der sorglose Junge vom Felsen geblieben? An seiner Stelle schaut mich ein Mann aus glanzlos schwarzen Augen an.

Was ist nur los mit dir?! Warum ist alles so verkorkst?

Ich schüttle den Kopf und fahre mir mit der Hand übers Gesicht, dann schaue ich wieder mein Spiegelbild an. Ein tiefer Schmerz ergreift mich.

Warum bekommst du dein Leben nicht in den Griff?

Ich möchte laut schreien, aber ich weiß: Wenn ich einmal angefangen habe, kann ich nicht mehr aufhören. Ich erkenne kaum noch das Gesicht im Fenster. Was ich einst war, habe ich verloren; in mir ist Finsternis, um mich herum nichts als dunkle Schatten.

Was für ein unerträglicher Anblick! Ich balle meine rechte Hand zur Faust, hole aus und schlage mit aller Kraft auf das große Fenster ein. Das Glas springt und das Spiegelbild des Mannes mit den trüben Augen zerbricht.

Wieder rührt sich neben mir das Eselfohlen Jacksie, wälzt sich und reibt seine Stirn an meinem Arm. Ich streichle ihm über Hals und Ohren. Nun bin ich ganz wach, bereit, wieder ins Haus zu gehen und in mein eigenes Bett zu kriechen.

Ich decke seine langen, schlaksigen Beine mit Stroh zu und lasse ihn friedlich schnarchend in seinem warmen Nest liegen. Sicher träumt er davon, mit der Herde über grüne Weiden zu toben. Ich mache mich auf den Weg zurück zu meiner eigenen Herde.

KAPITEL ZWEI

Aran, der Ausreißer

Ein guter Freund ist wie ein vierblättriges Kleeblatt;
schwer zu finden, doch welch ein Glück, ihn zu haben.
IRISCHES SPRICHWORT

Als ich mit Dad aufbrach, um Aran abzuholen, wusste ich noch nicht, dass ich gleich meinen ersten und gleichzeitig besten Freund kennenlernen würde. Ich war damals sieben Jahre alt und begleitete meinen Vater nicht nur gern bei seiner Arbeit. Für mich war es allein schon ein Abenteuer, mit ihm zusammen in unserem grünen Jeep mit Rolls-Royce-Anhänger – einer Spende an den Eselhof – über die Straßen zu holpern.

Irlands Straßen sind von alten Bruchsteinmauern gesäumt, an denen Weinreben, Margeriten, Wildrosen, Fingerhut und Glockenblumen wachsen. Dahinter erstrecken sich grüne Wiesen mit sonnengelben Kreuzkrautbüscheln. An manchen Stellen reichen dichte Wälder bis an die Mauern, links und rechts. Die Baumkronen sind oft über die Straße hinweg ineinandergewachsen, sodass es im Auto dunkel wird, wenn man in einen solchen Blättertunnel fährt. An anderen Stellen wuchert leuchtendes Moos und manchmal sogar dichtes Gras direkt auf der Fahrbahn und man rollt über einen saftig grünen Teppich.

Jeder Autofahrer fährt so schnell wie möglich und ist es gewohnt, Hindernissen geschickt auszuweichen. Seien es wuchtige, knatternde Traktoren mit riesigen Rädern, qualmende Lastwagen, gigantische fahrende Heckenschneider mit langem Schwert, Menschen mit Kindern und Hunden, manchmal auch Pferde mit Reitern oder Schafe. In den Dörfern heißt es dann vom Gas gehen und auf ältere Leute und auf noch mehr Hunde achtgeben. Zudem sind die Straßenschilder nicht immer gut zu entziffern (und oft in Alt-Irisch, auch Gälisch genannt).

Aber das macht nichts. Wer in Irland aufwächst, der hat die Straßen im Kopf. Jeder weiß, wer diesen Laden oder jenes Pub betreibt, weil sie und ihre Familien schon seit Jahrhunderten dort leben (und man selbst sogar mit manchen verwandt ist). Jeder kennt die alten Bruchsteinscheunen, die Cottages, die Ruinen von Türmen, Klöstern und Burgen. Sie alle gehören zur Landschaft wie die Bäume.

Die Menschen, die im Laufe der Jahrtausende in Irland lebten, haben ein Stück von sich selbst und ihrer Geschichte zurückgelassen. Für mich war das ganz normal. So normal, wie mit meinem Dad auf Rettungsmission zu gehen, wenn wieder einmal ein Esel unsere Hilfe brauchte. Das gefiel mir besonders gut – viel besser, als in der Schule zu sitzen, dem Lehrer zuzuhören, dabei aus dem Fenster zu schauen und mich zu unseren Eseln auf die Felder zu träumen.

Nach einer kurzen Fährfahrt bei unruhiger See – der ersten meines Lebens – erblickte ich einen einsamen Esel. Er lebte ganz allein auf einem Feld auf Inishmore, einer der zerklüfteten Aran-Inseln im Atlantik vor der Westküste Irlands an der Mündung der Galwaybucht. Inishmore ist die größte der Aran-Inseln und bekannt für ihre antiken Stätten, wie das auf einer Klippe gelegene prähistorische Fort *Dun Aonghasa* und das *Worm Hole*, ein rechteckiges natürliches Becken im Felsen. Auf den Inseln gibt es zahlreiche heilige Stätten – Steinkreuze und Altäre, verfallene Kirchen und Klöster. Auf einem Feld befindet sich ein Brunnen namens *St. Ciarain's Well*. Der Überlieferung nach tauchte dort einmal ein riesiger Lachs auf, von dem auf wundersame Weise 150 Mönche satt wurden.

Auf Inishmore lebten mehrere Hundert Menschen meist auf Höfen, die durch flechten- und moosbewachsene Bruchsteinmauern eingegrenzt waren. Als wir an unserem Ziel angekommen waren, führte uns der alte Farmer zu seinem Esel aufs Feld. Ich betrachtete ihn genauer und sah an manchen Stellen seines grau-weiß gefleckten Fells raue, rote Haut hindurchschimmern. Bestimmt hatte er Schmerzen.

Unwillkürlich zuckte ich zusammen, als spürte ich seinen Schmerz am eigenen Leib. Beim Anblick der großen offenen Wunde auf seinem Widerrist erschauderte ich.

„Ach, ich weiß gar nicht, woher der Esel stammt", sagte der Farmer. „Eines Tages ist er einfach hier aufgekreuzt." Der ältere Mann in Latzhose und Gummistiefeln sah abgearbeitet aus. Unter seiner Mütze schaute ein eingefallenes, faltiges Gesicht hervor.

Dad sah mich an und ich verstand sofort: Dieser Mann wollte den Esel nur loswerden und nicht an seinem erbärmlichen Zustand schuld sein. Dad wusste, was zu tun war: jeden Streit vermeiden, den Esel so schnell wie möglich in den Anhänger verladen und zu uns auf den Eselhof bringen, bevor der Farmer noch seine Meinung änderte. Die Sicherheit und das Wohlergehen des Esels standen an erster Stelle.

Während Dad mit dem Mann sprach, erkundete ich die Felder auf der Suche nach den Resten einer Burg oder eines Forts, fand aber nur Steine. Als ich zurückkam, untersuchte mein Vater gerade den Esel.

„Was hat er denn, Dad?" Ich wollte meine Hand nach ihm ausstrecken, ihn berühren und seine Wunden versorgen, ihm aber nicht noch mehr wehtun. Nicht nur seine Haut war übel mitgenommen, er war auch abgemagert und seine Rippen und Hüftknochen standen hervor.

„Ein schlimmes Regenekzem", flüsterte Dad.

Mein Dad hieß Paddy, ein landläufiger Spitzname für Patrick. Nach ihm bin ich benannt und ich bewunderte ihn. Er konnte unglaublich gut mit Menschen umgehen und wurde anscheinend mit jeder Situation fertig. Ich sah in sein von blondem Haar umrahmtes, rundes Gesicht mit den gütigen grünen Augen, die unter seiner Wollmütze hervorschauten, und vernahm den Schmerz, der aus seiner Stimme sprach.

„Wir müssen sehen, dass wir ihn in den Stall bekommen, damit seine Haut heilen kann."

Regenekzem ist bei Eseln eine häufige Krankheit. In der rauen Umgebung mit kalten Meereswinden und Regen hatte Arans Fell nie richtig trocknen können und mit den Jahren stark gelitten. Esel stammen aus heißen, trockenen Regionen dieser Erde. Deshalb vertragen ihre Haut und ihr Fell Kälte und Regen nicht so gut. Sie brauchen einen Unterstand. Nur an einem sicheren, trockenen Ort würde dieser Esel wieder gesund werden. Gut, dass wir ihm einen solchen Ort bieten konnten.

„Bist du einverstanden, wenn wir ihn Aran nennen?"

Dad lächelte und nickte.

„Hallo Aran", sagte ich, um zu hören, wie der Name klang. Wir waren ungefähr gleich groß, und als ich über seinen Hautzustand hinwegsehen konnte, blickte ich in seine dunklen, von seidig silbernem Fell umrandeten Augen. Irgendetwas an ihm und seinen Augen regte meine Fantasie an.

Was bist du denn für einer?, fragte ich mich. *Was wohl in dir vorgeht?*

Als Aran meinen Blick erwiderte, spürte ich etwas, was ich noch nie zuvor gespürt hatte – ein fast unmerkliches Kribbeln im Herzen, wie winzige elektrische Schläge. Wir waren beide neugierig aufeinander, hatten aber auch ein wenig Angst.

Dann hatte ich plötzlich das Gefühl, auf ungeahnt tiefe Weise mit Aran verbunden zu sein. Durch seine großen Ohren hörte ich, wie die Wellen an die felsigen Strände der Insel klatschten, und in seiner geschundenen Haut spürte ich die Kälte, die Nässe, die Einsamkeit und das Elend seines Lebens und seiner Tage. Als sähe ich plötzlich die Welt mit seinen Augen. Ich konnte gleichsam in ihn hineinschauen und mich in ihn einfühlen.

Aran war ganz allein gewesen, vergessen von den Menschen, die sich eigentlich um ihn hätten kümmern sollen. Allmählich wusste er schon gar nicht mehr, wie es war, mit Menschen, anderen Eseln oder Tieren zusammen zu sein, abgesehen von den Möwen, die hoch über ihm schwebten. Aran hatte keine Herde.

Das machte mich traurig, da ich wusste, wie wichtig es für Esel ist, Gesellschaft zu haben.

Ich konnte es gar nicht erwarten, Aran besser kennenzulernen und herauszufinden, was es mit diesem struppigen Wesen auf sich hatte. Es gab eine Verbindung zwischen uns und aus dem Kribbeln in meinem Herzen wurde bald ein Gefühl purer Freude.

21

Der Farmer wirkte erleichtert bei der Aussicht, ihn loszuwerden. Obwohl Aran sich anfangs wehrte, weil er es nicht gewöhnt war, angefasst zu werden, gelang es meinem Vater, ihm ein Halfter anzulegen. Dad hatte immer Karotten, Pfefferminzbonbons oder ein Stückchen Ingwer dabei – Esel mögen den Geruch von Ingwer. Ich sprang in den Anhänger und zog sanft am Führstrick, während Dad ihn von hinten etwas anschob. Aran trottete sofort hinein, als wüsste er, dass ein besserer Ort auf ihn wartete.

Auf dem Heimweg war Aran ganz still, auch als wir mit unserem Jeep samt Anhänger auf die Fähre fuhren und übers Wasser zum Festland tuckerten. Ob er wohl das Rauschen des Meeres oder den salzigen Geschmack des mageren Grases vermissen würde? Ich hoffte, er würde auf dem Hof Freunde finden.

Wir hatten damals etwa sechzig Esel, aufgeteilt auf mehrere voneinander abgetrennte Bereiche auf den Weiden. Da Esel dazu neigen, sich zu überfressen, mussten wir dafür sorgen, dass sie nicht zu viel fettes, süßes Gras bekamen, das sie krank machen würde.

Dad legte ihnen lose Plastikhalsbänder mit ihrem Namen an – den männlichen Eseln rote, den weiblichen gelbe, sodass wir sie leicht auseinanderhalten konnten. Manche hatten bereits Namen, als sie kamen; andere nicht, so wie Aran. Wir benannten ihn nach den Aran-Inseln, wo er herstammte, aber eigentlich geht sein Name auf den *Aaron* der Bibel zurück und bedeutet „Berg der Stärke". Mein Aran erinnerte allerdings eher an einen zerfurchten Hügel als an einen mächtigen Berg.

Zuhause angekommen, sah ich zu, wie Dad ihm ein Halsband anfertigte und ihn in die Scheune brachte, wo er nach der Reise ausruhen konnte. Mam kam mit Salben und Sprays, um seine Haut und seine Hufe zu verarzten. Dabei redete sie ruhig mit ihm.

„Komm schon, Junge, das wird schon wieder", sagte sie und machte ein leises, glucksendes Geräusch. „Komm her. Kopf hoch." Sie streichelte ihn weiter, während sie ihn untersuchte, kraulte ihn hinter den Ohren und legte ihren Arm um seinen Hals.

Ich verstand nicht alles, was sie sagte, aber es war ein sanftes, melodisches Murmeln, als singe sie ihm etwas vor. Das brachte mich zum Schmunzeln und ich meine sogar, ich hätte Aran lächeln sehen. Sicherlich gefiel es ihm, von meiner gut riechenden, schönen Mam umsorgt zu werden!

Nach kaum einer Stunde hatte Mam Aran davon überzeugt, dass er hier bei uns an einem sicheren Ort war, mit einer neuen Herde und einer mütterlichen Hofchefin, die es gut mit ihm meinte. Der vernachlässigte, ängstliche Esel, der in einem solch erbärmlichen Zustand gekommen war, fühlte sich geliebt und beschützt.

Während Mam seine Wunden behandelte, lief ich los und holte eine Möhre aus dem Futterraum. Als Mam fertig war, sagte sie: „Ich glaube, jetzt ist er bereit für ein Leckerli." Ein Lächeln huschte über ihre Lippen, als sie mir auf die Schulter klopfte und ins Haus ging, um das Abendessen zu richten. Ich wedelte vor Arans Nase mit der Möhre herum; bestimmt würde er mit den Lippen danach greifen, wie Esel es gewöhnlich tun. Doch er drehte sich um und nahm keine Notiz von mir.

Wer noch nie von einem Esel ignoriert wurde, weiß nicht, was Zurückweisung bedeutet. Aber wenn er einem sein Hinterteil mit dem langen, dünnen, in einem Haarbüschel endenden Schwanz zuwendet, der aussieht wie ein großer, umgedrehter Pinsel, dann weiß man Bescheid.

„Aran, magst du keine Möhre?" Ich schwenkte wieder damit herum und war versucht, ihn mit der Möhre am Bein zu stupsen, aber dann hätte er mir womöglich einen Tritt verpasst, was ich keinesfalls riskieren wollte.

Moment mal – vielleicht kennst du keine Möhren!

Ich ließ meine Hand mit der Möhre sinken und wartete. Und wartete. Bestimmt fünf Minuten – für einen Jungen eine Ewigkeit –, dann gab ich es endlich auf, drehte mich um und beschloss, ins Haus zurückzulaufen. Und da passierte es. Ich war noch keinen Schritt gegangen, als ich hinter mir ein leises Geräusch hörte. Augenblicklich hielt ich inne.

Mam bewegte sich in der Nähe von Neuankömmlingen immer ganz vorsichtig, um ihnen Raum zu lassen. „Sie müssen sich erst an deinen Anblick und deinen Geruch gewöhnen." Also verharrte ich mit dem Rücken zu Aran, die Hände nach unten hängend, regungslos wie ein Felsblock. Es fiel mir richtig schwer, so still zu stehen. Dann spürte ich es – Tasthaare kitzelten mich am Handgelenk und wulstige Lippen nagten an den Fingern, in denen ich die Möhre hielt.

Langsam, ganz langsam, wandte ich mich ein Stück um und drehte meine Hand mit der Möhre in seine Richtung. Dieses Mal klappte es! Seine Lippen fassten die Möhre, zogen sie mir weg und Aran begann, darauf herumzukauen. Er brauchte einfach Zeit, wollte nicht gedrängt werden, sondern selbst das Tempo vorgeben. Ich beobachtete sein Gesicht und ich glaube, als er mit der Möhre fertig war, lächelte er mich ein bisschen an.

In den nächsten Tagen stellte ich fest, dass Aran umso mehr meine Nähe suchte, je mehr ich ihm den Rücken zuwandte. Bei jedem Versuch, ihm ein Halfter anzulegen oder ihn am Halsband herumzuführen, blieb er einfach stehen. Wenn ich am Halfter zerrte, machte er sich ganz steif und senkte Rücken und Hinterteil ab, bis er fast saß. Ich wusste nicht, dass auch er das Felsblockspiel kannte! Nur war Aran stärker als ich und konnte so lange zum Felsblock werden, wie er wollte. Zwingen konnte ich ihn nicht, ich konnte nur warten.

Es war nicht so, dass Aran nicht gewusst hätte, was ich von ihm wollte – er wollte es nur nicht tun. Er war es nicht gewohnt, von einem Menschen herumgeführt zu werden. Trotz seiner Angst hatte er seinen eigenen Kopf. Aber je mehr ich ihm Zeit und Raum gab, selbst zu entscheiden, desto wohler fühlte er sich und desto mehr begann er, mir wie ein treues Hündchen zu folgen.

In den ersten drei oder vier Wochen lebte Aran am Rand unseres Grundstücks in einer Einzelbox, mit frischem, duftendem Stroh zum Schlafen und einer waagrecht geteilten Tür, durch die er hinausschauen konnte. Dieses gemütliche neue Zuhause half ihm, sich an die ungewohnte Umgebung, an die Geräusche und Gerüche auf dem Eselhof zu gewöhnen, wo viel mehr los war als auf seinem einsamen Außenposten auf Inishmore. Außerdem konnte Mam ihn so beobachten und sichergehen, dass sie keine ansteckende Krankheit übersehen hatte. Während Arans vorübergehender Quarantäne machte ich jeden Tag vor und nach der Schule einen Abstecher zu seinem Stall und sprach von der Tür aus mit ihm.

„Na, wie geht's dir heute, Aran?"

Mit leuchtenden Augen kam er zu mir; seine Lippen zuckten in Erwartung einer dicken Möhre. Sehr bald hatte er offenbar beschlossen, sich über meine Besuche zu freuen, schaute mir immer in die Augen und löste dieses seltsame Gefühl in mir aus. Auch wenn ich nicht bei ihm war, spürte ich beim Gedanken an ihn das Kribbeln in meinem Herzen. *Aran mag mich!*

Als es Aran besser ging und er tagsüber rauskam, zog es mich immer öfter zu meinem neuen Freund auf die Weide. An seinen verletzten Hautstellen war ihm wieder ein flaumiges Fell gewachsen. Gerne beobachtete ich ihn einfach und fand es witzig, wie sich seine großen, wuscheligen Ohren wie Richtfunkantennen unabhängig voneinander bewegten. Ich begann, verschiedene Esellaute auszuprobieren, um zu sehen, worauf er reagierte. Einige schienen ihm besser zu gefallen als andere. Immer wieder versuchte ich, die richtige Tonlage zu treffen.

Meine Familie fand es lustig und zog mich damit auf. Ich aber war mit Ernst bei der Sache und bemühte mich, die Laute genau nachzuahmen, um mich mit den Eseln in ihrer eigenen Sprache verständigen zu können. Bisher war mir noch niemand begegnet, der den Eselruf genau imitieren konnte, aber ich hatte jede Menge tierische Lehrer, die mir halfen, meine neue Fertigkeit zu verfeinern.

Nach einer Weile ging ich dazu über, mich nicht mehr zu zeigen, wenn ich einen Eselruf ausprobierte. Ich schlich im Dunkeln herum, spähte um eine Ecke oder beobachtete die Esel von der Sattelkammer aus durch ein Loch der Wand. Ob ich sie wohl mit meinem besten Esellied dazu bringen konnte, mich für einen Esel zu halten? Immer wenn es klappte und ein paar von ihnen anfingen, wie verrückt im Chor zu schreien, freute ich mich wie ein Schneekönig.

Ich legte mich auch gerne ins Gras, wo Aran weidete, und betrachtete vom Boden aus sein Gesicht. Jeden Tag studierte ich stundenlang die lockigen, silbernen Tasthaare auf seiner weichen Schnauze, seine Oberlippe, die unvermittelt herumfuhr und an meiner Hand knabberte oder nach einem Apfelstück schnappte. Jedes Mal aufs Neue hatte ich wieder dieses Gefühl – als ob er mich ganz und gar durchschauen konnte und ihm gefiel, was er sah.

Aran mochte mich und hatte ein Auge auf mich. Ich merkte, wie empfindsam er auf seine Umgebung reagierte und seine Gefühle durch die Bewegung seiner Ohren mitteilte, die hin und her schwenkten oder sich nach hinten legten. Ich lernte, auf seine Nase, seine Füße und seinen Schwanz zu achten, die alle seine Stimmung widerspiegelten. Auch er beobachtete mich, und wenn es das Wetter zuließ, verbrachte ich fast den ganzen Tag bei ihm auf der Weide. In seiner Nähe fühlte ich mich so wohl und wir wurden dicke Freunde.

Ich begann, Aran ohne Sattel um den Hof und den Hügel hinauf zum Felsen zu reiten. Während ich auf seinen Rücken sprang und mich mit der linken Hand an seinem Hals festhielt, schaffte ich es, ihm mit der rechten einen sanften Klaps aufs Hinterteil zu geben. Mein Dad konnte Aran nicht reiten, weil die meisten Esel in Irland für einen Erwachsenen zu klein sind. Für meine Schwestern Debbie, Helen, Eileen und mich aber hatte er die ideale Größe. Besonders Helen ritt ihn gern. Sie war rothaarig wie mein Dad und hatte offenbar dasselbe geschickte Händchen im Umgang mit Eseln wie Mam.

Ich ritt Aran über die Felder, nur mit einem Strickhalfter oder einem Stück Schnur, das über seinen Kopf, um seinen Kiefer und über seine Nase geschlungen war. An dem restlichen Stück Seil hielt ich mich fest. Sein Rücken ragte hoch und bildete einen scharfen Grat, aber ich lernte doch, einigermaßen bequem auf ihm zu sitzen. Durch leichtes Verlagern meines Körpergewichts lenkte ich ihn, trieb ihn an und gebot ihm Einhalt. Er reagierte auf meine Hilfen – zumindest, wenn er wollte.

Das dunkle Kreuz, das Aran wie die meisten Esel am Übergang zwischen Nacken und Rücken im Fell hatte, erinnerte mich immer an die Jesusgeschichte, die mir so erzählt wurde:

Ein alter Bauer vor den Toren Jerusalems hatte einen jungen Esel. Eines Tages kamen zwei Männer vorbei, sahen den Esel, der an einen Baum angebunden war, und fragten, ob sie ihn haben dürften.

„Das Tier kann nicht viel tragen", wandte der Bauer ein.

„Jesus von Nazareth braucht ihn", erklärte einer der Männer.

Der Bauer reichte ihm den Strick, und als Jesus den Esel erblickte, neigte er den Kopf, lächelte und strich ihm sanft über den Hals. Dann stieg er auf das junge Tier und ritt in die Stadt, wo die Menschenmengen ihn schon mit Palmzweigen erwarteten und jubelnd willkommen hießen.

Der Esel liebte seinen gütigen Herrn, diente ihm willig und folgte ihm später nach Golgatha. Am Tag, als Jesus starb, fiel der Schatten des Holzkreuzes auf die Schultern und den Rücken des Esels und hinterließ ein bleibendes Zeichen. Bis heute tragen viele Esel den Abdruck eines Kreuzes auf ihrem Rücken.[1]

Mir gefiel diese Geschichte und ich war begeistert, ein Tier reiten zu dürfen, das Jesus einmal geritten hatte. Ich hatte das Gefühl, zu einer besonderen Familie zu gehören, denn wir waren dazu berufen, für das heilige Geschöpf zu sorgen, das Jesus getragen hatte. Das war natürlich lange her, aber ich fragte mich oft, was der Esel damals wohl empfunden haben mag. Gerne dachte ich darüber nach, wie treu er seinen Dienst erfüllt hatte. Das steigerte meine Liebe zu Aran noch, denn einer seiner Artgenossen hatte den Sohn Gottes auf dem Rücken getragen.

Nach einigen Monaten in seinem neuen Zuhause, wo er einen warmen, sicheren Schlafplatz hatte und von Mam gut gefüttert, gepflegt und umsorgt wurde, verblassten Arans Erinnerungen an sein kaltes und einsames Leben auf der Insel allmählich. Die anderen Esel gewöhnten sich an ihn und er fand langsam seinen Platz in der Herde.

„Er hat sich richtig gut gemacht", stellte Mam fest. Die Freude in ihrer Stimme sprang auch auf mich über.

Dann geschah etwas Erstaunliches – Aran beschloss, sich noch einer zweiten Herde anzuschließen: unserer Familie. Obwohl er sich mit den anderen Eseln anfreundete, verwöhnte ich ihn noch immer ab und zu mit Möhren und einer Scheibe Brot. Er folgte mir überallhin in der Hoffnung auf Leckerli und Streicheleinheiten. Eines Tages kam er an unsere Hintertür, stieß sie auf und trottete ins Haus.

„Aran!", rief Mam in der Küche. „Was machst du denn hier? Raus mit dir!"

Aran schien nicht genau zu wissen, *was* er in unserem Haus zu suchen hatte, aber offensichtlich gefiel es ihm bei uns. Er entpuppte sich als Ausreißer und lernte, zwei Tore zu entriegeln, um in unseren Hinterhof zu gelangen und dann die Hintertür aufzustoßen. Esel verstehen es hervorragend, ihre Lippen zu gebrauchen – sie können sie in alle Richtungen ausstrecken und wie Finger einsetzen. Er verschaffte sich also selbst Einlass, wann immer ihm nach unserer Gesellschaft war, ganz egal, ob wir gerade beim Essen oder beim Fernsehen saßen. Ich schob ihm oft Reste zu – ein Brötchen, ein Scone oder eine Scheibe Toast. Er war wie ein Staubsauger mit Hufen.

Kaum hatte Aran gelernt, ins Haus zu kommen, schlich er sich meist direkt durch die Küche in den Flur und spähte durch die Tür ins Wohnzimmer. Er schaffte es tatsächlich, auf dem ganzen Weg keinerlei Geräusch zu verursachen. Plötzlich lugte sein flaumiges Gesicht um die Ecke. Ich stellte mir vor, wie er auf Zehenspitzen durch die Küche gegangen war, und musste bei der Vorstellung jedes Mal lachen. Übrigens war er erstaunlicherweise von Anfang an stubenrein.

Zuerst fanden meine Eltern seine Besuche witzig, aber irgendwann machte er es sich in der Küche ein wenig zu gemütlich, sodass Mam befürchtete, er könnte sich am Herd verbrennen. Doch ihr Versuch, ihn in der Küche zu wenden und wieder hinauszuführen, erwies sich als schwieriges Unterfangen. Es ist nicht so einfach, einen Esel mit einem Bauch wie ein Fass auf engstem Raum zu manövrieren.

Aram blieb nie lange im Haus, aber ich fand ihn genial und genoss jede Sekunde mit ihm. Wir waren auf einer Wellenlänge. Wenn er in meiner Nähe war, fühlte ich mich nie verloren.

KAPITEL DREI

Mams Bein

Ein einziger Sonnenstrahl reicht aus, um viele Schatten zu vertreiben.

FRANZ VON ASSISI

Ich klammerte mich mit aller Kraft an Mams Bein und wollte es gar nicht mehr loslassen. Es war mein erster Schultag! Ich war so verängstigt, dass ich nicht aufblicken konnte und unverwandt auf ihre Schuhe starrte. Bisher waren die Hügel von Liscarroll mein Spielplatz gewesen und die Esel meine Lehrer. Es war also ein sehr böses Erwachen, als ich begriff, dass ich das Refugium verlassen musste, in dem ich mich sicher gefühlt hatte. Stattdessen sollte ich meine Tage in einem alten Gebäude zubringen, wo ich langweilige Fakten aufsagen, Rechenaufgaben lösen und Gedichte in der irischen Sprache auswendig lernen musste, in der ich mich ständig verhaspelte.

Ich war ein unverbesserlicher Tagträumer. Ständig lief in meinem Kopf irgendein Film ab, der viel interessanter war als das, was in der Schule vor sich ging. Dort fühlte ich mich verloren und orientierungslos. Mein abwesender Gesichtsausdruck war verräterisch, denn meine Lehrer ermahnten mich oft:

„Wo bist du nur wieder mit deinen Gedanken, Patrick? Was ist los mit dir?"

Mein Magen verkrampft sich, weil ich mittlerweile weiß, wie streng irische Lehrer sein können. Ich gebe keine Antwort, sondern zapple nur herum.

Der Lehrer runzelt die Stirn und fährt kopfschüttelnd mit dem Stoff fort.

Erleichtert atme ich tief durch. Und der Film in meinem Kopf läuft weiter.

So ähnlich spielte sich das immer wieder ab. Dabei war ich nicht einmal besonders schwierig oder respektlos. Ich wusste nur nicht, wie ich die Orte hätte beschreiben sollen, an denen meine Fantasie das Sagen hatte.

Die wahre Antwort, die ich nicht geben konnte, war: *Ich schaue von oben herunter.* Als würde ich den kleinen Jungen aus der Vogelperspektive betrachten, der da an meiner Holzbank saß und, mit den Gedanken weit, weit weg, von Abenteuern in den verlorenen Welten der Krieger, Schlachten und Burgen träumte. Das Klassenzimmer konnte mich nicht halten.

Vor meinem inneren Auge zogen Bilder aus alten Zeiten vorbei, Szenen mit tapferen Kriegern rund um die Burg und den Wachtturm. Ich sah Aran auf den Feldern bei seiner neuen Herde, wie er die Farm erkundete und um den Felsen herum über die Weide lief. Manchmal träumte ich auch von der Zukunft. Ich würde als Soldat für mein Land kämpfen, vielleicht auch im gälischen Fußball groß herauskommen oder im alten irischen Spiel Hurling glänzen. Mein Dorf sollte stolz auf mich sein – mit meinen schulischen Leistungen aber würde ich wohl nicht punkten können.

Nur das Fach Geschichte konnte mein Interesse wecken. Hier erfuhr ich etwas über die wechselhafte Vergangenheit unseres Landes – über die alten Iren, die Kelten, Wikinger und Engländer, über die Kriege, die wir geführt, die Schlachten, die wir geschlagen hatten. Auch das Leben des Heiligen Patrick hatte es mir angetan. Schon mein Urgroßvater hatte so geheißen, genau wie mein Vater und nun ich. Den Namen des berühmten Heiligen zu tragen, gab mir das Gefühl, ich sei etwas Besonderes. Allerdings zeigten mir meine Anpassungsprobleme in der Schule sehr schnell, dass „etwas Besonderes" auch „Außenseiter" bedeuten kann.

Der Heilige Patrick war als Teenager entweder in Wales oder in Schottland entführt und auf einem Sklavenhandelsschiff nach Irland gebracht worden. Hier wurde er an einen einheimischen Häuptling verkauft, bei dem er Schafe und Schweine hüten musste. Einsam und hungrig, der Kälte ausgesetzt, begann Patrick zu beten und lernte

Gott kennen. Viele Jahre später, nachdem er zunächst auf wundersame Weise aus Irland hatte fliehen können, empfing er im Traum die Berufung, dorthin zurückzukehren. Er schloss Freundschaft mit den Iren, lernte ihre Sprache und reiste durch das Land, um den Menschen von Christus zu erzählen. Mehrere Jahre wirkte er in unserem Teil Irlands, gründete Kirchen und schulte heilige Männer und Frauen, die sein Werk weiterführen sollten. Die Iren nahmen das Christentum an und Patrick wurde wegen seines Glaubens, seines Muts, seiner Weisheit und seiner Freundlichkeit zur Legende. Ich war stolz darauf, nach ihm benannt zu sein und seine Geschichte zu kennen.

Die Geschichte unseres Dorfes war für uns alle bedeutsam. Liscarroll galt als Rebellenhochburg der Grafschaft Cork, die sich selbst als „rebellische Grafschaft" bezeichnete. Einige der ortsansässigen Familien hatten ihre Söhne und Brüder im Unabhängigkeitskrieg zu Beginn des 20. Jahrhunderts verloren. Unser Held, die Dorflegende Paddy O'Brien, hatte die Engländer zurückgedrängt. Ich bin mit den Geschichten über seine Kühnheit, seine Kraft und Führungsstärke aufgewachsen.

Liscarroll ist ein typisch irisches Dorf. Eng aneinandergebaute ein- und zweistöckige Steinhäuser mit leuchtend rot, blau und grün gestrichenen Türen, Spitzenvorhängen an den Fenstern und weiß getünchten Fassaden säumen die schmale Hauptstraße. An einem Ende des Dorfes erhebt sich die Burg mit ihren massiven Türmen, ihr gegenüber liegt die Ruine einer alten Kirche mit Friedhof. Die Gräber unserer Vorfahren sind durch steinerne, mit Flechten überwucherte keltische Kreuze markiert, die der Wind im Laufe der Zeit geneigt hat. Am anderen Ende der Straße befinden sich die Schule und das *Old Walls Pub*, in der Ortsmitte die aus dunkelgrauem Stein erbaute Kirche von Liscarroll. Umgeben von grünen Hügeln mit Schafen, Rindern und Eseln wirkt unser Dorf wie eine kleine Insel aus silbrigem Stein in einem Meer von wilden grünen Wellen.

Im Sommer, wenn Mam und Dad mit den Eseln beschäftigt waren, nahm mich meine Großmutter oft zusammen mit meiner Schwester Eileen mit ins Dorf. Von ihrem großen Bruchsteinhaus bei uns nebenan gingen wir nach links und dann immer der Straße nach. Zu unserer Linken erhob sich ein grasbewachsener Berg, zu unserer Rechten erstreckte sich ein weites grünes Tal, durch das ein Bach floss. Wir folgten der Straße und sahen schon nach wenigen Minuten in der Ferne die Häuser und Läden von Liscarrol.

Je näher wir ans Dorf kamen, umso mehr roch es nach Landwirtschaft – nach Misthaufen, frisch gemähtem Heu und verbrannter Silage. Ich vernahm das Gurren der Tauben in den Bäumen, das Krächzen der Raben, das Tuckern der Traktoren, die Kinder, die auf dem Sportplatz spielten, die Kirchenglocken, die um neun, um zwölf und um sechs Uhr läuteten, und den gelegentlichen Ruf eines Kuckucks in der Ferne. Doch ganz gleich, wo im Dorf man sich befand, von den Hügeln im Hintergrund war immer ein Chor von Eseln zu hören, die schimpften, stritten, sich auf die Fütterungszeit freuten, einen Warnruf ausstießen oder sich einfach ihres Lebens freuten.

Manchmal rannten Eileen und ich wie Hunde bellend auf das Dorf zu, was meiner Großmutter furchtbar peinlich gewesen sein muss. Neben meinem Eselruf übte ich nämlich auch, Hunde, Katzen und andere Hoftiere zu imitieren und meine Stimme so zu verstellen, dass man nicht erkennen konnte, woher die Laute kamen.

Dann mischten wir uns in das rege Treiben, das jetzt auf der Hauptstraße herrschte. Die Leute plauderten über Neuigkeiten aus dem Dorf, gingen einkaufen oder ein Bier trinken. An den Wochenenden war am meisten los. Mich zog es vor allem in den Süßwarenladen, der von einer alten Dame geführt wurde. In den Regalen standen Glas an Glas die leckersten selbst gemachten Süßigkeiten. Ich hatte eine besondere Vorliebe für *clove rocks*, zylinderförmige Bonbons, in der Mitte rot und außen weiß, die ich langsam und genüsslich auf der Zunge zergehen ließ, wenn mir meine Großmutter eine Tüte für 50 Pence spendierte.

Liscarroll Castle ist eine der größten normannischen Burgen Irlands. Sie wurde im 13. Jahrhundert erbaut. Früher führte eine Zugbrücke über einen Wassergraben zu einem massiven Turmgebäude. Es war durch ein großes Eisentor geschützt, das sich von oben herabsenken konnte. Dieser Torbereich war innen gewölbt und darüber lagen mehrere Räume, unter anderem ein Festsaal und Schlafgemächer.

Heute gelangt man durch das Tor in einen großen, offenen, rechteckigen Hof, in dem sich einst Holzhäuser und auch Stallungen befanden. Auf der gegenüberliegenden Seite liegt ein kleinerer Torturm und an jeder Ecke ein großer runder Turm. Der Legende nach soll es unter der Burg einen verborgenen Brunnen und einen geheimen Fluchttunnel geben, der zur anderen Seite des Hügels führt. Ich habe ihn wiederholte Male gesucht, aber nie gefunden.

In den Türmen gab es Schießscharten, Mordlöcher und steinerne Wendeltreppen, ein Fallgitter und im Dach des Torturms eine Öffnung, durch die man hinauf- und dann hinausklettern konnte. Dort oben hatte ich das Gefühl, bis ans Ende der Welt sehen zu können.

In meinen Tagträumen war Aran mein treues Ross, das mich in die Freiheit und ins Abenteuer trug – so klein und stämmig er auch war. Ich wünschte, ich hätte ihn überallhin mitnehmen können, aber das ging leider nicht. An Schultagen musste ich Aran zurücklassen und mich, das Gesicht gewaschen und die Haare gekämmt, in meiner kratzigen Schuluniform an eine Holzbank setzen.

Mam weckte mich um 7.45 Uhr, nachdem sie draußen schon die Esel versorgt hatte. Marmelade und Socke, unsere Katzen, und Pünktchen, unser Hund, schliefen am Fußende meines Bettes, hielten meine Füße schön warm und machten mir das Aufstehen schwer. Aber irgendwann wurde Mams Stimme eindringlicher. Dann sprang ich aus dem Bett, stellte mich neben den Heizkörper und zog meine Schuluniform an – graue Hose, weißes Hemd mit kastanienbraunen Streifen, zugeknöpft bis oben hin, darüber ein langärmeliger Wollpullover im selben Braun wie die Streifen auf dem Hemd. Ich streifte meine Socken über und schnürte meine schwarzen Schuhe. Erst dann ging ich ins Bad, wusch mir Gesicht und Hände und kämmte mir die

Haare. Pünktchen bekam noch schnell etwas zu fressen und zu trinken, bevor ich schließlich selbst frühstückte: eine Schüssel irischen Porridge mit einem Löffel Zucker und etwas heißer Milch, danach eine Tasse warmen Tee und Toast mit Orangenmarmelade. Mam strich Eileen und mir inzwischen die Schulbrote.

Wir bekamen jeden Tag dasselbe mit: eine Glasflasche Milch, in ein Geschirrtuch eingewickelt, und ein Sandwich aus Weißbrot mit Bovril-Paste. Das ist ein herb schmeckender, teerartig dickflüssiger Brotaufstrich aus Rindfleisch, der die Zähne verfärbt und übel riecht. Die meisten Leute machen ein Heißgetränk daraus, kein Sandwich. Mam und ihre Geschwister aber waren damit aufgewachsen. Die anderen Kinder in der Schule hielten es für Schokoaufstrich, klauten mir manchmal mein Sandwich und probierten es. Ich amüsierte mich köstlich, wenn ihnen davon schlecht wurde. Es ist auch wirklich ekelhaft, aber ich mochte es trotzdem und mag es heute noch.

Wenn das Wetter schön war und es nicht regnete, ging ich zur Hintertür hinaus. Am Kohlenschuppen hinter unserem Garten warteten Pünktchen, Socke und Marmelade schon auf mich. Gleich rechts daneben führte ein großes Tor hinaus auf die Eselweiden. Ich hatte immer ein paar Brotkanten dabei und Aran und Pünktchen begleiteten mich hinüber zum Haus meiner Großmutter.

Auf halbem Weg dorthin stand eine mächtige Linde, auf die ich oft kletterte, um richtig wach zu werden. Pünktchen verließ mich dann hier und trottete zum Haus zurück. Ich sprang vom Baum und lief den restlichen Weg zu Großmutter. Wenn ich die Hintertür öffnete, roch ich schon die Kutteln, die sie für ihre Schäferhunde Rex, Rudi und Heather kochte. Meine Großmutter machte mir eine Tasse Ovomaltine, die ich schnell austrank, bevor ich mich ein paar Minuten den Hunden widmete. Schließlich ging ich noch hinaus in den Hühnerstall und sah nach, wie viele Eier es gab.

Mein Weg führte an ein paar grau-weißen Scheunen vorbei, die unten am Fuße des Hügels vereinzelt standen, dann am alten Kalksteinbruch, der wie ein kleiner, in den Hügel gegrabener Teich aussah. Dort trieben sich unsere Katzen gerne herum. Dahinter lagen die

Weiden, einige auf den Hügeln links und rechts von meinem Pfad, einige weiter vorne am Bach, wo die Füchse und Dachse ihre Höhlen hatten. Am Bach bog ich rechts ab und kletterte zwischen den Bäumen hindurch den steilen Hang hinauf. Rechts stand eine majestätische alte Eiche mit einer Schaukel an einem ihrer starken Äste.

Gleich dahinter ging ich durch ein altes, rostiges kleines Tor, rannte dann an einer Reihe von Büschen entlang und kam oben auf dem Hügel heraus. Hier öffnete sich die Landschaft, der Himmel wurde weiter und die Welt der Menschen etwas kleiner. Es gab mir immer ein Gefühl von Freiheit, den Eselspfaden zu folgen, die sich hinauf zum Felsen schlängelten. Der Geruch der frischen Wiesengräser und die Äste der Eschen, Linden und Eichen, die sich im Wind wiegten, weckten in mir ein Gefühl der Harmonie mit der Natur.

Während ich mit meiner Schultasche auf dem Rücken über die Felder und die Hügel hinauf- und hinunterlief, trabte Aran als ständiger Begleiter links neben mir her. Er passte sich immer meinem Tempo an, ob ich langsam ging, etwas schneller lief oder rannte. Wir brauchten keine Worte, um uns zu verständigen. Wenn ich traurig oder aufgeregt war, stand er mir bei und schien zu verstehen, was ich fühlte, als würde er meine Stimmung aufnehmen. Und sein ruhiges, friedliches und beständiges Wesen übertrug sich auf mich. Diese Verbundenheit mit ihm, dieser Einklang zwischen uns war für mich wie ein Puffer gegen meine Angst und Anspannung vor der Schule.

Der Gipfel des Hügels mit dem Felsen und den Überresten des alten Forts kam mir vor wie der Gipfel der Welt. Hier hatte ich einen herrlichen Rundumblick, war umgeben von Bauernhöfen und Tieren, Gras, Bäumen und Blumen – und natürlich von Eseln. Der Wind wehte die Geräusche und Gerüche meiner Welt zu mir herauf. Hier oben fühlte ich mich frei und im Frieden mit der Welt.

Vom Felsen aus konnte ich auch direkt auf das Hurlingfeld hinunterschauen. Hurling, diese Mischung aus Baseball und Feldhockey, manchmal wild, immer spannend, hatte es mir angetan. Wie jeder andere Junge aus unserer Gegend begann ich schon vor meinem zehnten Lebensjahr mit diesem Sport und träumte von großen Erfolgen bei Schul- und Vereinsmeisterschaften.

Wenn ich lange genug herumgeschaut hatte, sprang ich vom Felsen herunter. Ich liebte den Moment, wenn ich Aran, der am Fuß auf mich gewartet hatte, noch ein letztes Mal über seinen Widerrist strich, bevor er zurück zu seiner Herde trabte. Mit einem kleinen Lächeln auf den Lippen und Freude im Herzen lief ich den Hügel hinunter, sprang über die Steinmauer von Dan Canty, rannte über das Hurlingfeld und lief weiter ins Dorf, wo es überall nach Torfrauch roch, der aus den Schornsteinen der Cottages aufstieg.

„Wie geht's, junger Barrett?" Manchmal grüßten mich Leute, die mir begegneten, und ich nickte oder zog meine Mütze.

Wenn ich an der Kirche vorbeikam, bekreuzigte ich mich. Dann hatte ich die Schule erreicht. *St. Joseph's*, unsere Dorfschule, lag gleich neben der Kirche. Dort ging es streng zu. Ich hatte ständig das Gefühl, dass die Heiligen von oben auf mich herabblickten, so ähnlich wie ich vom Felsen auf das Dorf und die Burg hinunterschaute. Vor dem Schultor stellte ich mich mit den anderen Kindern in einer Reihe auf. Wenn um neun Uhr die Kirchenglocken läuteten, stand als Erstes das gemeinsame Morgengebet auf dem Programm.

Wir saßen immer zu zweit an einer Holzbank. Mein Banknachbar hieß Roy Gardner. Er war das einzige protestantische Kind, das ich kannte, und ein guter Freund. Wir spielten oft zusammen Raubritter, bewaffnet mit einem Ast als Schwert und einem Stück Baumrinde als Schild. Im Gegensatz zu mir lief Roy richtig kultiviert herum. Ich war da anders gestrickt, hatte oft Löcher in den Hosen, schmutzige Schuhe und meine Hände rochen nach Esel. Ich badete zwar, aber nur jeden zweiten oder dritten Tag, wenn Mam mir keine andere Wahl ließ.

Die Lehrer in Irland können Kinder hart anfassen – manchmal zu hart. Wenn ich nicht in der Schule war, war ich ständig mit irgendetwas beschäftigt, und heute würde man mir wahrscheinlich Legasthenie und eine Aufmerksamkeitsdefizitstörung bescheinigen. Aber meine Lehrer meinten damals wohl einfach, ich würde nicht aufpassen oder mich nicht genug anstrengen. Liscarroll liegt in einem Teil des Landes, in dem viele Menschen Gälisch sprechen (das wir Irisch nennen). Ich kannte nur ein paar Brocken, denn bei uns zu Hause sprachen wir es nicht. Oft mussten wir für die Schule lange Gedichte auf Irisch auswendig lernen, und wenn ich eine Zeile vergaß oder ein Wort falsch aussprach, winkte der Rohrstock. Ich sah und hörte Wörter anders als andere Kinder. Das Lernen fiel mir schwer und schien mein Gehirn zu überfordern.

Ich kam mir immer wie ein Außenseiter vor und sehnte mich zurück zu den Eseln auf der Weide. Von den anderen nicht wahrgenommen, nicht gesehen und gehört zu werden, ist ein furchtbares Gefühl. Das musste irgendwann Ärger geben.

Mittlerweile konnte ich miauen wie Marmelade, bellen wie Pünktchen und schreien wie Aran – nicht einmal die Esel selbst konnten die I-Aah-Rufe ihrer Artgenossen noch von meinen unterscheiden. Ich hatte lange an meinem Eselruf gearbeitet, hatte geübt und geübt, getrieben von einer Art innerer Energie, die ich nicht immer kontrollieren konnte. Irgendwann würde der Tag kommen, an dem andere diese spezielle Gabe anerkennen würden, und dafür wollte ich bereit sein. Mittlerweile konnte ich meine Stimme derartig verstellen, dass es klang, als käme das Miauen, Bellen oder I-Aahen von anderswo her, von draußen vor dem Fenster oder um die Ecke herum. Die Lehrer waren ganz außer sich, weil sie den Ursprung der Tierlaute nicht einordnen konnten.

Esel verfügen über einen großen Wortschatz, der unter pferdeartigen Tieren einmalig ist. Die Laute entstehen durch Ansaugen von Luft (das *I*) und kraftvolles Ausatmen (das *Aah*). Die Grautiere wiehern und rufen nach Herzenslust, ohne besonderen Anlass, und hören oft erst dann auf, wenn sie ganz außer Atem sind.

Durch genaues Beobachten von Aran und seinen Freunden lernte ich, unterschiedliche Laute zu imitieren, zum Beispiel „Steh endlich auf und gib uns was zu fressen. Wir sind am Verhungern!" oder „Wo ist bloß meine Freundin? Sie war doch eben noch da!" oder „Was für ein wunderschöner Morgen. Da muss man einfach ein bisschen Lärm machen!"

Mir fiel auch auf, dass die Eselgesänge sich nicht nur zwischen männlichen und weiblichen Eseln in Tonhöhe und Lautstärke unterscheiden, sondern auch von der Größe der Esel abhängen. Kleinere Esel quietschen eher, während große Exemplare es in Sachen Lungenvolumen und Stimme mit italienischen Opernsängern aufnehmen können. Manche Eselstimmen sind knarrend wie ein irischer Dudelsack, andere fröhlich und klar wie ein Blechhorn, wieder andere haben die Kraft eines alten Traktormotors, der sich zu einem hohen, rhythmischen Crescendo steigert, so laut, dass einem schier das Herz stehen bleibt.

Wenn Esel gerade keine Lust haben, aus voller Kehle zu singen, können sie auch verschiedene grunzende oder ächzende Laute von sich geben, wie eine rostige Metalltür mit quietschenden Angeln oder auch eine Reihe von melodischen Brummtönen. Ich liebte sie alle und übte ständig meine Eselrufe.

Bald war ich so gut, dass ich die Esel zum Narren halten konnte und meinen Eltern, vor allem aber meinen Schwestern gründlich auf die Nerven ging. Ich trieb alle Welt damit in den Wahnsinn. Früh am Morgen brachte ich die Esel im Stall zum Brüllen und lauschte, wie der ausgelassene Chorgesang über die Felder bis ins Dorf hinein dröhnte und alle Leute aufweckte. Nun wartete ich nur noch auf den richtigen Moment, meine Fähigkeiten im Klassenzimmer auszuprobieren.

Am Anfang versuchte ich mich in der Schule immer gut zu benehmen. Schließlich schauten die Heiligen und Jesus auf mich herab. Wer in Irland aufwächst, sieht Tag und Nacht irgendwelche Augen auf sich gerichtet – sei es von Lebenden oder von Toten hoch aus dem Himmel. Meine Mutter kam mir nicht überaus religiös vor, doch sie betete jeden Abend vor dem Schlafengehen mit uns den Rosenkranz und las Eileen und mir aus der *Illustrierten Kinderbibel* vor. Ich war fasziniert von den Bildern aus dem Heiligen Land, von prächtigen Palmen und Eseln mit bunten, quastenbehangenen Geschirren im goldenen Wüstensand.

An einem Abend – etwa um die Zeit, als Aran zu uns kam – las Mam uns von Jesu Versuchung in der Wüste vor. Die Geschichte und die Bilder, wie Jesus sich dem Teufel entgegenstellte, drangen mir tief in Herz und Gemüt und ließen mich nicht mehr los. Ich konnte vor Angst kaum mehr ein Auge zutun, und wenn ich schließlich doch einschlief, erlebte ich furchtbare Albträume, die mir heute noch lebendig sind.

Nachdem ich mehrere Nächte vom Teufel geträumt hatte, war ich überzeugt, dass es ihn wirklich gab. Ich nahm mir vor, ein guter, gehorsamer katholischer Junge zu sein und mich von den Stricken des Teufels fernzuhalten. Zwar faltete ich abends die Hände zum Gebet, aber Gott war in meiner Vorstellung ein zorniger alter Mann im Himmel, der nur darauf wartete, mich zu bestrafen, weil ich seine Gebote gebrochen hatte.

Als es Zeit war für meine Erstkommunion, kaufte Mam mir einen neuen schwarzen Anzug mit weißem Hemd. Während sie mir die rote Krawatte band, übte ich im Kopf noch einmal alles, was ich aus dem Katechismus auswendig gelernt hatte. Ich war zwar im Lesen keine Leuchte, konnte aber gut zuhören und mir das Gehörte merken.

Immer wenn der Priester während der Predigt eine rhetorische Frage stellte, hob ich die Hand und sagte laut und deutlich die Antwort. Er und der liebe Gott sollten wissen, dass ich gut gelernt hatte. Es war mir egal, dass die ganze Gemeinde über mich lachte. Ich wollte es richtig machen.

Dass ich alle Fragen beantworten konnte, änderte jedoch nichts an meiner großen Angst vor Gott. Was ich in mir trug, war nicht seine Liebe, sondern die Beklemmung aus der Versuchungsgeschichte und das Gefühl, geprüft zu werden, zu versagen und Gott nicht zufriedenstellen zu können. Es war eine schwere Last, aber ich wollte gut sein – für Gott und für meine Eltern, die sich abrackerten, für uns alle zu sorgen und den Eseln zu helfen.

Aber die Furcht vor Gott und die Liebe zu meiner Familie und zu Aran reichten nicht aus, um mich vor Gefahren zu bewahren. Als ich sieben Jahre alt war, etwa einen Monat vor meiner Erstkommunion, bot mir meine Großmutter ein Glas Sherry an. Das sollte mein Leben für immer verändern.

KAPITEL VIER

Timmy und Tee mit Travellern

Mit täglich vier bis sechs Tassen pro Kopf, oft auch mehr,
sind die Iren die größten Teetrinker der Welt.
ANNA SNYDER IN „IRISH TEA CULTURE"

Ein paar Jahre nach Aran trat ein neugeborenes Eselfohlen namens Timmy in unser Leben. Timmy war dunkelbraun und sehr flauschig, mit einem dicken, strubbeligen Haarbüschel über den Augen. Mit seiner starken Persönlichkeit und seinem lebhaften, fast schon frechen Wesen war er einfach zum Liebhaben. Aber seine Mutter Greta wollte nichts von ihm wissen. Obwohl sie ihn ganze zwölf Monate lang ausgetragen hatte, schlug sie von Anfang an nach ihm aus.

Niemand weiß, warum Eselmütter ihre Fohlen manchmal verstoßen. Vielleicht hatte Greta furchtbare Schmerzen bei der Geburt gehabt. Es kann schnell gehen, sich aber auch einen ganzen Tag hinziehen. Der Schmerz ist einer Eselstute anzusehen – an den angelegten Ohren, dem hängenden Kopf und dem offenen Mund –, wenn sie auch nach außen hin geradezu stoisch ruhig wirkt.

Vielleicht war sie als frischgebackene Mutter verstört von dem, was gerade passiert war, und konnte dieses kleine fremde Wesen nicht einordnen. Greta war noch jung. Als sie bereits trächtig zu uns auf den Eselhof gekommen war, hing sie noch an ihrer eigenen Mama. Möglicherweise war sie noch nicht bereit, selbst Mutter zu werden. Wir erkannten sofort, dass es ein Problem gab, als sie von ihrem Kleinen gar keine Notiz zu nehmen schien. Sie leckte ihn weder ab noch schnupperte sie an ihm oder verhielt sich beschützend.

Dad und Mam hatten ein wachsames Auge auf sie, hielten Greta fest, redeten leise mit ihr und versuchten sie durch sanftes Anstupsen dazu zu bringen, sich um Timmy zu kümmern und ihn saugen zu lassen. Aber es wurde immer schlimmer. Sie fing an, die Ohren anzulegen und ihm die Zähne zu zeigen. Der wehrlose kleine Kerl wollte doch nur geliebt, gefüttert und warm gehalten werden. Stattdessen wurde er wie ein Gegner behandelt.

Als Greta anfing, ihn zu beißen und zu treten, konnten wir nicht mehr länger zusehen. Der Tritt eines Esels kann für ein neugeborenes Fohlen lebensgefährlich sein. Um Timmy zu retten, zogen Dad, Mam und meine Schwester Helen ihn von Greta weg und brachten ihn in unsere Garage (die als Stall für Eselfohlen in Not diente). Wir alle halfen mit, ihn zu versorgen, und fütterten ihn abwechselnd mit der Flasche.

Mam zeigte es mir. „Schau, so musst du es machen", sagte sie und träufelte etwas warme Milch aus der alten Glasflasche auf ihren Finger. „Halt ihn fest und lass ihn die Milch probieren." Timmy schnupperte an ihrem Finger und begann die Milch abzulecken. „Pass aber auf, dass ihm die Milch nicht in den Hals tropft", erklärte sie und kippte die Milchflasche auf und ab, um den Milchfluss zu kontrollieren, während Timmy den großen Gummisauger im Maul hielt. Schon bald hatte er den Bogen raus und schlürfte sein Frühstück.

Als ich lernte, Timmy das Fläschchen zu geben, zog Helen mich damit auf, dass ich mit fünf Jahren selbst noch aus der Babyflasche getrunken hatte. Ich liebte das wohlige Gefühl der warmen Milch im Bauch und erinnere mich noch gut daran, wie ich zwischen Dad und Mam auf dem Sofa saß, an ihre Schulter gelehnt, und genüsslich an meinem Fläschchen nuckelte. Damals erschien mir die Welt noch in Ordnung. Dass der Rest meiner Familie mich Baby nannte, nahm ich dafür gerne in Kauf. Erst nach einem Urlaub am Meer, als meine Mutter mir sagte, sie habe das Fläschchen leider dort vergessen und könne es nicht mehr holen, wurde ich schließlich von der Flasche entwöhnt.

Timmy war stark, trotz seines schwierigen Starts. Nachdem er aus Mams erfahrenen Händen das Fläschchen angenommen hatte, wechselten wir uns alle drei Stunden mit dem Füttern ab. Er entwickelte eine enge Bindung zu uns allen, und schon bald folgte er Helen oder mir ins Haus, wann immer er konnte. Er war kleiner und niedlicher als Aran, sodass wir ihm noch mehr Unfug durchgehen ließen. Verwöhnt, wie er war, wurde er immer frecher, schnappte und biss sogar gelegentlich zu. Seine ungestümen Spiele mochten für seine Artgenossen in Ordnung sein, für Menschen waren sie oft recht schmerzhaft. Einmal sprintete er überraschend aus einer Ecke hervor und schnappte nach meinem Ellbogen, was eine kleine Narbe hinterließ. Ich musste mich blitzschnell umdrehen und meine Hand unter sein Kinn legen, um ihn am Zubeißen zu hindern.

Trotzdem liebten wir Timmy weiterhin heiß und innig und es war mir ein Rätsel, warum seine Mutter ihn nicht hatte annehmen können. Es tat mir richtig weh. Gleichzeitig erinnerten mich Timmys Schwierigkeiten mit seiner Mutter an meine eigenen Erfahrungen in der Schule.

Die ersten paar Schuljahre waren gar nicht so schlimm gewesen. Obwohl man mich von Mams Rockzipfel geradezu hatte losreißen müssen und ich viel lieber zu Hause auf dem Hof herumgetollt wäre, begann ich mich auf die Geschichten über Irland zu freuen, besonders auf die Krieger und Schlachten. In der vierten Klasse hatte ich einen Lieblingslehrer. Er hieß Gerald Lenihan, war begeistert von den irischen Sportarten Hurling und Irish Football und erzählte uns tolle Geschichten über die Burgen und Schlachten Irlands. Ich schaute richtig auf zu ihm, denn er war zwar stark, aber fair. Er hatte es gar nicht nötig, seine Stimme zu erheben – wir hörten alle auf ihn. Wer sich danebenbenahm, wurde freundlich, aber bestimmt in die Schranken gewiesen.

Ich hatte ein Faible für die Geschichten über Fionn Mac Cumhaill (McCool), einen starken Krieger aus dem äußersten Norden Irlands, der während einer Schlacht riesige Felsbrocken auf seinen Gegner geworfen hatte. Durch Mac Cumhaills Steinwurf entstand der *Giant's Causeway*, eine gewaltige Felsbrücke, die man heute noch sehen kann.

Auch die Geschichten über die *Red Branch Knights* (Ritter des roten Zweigs) und ihren berühmtesten Helden hatten es mir angetan. Cuchulain (Ku-ku-lan), dessen Name so viel bedeutet wie „Hund von

Cullan", war ein starker, gut aussehender und beliebter Krieger, der dem König diente. Er soll sieben Zehen an jedem Fuß, sieben Finger an jeder Hand und sieben Pupillen in jedem Auge gehabt haben. Außerdem habe er magische Waffen besessen, darunter sein Schwert, sein Visier und einen mit Widerhaken versehenen Speer, mit dem er legendäre Schlachten gewann. Angeblich konnte sein Schlachtruf allein hundert Gegner vor Schreck töten, und wenn er in die Schlacht zog, verwandelte er sich in eine verrückte Gestalt mit zerzaustem Haar, einem hervortretenden Auge und nach hinten zeigenden Füßen, der Blut aus dem Kopf spritzte. Sein Körper wurde so heiß, dass er Schnee schmelzen konnte, und wenn er in diesem Zustand kämpfte, war er nicht zu halten.

Damals kurz vor der Pubertät beflügelten diese Heldengeschichten meine Fantasie. Mit Mam und meinen drei Schwestern war mein Elternhaus weiblich dominiert. Dad war die meiste Zeit des Tages mit den Eseln beschäftigt. Ich wusste noch nicht so genau, was es bedeutete, ein Mann zu sein, und so spielte ich mit meinen Freunden unermüdlich die Geschichten von Rittern und ihren Heldentaten mit Stockschwertern und Rindenschilden nach.

Mein Cousin Gary war ein Jahr älter als ich und für mich so etwas wie ein Bruder. Sein Vater, mein Onkel Brendan, der Bruder meines Vaters, war bei einem landwirtschaftlichen Unfall ums Leben gekommen, als ich noch klein war. Wenn Gary wie so oft aus Killavullen, einem nahe gelegenen Dorf, zu uns herüberkam, stiegen wir gewöhnlich auf den Hügel hinauf zu einem Dickicht aus Büschen, Brombeer-, Schlehen- und Weißdornsträuchern und jungen Eichen, das wir „Unterschlupf" nannten. Auf Händen und Knien krochen wir durch die Tunnel, die Füchse, Dachse und Hasen darin angelegt hatten. Es war wie ein Labyrinth, in dem wir uns verirrten, einander verloren, wiederfanden, nur um uns aufs Neue zu verlieren. Noch in der Schule träumte ich davon, die grünen Tunnel zu erforschen, und hatte den Duft von Schlüssel- und Glockenblumen in der Nase. Am besten gefiel es mir dort in der Dämmerung, wenn es ein wenig unheimlich wurde.

Als Gary und ich uns wieder einmal bei unserem Unterschlupf herumtrieben, bot sich uns plötzlich ein seltsamer Anblick – eine Gestalt mit wallendem rotem Haar in einem langen keltischen Gewand, wie wir es aus Büchern und Filmen kannten. Wegen der roten Haare dachte ich zunächst, meine Schwester Helen habe sich so ungewöhnlich verkleidet. Aber dann drehte sich die Gestalt um und ich sah, dass es ein Mann war. Er blickte uns an, bevor er in der rasch hereinbrechenden Dämmerung zu einer Silhouette verblasste. Erschrocken rannten Gary und ich den Hügel hinunter zum Haus. Beim Abendessen lachten wir uns kaputt. Wir haben nie herausgefunden, wer der Mann mit den langen roten Haaren war oder was er dort tat, doch insgeheim fragte ich mich, ob er wohl irgendwie aus der alten Turmruine gekommen war.

Ein anderer guter Freund war Brendan O'Connor aus dem Dorf, dessen beiden Tanten die Dorfkneipe *Fitzgibbon's* gehörte. Ich fuhr immer mit meinem roten BMX-Rad zum vereinbarten Treffpunkt im Dorf. Wir kurvten dann zusammen herum, spielten irischen Fußball oder trainierten Hurling. Wenn wir an den Pubs vorbeikamen, beobachtete ich die Lieferwagen, die große Fässer mit Guinness durch die Türen rollten. Ich roch das Bier und sah am Wochenende Männer gut gelaunt ins Dorf strömen. War es das vielleicht, was das Mannsein ausmachte? Ich konnte es kaum erwarten dazuzugehören und freute mich immer, wenn Dad mich nach einem Eselrettungseinsatz mit in ein Pub nahm und mir eine Cola spendierte.

In der fünften Klasse wurde der Unterrichtsstoff schwieriger – vor allem das Lesen. Wir hatten den Rektor der Dorfschule als Lehrer, einen älteren Mann, der kurz vor der Pensionierung stand und den Spitznamen Jazz trug. Ihm rutschte regelmäßig die Hand aus. Er war offensichtlich überarbeitet und vergiftete mit seinen ständigen Wutausbrüchen die Atmosphäre im Klassenzimmer. Einige der Kinder nannten ihn „den Tyrannen" und lehnten sich gegen ihn auf. Auch meine Schwestern hatten mich schon vor ihm gewarnt. Eileen sagte, er sei sehr böse.

Es war ein Teufelskreis – Jazz konnte sich in der Klasse keinen Respekt verschaffen und war darüber so frustriert, dass er ständig ausrastete. Als schwacher Schüler hatte ich oft darunter zu leiden. Wann immer ich eine Rechenaufgabe nicht lösen konnte, ein irisches Wort falsch aussprach oder beschloss, einen Eselruf loszulassen, bekam ich meinen Fehltritt schmerzhaft zu spüren. Ich war so verzweifelt über meine eigene Unfähigkeit, dass ich erst recht Unfug trieb und den Klassenclown spielte. Aus Scham wurde ich jemand, der ich in Wirklichkeit nicht war. Niemand sollte mein wahres Ich sehen. Warum musste ich mich in der Schule so abkämpfen, während meiner Schwester Eileen scheinbar alles zuflog? Warum konnte ich nicht wie Eileen sein?

Ich mag ungezogen gewirkt haben, aber innerlich fühlte ich mich wie das Kind, das mit fünf Jahren noch sein Fläschchen brauchte und sich bei den Eseln herumtrieb. Es war mir peinlich, dass mein Vater kein Farmer war wie die anderen Väter, sondern einen Eselhof betrieb (den einzigen seiner Art in Irland), dessen Logo auf seinem großen grünen Transporter prangte. Denn ich wollte nicht auffallen, wollte einfach dazugehören und nicht die Lachnummer des Dorfes sein. Ich redete mir ständig ein, meinen Eltern seien die Esel wichtiger als ich, und das machte mich wütend und bitter. Doch das durfte natürlich niemand merken. Also wurde ich zum Chamäleon und verhielt mich so, wie es sich in meinen Augen für einen Mann gehörte. Kein Wunder, dass ich mich damit zum Idioten machte. Ist das nicht blanke Ironie?

Jazz durchschaute mich und es passte ihm natürlich nicht, dass ich im Unterricht herumkasperte, anstatt mitzuarbeiten. Schließlich beschloss er, ein Exempel an mir zu statuieren. Wenn der Tyrann wütend wurde, kam er zu mir herüber, packte mich am Ohr oder an einem Haarbüschel, riss mich von meinem Platz hoch, schleifte mich quer durchs Klassenzimmer, stieß mich in die Ecke und verpasste mir eine heftige Ohrfeige oder einen Kinnhaken. Meinen Eltern erzählte ich nie etwas davon, aber sicher sahen sie an meiner flammend roten Wange, was vor sich ging. Die Schläge waren nicht nur schmerzhaft, sondern auch verstörend und demütigend. Ich war nicht der Einzige, auch andere Kinder bekamen die strafende Hand des Tyrannen zu spüren.

Die ersten paar Male ließ ich es schweigend über mich ergehen. Ich fühlte mich wie ein totaler Versager, dachte, ich hätte es verdient und könne es wie ein Mann ertragen. Bei vielen irischen Lehrern waren körperliche Strafen an der Tagesordnung. Auch Dad war als Junge geschlagen worden. Aber ständig so hart angefasst zu werden, war zu viel. Nachdem ich drei oder vier Mal geohrfeigt worden war, reichte es mir. Nicht einmal unsere Esel behandelten wir so. Wenn jemand seinen Esel schlug und es gemeldet wurde, landete das Tier bei uns, mit freundlicher Empfehlung des Tierschutzvereins.

Beim letzten Mal hatte ich ein bestimmtes Wort in einem irischen Gedicht nicht richtig ausgesprochen. Jazz zerrte mich wie üblich von meinem Stuhl hoch. Diesmal ohrfeigte er mich minutenlang vor den anderen Kindern – die erstarrt auf ihren Plätzen kauerten –, bis ich schließlich zusammenbrach.

Hat denn das nie ein Ende?, dachte ich und rollte mich auf dem Boden zusammen. Ich schrie erst vor Schmerz, dann vor Wut und vor Scham.

Nun war das Maß voll, das wusste ich, also rappelte ich mich mühsam auf, hob die Hände und stieß Jazz in einem plötzlichen Anfall von Rage mit aller Kraft von mir weg, wie Cuchulain es getan hätte. Er stolperte über einen Schulranzen auf dem Boden und stürzte rückwärts. Fassungslos sah ich auf den verhassten Rektor hinunter, der nun wehrlos auf dem Rücken lag.

Aus den Augenwinkeln sah ich die Gesichter meiner Mitschüler, manche entsetzt, einige weinten sogar. Ich heulte immer noch wie ein Schlosshund.

Jetzt wird er mich noch mehr schlagen, schoss es mir durch den Kopf. *Oder noch schlimmer: Vielleicht bringt er mich sogar um.*

So musste Timmy sich gefühlt haben, als er den Hass seiner eigenen Mutter zu spüren bekommen hatte, die doch für ihn hätte sorgen sollen. Das war nicht zu vergleichen mit dem gelegentlichen Klaps, den meine Mam mir mit dem Kochlöffel gab. Der tat nicht richtig weh, ich wusste, dass ich ihn verdient hatte, dass sie mich liebte und mir trotzdem noch Scones backen würde. Das hier aber war etwas anderes. Ich spürte, wie abgrundtief Jazz mich hasste.

Panik erfasste mich, Adrenalin rauschte durch meine Adern, ich begann zu keuchen. *Wenn er aufsteht, bringt er mich womöglich wirklich um!*

Als meine Wut in Angst umschlug, wurde mir siedend heiß bewusst, dass ich gerade den Schulleiter niedergeschlagen hatte. Das würde gewaltigen Ärger geben. Es würde sich im ganzen Dorf herumsprechen, welch ein Versager, welch eine Schande für meine Familie ich war.

Unschlüssig, was ich tun sollte, drehte ich mich um und lief weg; quer durchs Klassenzimmer, zur Tür hinaus und die Straße hinunter nach Hause. Dabei rieb ich mir die Augen und kniff sie immer wieder zusammen, um die Tränen aufzuhalten. Ich lief davon – vor meiner Klasse, vor meinen Freunden, vor der Schule – und wollte nie wieder zurück. Wie sollte ich je wieder einem Lehrer vertrauen können, wenn ich sowieso das Gefühl hatte, nicht dazuzugehören, und keine Chance hatte, mit den anderen Kindern mithalten zu können?

Beim Haus meiner Großmutter machte ich halt und stürzte in den Vorgarten, wo sie mit den Blumen beschäftigt war. Sie trug immer einen hübschen Rock, eine Strickjacke, eine Bluse mit Stehkragen und hatte ihr Haar hochgesteckt. Ich hingegen war schmutzig, zerzaust, stand unter Schock und hatte hellrote Streifen und Striemen auf Hals und Wangen.

„Was ist denn mit dir passiert?", fragte sie entsetzt. Es war um die Mittagszeit und ich hätte eigentlich bis drei Uhr Unterricht haben sollen. Danach weiß ich nicht mehr viel. Nur noch, dass sie mich mit ins Haus nahm und ich ihr sagte, ich wolle nie mehr in die Schule. Angesichts meiner feuerroten Wangen war sie außer sich vor Entrüstung.

Ganz sicher bin ich mir nicht, aber ich glaube, sie fuhr am nächsten Tag zu einem Gespräch in die Schule. Kurz danach wurde Jazz in den Ruhestand geschickt.

Meine Großmutter fürchtete sich vor nichts, schon gar nicht vor einem Schulrektor. Sie war eine typisch irische Nana – stark und mit Umarmungen oder verbalen Liebesbekundungen nicht so freigiebig. Bei ihr ging Liebe eher durch den Magen.

Ihr großes zweistöckiges Haus neben unserem war aus wunderschönen behauenen Steinen gebaut, die aus einer geheimnisvollen Ruine in der Nähe stammten, dem Kloster *Ballybeg*. Dad meinte, die Wikinger hätten es geplündert und niedergebrannt. Ich hatte einmal ein Kind sagen hören, es könnte ein Schatz darunter vergraben sein.

Wir alle glaubten, dass es in Großmutters Haus spukte. Vielleicht hatten die Mönche einen Fluch auf jeden gelegt, der sich in der alten Ruine an den Steinen bedient hatte. Aber Großmutter hatte überhaupt keine Angst, weder vor Jazz noch vor irgendwelchen Gespenstern!

Ich versuchte zu vergessen, was in der Schule geschehen war, es tief in meinem Inneren zu vergraben und nie wieder daran zu denken. Die Erfahrung machte mich zäher; ich legte mir ein dickes Fell zu und lieferte mir manche Rangelei mit meinen Freunden. Als ich beim Kampfsport lernte, spielerisch zu raufen, schmolz meine Sanftmut, die ich Aran und Timmy gegenüber an den Tag legte, dahin. Mein Vorbild war Cuchulain, nicht der heilige Franziskus.

Doch die Esel, die mit Narben oder Verletzungen zu uns kamen, taten mir leid. Wie viele Esel wurden verprügelt, wenn sie sich weigerten zu gehorchen! Ich wusste, dass es ihnen genauso erging wie mir, wenn sie verstoßen oder geschlagen wurden. Es war entsetzlich. Auch wenn ich versuchte, hart zu sein wie ein Mann, spürte ich noch immer diese Verbindung zu den Eseln, besonders zu den misshandelten und verletzten.

Bei jeder Gelegenheit begleitete ich meinen Vater auf seinen Reisen rund um die Insel, wenn er Esel aufsammelte und zu uns auf den Hof brachte. Wir waren jedes Mal mehrere Tage unterwegs (manchmal musste ich sogar einen oder zwei Tage die Schule schwänzen) und begegneten dabei einem Menschenschlag, den ich aus unserem kleinen Dorf nicht kannte.

Ich bewunderte es, wie mein Vater mit schwierigen Zeitgenossen umgehen konnte. Längst nicht alle von ihnen waren sich sicher, dass sie ihren Esel tatsächlich hergeben wollten, ganz gleich, in welch erbärmlichem Zustand er war. Dad begegnete den Menschen auf Augenhöhe und mit Respekt, unabhängig von ihren Lebensverhältnissen oder ihrer Herkunft. Mit feinem Gespür schätzte er Situationen ein. Ein kranker oder verletzter Esel zeigt nämlich nicht immer, wie sehr er leidet.

Wenn jemand einen kranken Esel meldete, tat der Halter oft so, als gäbe es kein Problem. Dann musste Dad feststellen, ob der Esel tatsächlich krank war und Hilfe brauchte, und sich überlegen, wie er den Besitzer davon überzeugen konnte, ihn uns zu überlassen. So übel manche Leute ihre Esel auch behandelten, sie schienen doch stark an ihnen zu hängen, was Dads Aufgabe nicht leichter machte.

Ein Esel kann starke Schmerzen haben und dem Tode nah sein, ohne dass es jemandem auffällt. So mancher Besitzer wird erst dann stutzig, wenn der Esel sich hinlegt und nicht mehr aufsteht. Manchmal wachsen die Hufe so lang, dass sie nach außen stehen und beginnen, sich einzurollen, sodass die Beine verkrüppeln. Der Hufschmied kann dann versuchen, sie vorsichtig nach und nach zu kürzen. In manchen Fällen aber ist der Schaden so gravierend, dass das Tier von seinem Leiden erlöst werden muss.

Esel sind zäh und widerstandsfähig und wirken nach außen hin stark. Ich brauchte eine Weile, um das zu durchschauen, aber nach den Schlägen des Rektors konnte ich mich gut in sie hineinversetzen. Um zu überleben, ist es manchmal nötig, einen starken Schutzwall um sich herum aufzubauen. Doch es kann sehr schwierig sein, ihn wieder abzutragen, wenn die Gefahr vorbei ist.

Dad war davon überzeugt, dass jeder misshandelte oder vernachlässigte Esel Hilfe brauchte, und er sah es als seine Aufgabe an, die Situation zu entschärfen und den Esel mitzunehmen. Er war weder

Richter noch Geschworener (wobei er durchaus dafür sorgen konnte, dass Halter, die es verdienten, vor Gericht gestellt wurden), sondern dafür zuständig, die Esel in Sicherheit zu bringen – und dabei waren Güte und ein Sinn für Humor unabdingbar.

Genauso wie eine Tasse Tee.

Tee wird in Irland bei fast jeder Gelegenheit getrunken, besonders dann, wenn es etwas zu besprechen gibt. Dad und mir wurde an den ungewöhnlichsten Orten eine Tasse Tee vorgesetzt, unter anderem in Wohnwagen bei irischen *Travellern*. Die *Traveller* sind eine eigenständige ethnische Gruppe, die manchmal nomadisch lebt und ihre eigene Kultur und Tradition hat. Diese eingeschworene Gemeinschaft lebt abgeschottet vom Rest der Welt; Ehen werden nur untereinander geschlossen. Die Menschen haben ihren Stolz und fühlen sich mit ihrer Geschichte, die bis zu den Ureinwohnern der Insel zurückreicht, als die ersten wahren Iren. Neben ihrer eigenen Sprache, die wir *Cant* nennen, sprechen sie auch Englisch mit starkem Akzent.

Die *Traveller* sind auch für ihre körperliche Stärke und das Boxen mit bloßen Fäusten bekannt. In ihrer Kultur spielen die Zucht und der Handel mit Pferden und Eseln eine große Rolle. Oft sind sie auf Pferdemärkten vertreten. Wenn einer ihrer Esel kränkelt, hängen sie so an ihm, dass sie ihn nicht hergeben wollen. Bei so mancher Tasse Tee versuchte mein Vater, das Vertrauen dieser stolzen Leute zu gewinnen.

Tee ist aber nicht das einzige bedeutende Getränk in Irland. Wir trinken eigentlich immer irgendetwas, von einem Glas rahmiger Milch aus der Molkerei in Kanturk über eine Tasse heißen *Barry's* Beuteltees, einen Zinnbecher Wasser aus einer heiligen Quelle bis hin zu einem Glas lauwarmen, kaffeebraunen Guinness' – man braucht nicht weit zu gehen, bis man etwas zu trinken angeboten bekommt. Zum guten Ton gehört es, die erste und auch noch die zweite Tasse Tee abzulehnen und erst zur dritten Ja zu sagen. Es ist typisch irisch, bei einem Getränk zusammenzusitzen und zu reden. Vielleicht hängt es mit dem kalten, regnerischen Wetter oder der jahrhundertelangen Unterdrückung und Gewalt zusammen – wir suchen nach Trost und finden übers Trinken zueinander.

Wir Iren sind auch für unseren Alkoholkonsum bekannt. Früher wurde schon Babys Whiskey in die Milchflasche gemischt oder beim Zahnen aufs Zahnfleisch gerieben. Die Menschen tranken Guinness, um ihren Bluteisenspiegel aufzubauen. Mütter und Großmütter bereiteten in kalten Nächten heißen Glühwein. Trinken war einfach ganz normal. In jeder Stadt gab es familiengeführte Pubs, wo an einem gemütlichen Torffeuer Kameradschaft gepflegt und Neuigkeiten ausgetauscht wurden.

Es war deshalb nichts Ungewöhnliches, dass meine Großmutter mir und meiner Schwester Eileen jeweils ein kleines Kristallglas Sherry hinstellte, als ich gerade einmal sieben Jahre war.

„Bitte sehr", sagte sie lächelnd.

Das ließ ich mir nicht zweimal sagen. Lachend griff ich nach dem Glas, roch kurz an der verlockenden blassgoldenen Flüssigkeit und trank. Auch zu einem zweiten Glas sagte ich nicht Nein.

Der Sherry rann mir die Kehle hinunter in den Magen. Sofort durchströmte eine angenehme Wärme meinen ganzen Körper, bis in die Fingerspitzen und Zehen. Als sie mir langsam in den Kopf stieg, kam ich mir vor wie im Himmel, etwas benommen, gleichzeitig erregt und sehr, sehr glücklich. Das war etwas völlig Neues für mich.

Gewöhnlich fühlte ich mich eher ängstlich, schüchtern, verloren und unbehaglich, war geplagt von Sorge und Schuldgefühlen. Es lag nicht nur an meiner Rechtschreibschwäche oder daran, dass ich der einzige Junge unter Mädchen in der Familie war, auch nicht daran, dass mein Vater einen Eselhof betrieb. Es war noch etwas anderes. Als Kind hatte ich feine Antennen für die Gefühle anderer, genau wie ich bei Aran gleich bei unserer ersten Begegnung seine Erfahrungen und Erinnerungen hatte spüren können wie meine eigenen.

Auch bei Menschen ging es mir so. Manchmal empfand ich das, was die Menschen um mich herum fühlten, so als würde ich in ihrer Haut stecken. Das war für mich ganz normal; ich kannte es nicht anders. Ich dachte, jeder würde die Gefühle anderer Menschen wie ein Schwamm aufsaugen. Deshalb verstand ich auch nicht, was da passierte oder was ich hätte dagegen tun sollen. Die Emotionen anderer zu tragen, war eine schwere Bürde – vor allem, weil ich mir noch nicht einmal meiner eigenen Gefühle sicher war.

Die zwei Gläschen Sherry aber hatten eine wundersame Wirkung: Sie betäubten all die Gefühle, mit denen ich nichts anzufangen wusste. Meine erste Begegnung mit dem Alkohol erfüllte mich sofort mit einer unerklärlichen Leichtigkeit und ich merkte, dass es meiner Schwester nicht anders ging. Es erinnerte mich an die Geschichte von Pater Pan, wie er die Kinder in ein mystisches Niemandsland entführte, wo Glück und Sorglosigkeit herrschten. Genau das tat auch der Sherry und es gefiel mir.

Als wir nach Hause kamen, nahm ich Mam am Arm und tanzte mit ihr durch die Küche. Alle lachten. Beim Schlafengehen war mir noch immer ganz schwindelig und mein Herz war froh und glücklich über so viel Aufmerksamkeit. So etwas Großartiges hatte ich noch nie erlebt und das Gefühl hielt sogar noch bis zum nächsten Tag an.

Als ich nach ein paar Tagen wieder bei meiner Großmutter war, fiel mir plötzlich der Sherry ein – als würde die Flasche aus dem Schrank nach mir rufen. Ich wartete, bis meine Großmutter beschäftigt war, dann schlich ich mich in die Küche, öffnete die Schranktür und nahm einen Schluck aus der Flasche. Dann noch einen. Ich schloss die Augen und spürte wieder die Wärme und das Glücksgefühl. Etwas Besseres gab es nicht.

Fast jeden Nachmittag zog es mich nun zu meiner Großmutter und nach vielen heimlichen Schlucken Sherry kam, was kommen musste: Meine Großmutter bemerkte, dass die Flasche fast leer war. *Ertappt!* Ich war mir nicht so sicher, was nun passieren würde, aber sie lachte nur und schüttelte den Kopf. „Macht nichts!" Betreten drehte ich mich um und rannte zur Tür hinaus. Sie aber amüsierte sich köstlich über den kleinen Paddy, der sich an der Sherryflasche vergriffen hatte.

Damit war die Sache für sie erledigt – aber nicht für mich. Aran war nun nicht mehr der größte Lichtblick in meinem Leben. Ich hatte einen neuen Freund gefunden: den Alkohol.

Als mit den Jahren die Herausforderungen wuchsen, wurde das Trinken für mich zur Überlebenshilfe. Wenn die Schule eine Qual war, freute ich mich auf ein Gläschen mit meinen Freunden, von denen manche als Kinder von Pub-Besitzern Zugang zu Alkohol hatten. Nach den Schlägen in der Schule trank ich, wann immer schmerzliche Erinnerungen hochkamen. Wenn ich Schuld oder Scham empfand, ertränkte ich meine Gefühle im Alkohol.

Meine Freundschaft mit Aran war für mich wie ein Anker gewesen, aber nun hatte ich etwas Besseres gefunden – etwas, das dafür sorgte, dass ich mich in meiner Haut wohler fühlte, nicht mehr wie ein einsamer Sonderling. Voller Überzeugung dachte ich: *Ich bin auf dem besten Weg, ein echter Mann zu werden.*

KAPITEL FÜNF

Mein erster Kuss

Ich kann allem widerstehen, nur nicht der Versuchung.
OSCAR WILDE

In unserem Dorf wohnte ein Mädchen, das Eileen hieß. In meinem Leben gab es mehrere Eileens – meine Mutter, meine Schwester, meine Großmutter und eine Tante, die so hieß –, aber nur eine Eileen Healy.

Eileen war im Dorf aufgewachsen, von unserem Haus aus gesehen ein Stück die Straße hinunter, und ging in die Klasse unter mir. Sie hatte glänzendes, dunkles Haar, strahlende Augen und ihre helle Haut leuchtete wie die Morgensonne. Ich fand sie wunderschön.

Einmal hörte ich, dass ihre Familie ein verwaistes Lamm aufzog. Es schlief in der Küche an einem warmen Platz unter dem Herd und folgte Eileen gerne aus dem Haus und bis zur Schule. Selbst die Tiere sahen, dass sie klug und schön war und ein großes, warmes Herz hatte.

Eileen und ich begegneten uns ab und zu im Dorf, aber sie schien mich nicht besonders zu beachten. Ich erinnere mich noch, dass sie einmal richtig wütend auf mich war, weil ich ihr einen Streich gespielt hatte – ich glaube, ich war auf einen Baum geklettert und hatte mit Wasser gefüllte Luftballons auf ein paar Läuferinnen und Läufer aus ihrem Sportverein geworfen. Damals schrieb sie in ihr Tagebuch: *Ich hasse Patrick Barrett,* und zeigte es mir mit einem flüchtigen Lächeln. In diesem Moment wusste ich, dass ich sie liebte, mit all der Liebe, zu der ein Jugendlicher fähig ist.

Als wir Teenager waren, ergab sich für mich eine Gelegenheit, mit ihr einen kurzen Moment allein zu sein. Am anderen Ende des

Dorfes, gegenüber der Burg, lag die Kneipe *The Old Walls,* in der es wunderbare hausgemachte Gerichte gab – alle meine Lieblingsspeisen wie frisch gebackenes Schwarzbrot, Weißkohl mit Speck, Roastbeef, Waldpilze und köstliche Puddings.

Jeden Donnerstagabend strömte das ganze Dorf zum Tanzen hin. Zwischen den Tanzrunden wurde fleißig geplaudert. Jugendliche standen in Grüppchen herum und spekulierten, welcher Junge für welches Mädchen schwärmte und umgekehrt und was sie wohl in dieser Sache unternehmen würden (meistens nichts).

Als ich mit meinem Freund Barry hinkam und Eileen mit ihren Freundinnen sah, verschlug es mir schier den Atem. Sie sah bezaubernd aus mit ihren sanften Augen; ich war hingerissen von ihr – und wäre doch am liebsten davongelaufen. Es war mir peinlich, sie um ein Date zu bitten oder sie auch nur anzusprechen, aus Angst, sie könnte mich auslachen.

Aber meine Freunde und ihre Freundinnen arrangierten es, dass wir beide draußen zusammentrafen. Irgendwie standen die Sterne gut und es passierte. Unsere Lippen trafen sich. Es ging ganz schnell – mein erster Kuss. Welch wunderbares Gefühl!

Als Barry und ich kurz darauf heimgingen, schwebte ich im siebten Himmel. Doch leider wurde aus der Beziehung nichts. Nach dem zauberhaften Abend wechselten Eileen und ich nur hin und wieder im Dorf ein paar Worte. Ihr Anblick ließ mein Herz zwar jedes Mal ein wenig höherschlagen, aber die große Romanze war vorbei, noch bevor sie richtig begonnen hatte. Tief in meinem Inneren befürchtete ich, dass Eileen mich immer noch hasste.

Vielleicht hatte ich sie nicht verdient, denn der süße, naive Junge von früher war mittlerweile rebellischer geworden. Anstatt früh aufzustehen und mit Aran oder Timmy über die Felder zu laufen, blieb ich liegen, solange es ging, und schlüpfte dann eilig in meine Schuluniform – graue Hose, graues Hemd und blaue Krawatte. Ich ging nun nicht mehr auf die Dorfschule. Nach dem Tag, an dem Jazz mich so übel zugerichtet hatte, schickten mich meine Eltern auf eine Schule in Kilbrin, einer nahe gelegenen Stadt. Mam fuhr mich immer ein Stück mit dem Auto und setzte mich an einer Bushaltestelle ab. Mit meinem ausgedehnten Schulweg über die Felder und dem morgendlichen Abstecher zum Felsen war Schluss. Ich vermisste meinen Orientierungspunkt.

Die Bovril-Sandwiches waren mir nicht mehr so wichtig, aber ich musste meine Zigaretten haben, eine neue Angewohnheit, die ich mir von meinen neuen Freunden abgeschaut hatte. Gleich morgens rauchte ich mit ein paar anderen Jungs im Park *John Player Blues*, noch bevor wir in den Bus stiegen. Die Schule interessierte mich noch immer nicht besonders. Ich freute mich darauf, Unfug zu treiben, und das hatte ich mit meinen Freunden gemeinsam – genau wie die Zigaretten und den Alkohol. Ich hatte mich einer neuen Herde angeschlossen.

Die *Scoil Mhuire* (Marienschule), die ich nun besuchte, war eine von den Barmherzigen Schwestern geführte konfessionelle Schule. Unglaublich, aber wahr: Dort war Religion mein Lieblingsfach. Schwester Teresa, unsere Lehrerin, passte in ihrer marineblauen Tracht mit Haube gut dazu. Sie mochte etwas aus der Zeit gefallen wirken, war aber tatsächlich eine mutige, weltoffene Frau, die als Missionarin in Afrika gewesen war und uns viel über Hunger, Krankheiten und die Drogenbarone erzählte, denen sie begegnet war. An den Unterrichtsstoff erinnere ich mich nicht mehr so gut wie an Schwester Teresas Abenteuer.

Einmal erzählte sie uns von einer Dorfbewohnerin, deren Bauch immer dicker wurde. Erst dachte sie, sie sei schwanger, das hätte aber nicht ihre entsetzlichen Schmerzen erklärt. Als die Frau schließlich starb, stellte sich heraus, dass sie einen riesigen Bandwurm in sich getragen hatte, so groß wie eine Schlange. Bei Geschichten wie dieser hing ich Schwester Teresa förmlich an den Lippen. Sie erschien mir sehr weise und hatte eine ganz besondere Weltsicht. In mir wuchs der Wunsch, so wie sie in die Ferne zu ziehen.

Meine Welt war auch durch den Sport ein wenig größer geworden. Nun verbrachte ich nicht mehr so viel Zeit bei den Eseln auf der Weide. Mein Hurlingschläger und das Spielfeld jenseits des Hügels waren interessanter. Paddy O'Callaghan, ein älterer Mann, war oft dort und bot mir seine Hilfe an. Er liebte diesen Sport, bei dem ich zumindest für eine Weile aus dem Gedankenkarussel über mich selbst und meine Sorgen aussteigen konnte. Stundenlang trainierte ich mit Paddy und John Buckley, einem anderen Jungen aus dem Dorf. Das Herumtollen mit den Eseln auf der Weide, das Stallausmisten und Heueinstreuen hatten mich schnell und drahtig gemacht. Aber John war ein starker Gegner und wir spielten wie besessen.

Hurling ist eines der ersten Feldspiele der Welt, ein wenig vergleichbar mit Hockey, wird aber mit einem Baseball gespielt und ist wesentlich kämpferischer. Jemand sagte einmal: „Hurling ist Krieg mit anderen Mitteln." So mancher Spieler hat schon blutend das Feld verlassen.

Ich möchte das Spiel kurz erklären: Man läuft mit einem gebogenen Holzschläger *(hurl* oder *hurley* genannt) über einen großen Rasenplatz *(pitch)*. Der Schläger besteht aus einem einzigen Stück Eschenholz, dessen unteres Ende lang und abgeflacht ist. Beide Teams versuchen, den Ball mit dem *hurley* oder der Hand hochzuschlagen und ins Tor zur befördern. Einen Punkt gibt es auch, wenn der Ball zwischen den Torpfosten, die über das eigentliche Tor hinausragen, über die Querstange geschlagen wird.

Hurling gilt als das schnellste Spiel der Welt und erfordert ein hohes Maß an Geschicklichkeit. Man muss den Ball ständig im Auge behalten. Genauigkeit ist alles. Es kann vorkommen, dass ein Spieler aus 50 bis 70 Metern Entfernung auf das Tor zielt.

Wer gut ist, kann den Ball bei voller Geschwindigkeit auf dem Schläger balancieren, ihn hoch in die Luft schlagen und über oder unter die Querlatte schießen. Damals trugen wir weder Helme noch Knieschützer, sodass es durch den harten Ball, die verbissenen Zweikämpfe und herumgeschleuderte Schläger häufig zu Verletzungen kam. Als ich Teenager war, waren die Spiele viel brutaler und blutiger als heute. Für mich konnte es nicht wild genug zugehen.

Mannschaftssport war schon immer ein wichtiger Teil des Dorflebens, ja unserer Identität. Mit meinen Freunden Sean Murphy, John

Buckley, Brian Brosnan und Brendan O'Connor arbeitete ich mich durch die Alters- und Spielklassen hoch. Dass der irische Sportverband *Gaelic Athletic Association* alles überwacht, ändert nichts an den Stammeskriegen zwischen den Dörfern, wobei Cuchulains Hurling-Mythen die alten Feuer zusätzlich anheizen. Wettkämpfe sind ein gesellschaftliches Ereignis, bei dem man Freunde trifft und Neuigkeiten erfährt. Gute Hurler genießen im Dorf Bewunderung. Ich trainierte hart, wurde ziemlich gut und badete in der Aufmerksamkeit, die ich auf mich zog. Ohne Hurling hätte ich als Junge gar nichts mit mir anzufangen gewusst.

Es versteht sich von selbst, dass man entweder besonders mutig oder ein wenig verrückt sein muss, wenn man sich kopfüber auf den Ball stürzt – ungeachtet herumfliegender Eschenholzspäne von Schlägern, ohne Zeit zum Nachdenken und ohne die Möglichkeit, sich zurückzuziehen. Ich habe das Motto eines unserer Trainer übernommen: „Sei rücksichtslos innerhalb der Regeln." Meine Eltern kamen nie zu den Spielen, wohl aus diesem Grund. Stellen Sie sich vor, Sie bekommen eine hölzerne Axt in den Nacken oder an den Kopf. So ungefähr ist Hurling.

Während der Spielsaison kassierte ich ständig Schläge. Blaue Flecken, sogar Blutflecken auf dem Trikot waren unvermeidbar. Aber je mehr man einstecken muss, desto besser lernt man, sich zu schützen. Anfangs spielten die Mädchen noch mit uns, aber als wir Jungen größer und stärker wurden, bildeten sie eigene Mannschaften.

Endlich hatte ich einen Ort gefunden, wo mir meine überschießende Energie und meine zerstreute Aufmerksamkeit zugutekamen. Bald war ich der beste Mann auf dem Feld, der die meisten Tore und Punkte holte, und bekam nach den Spielen im Pub so manchen Drink spendiert, auch wenn ich eigentlich noch nicht alt genug dafür war. Hinzu kam, dass ein Freund aus einer Gastwirtsfamilie uns Alkohol in jeder Form beschaffen konnte. Ich hatte es also nicht mehr nötig, mich heimlich an Großmutters Küchenschrank zu bedienen.

Bei aller Kameradschaft empfand ich mich jedoch nie richtig als Teil der Mannschaft. Ein tiefes Gefühl der Einsamkeit und Entfrem-

dung plagte mich. Zwar hatte ich mich in so manche „Herde" ein-
gereiht – bei den Eseln, meiner Familie, meinen Freunden auf den
unterschiedlichen Schulen und den Teams, für die ich spielte. Wirklich zugehörig aber fühlte ich mich nirgendwo. Irgendetwas fehlte
mir. Ich sehnte mich nach einer starken Verbundenheit, wie ich sie
früher zu Aran und den anderen Eseln empfunden hatte, nach dem
Frieden und der Sicherheit, die ich oben auf dem Felsen erlebt hatte.
Beides war dahingeschwunden. Irgendwie kam ich mir immer wie ein
Außenseiter vor.

Die Euphorie nach sportlichen Erfolgen hielt nie lange an. Es
quälte mich, dass meine Eltern wegen meiner schlechten schulischen
Leistungen sehr enttäuscht von mir sein mussten. Auf meine Noten
konnten sie nicht stolz sein. Genauso wenig auf das Rauchen und
den Alkohol, sodass ich beide Laster so lange wie möglich vor ihnen
geheim hielt.

Allzu viel Zeit aber verschwendete ich nicht auf meine Schuldgefühle. Ich gewöhnte mich daran. Als Fünfzehn- oder Sechzehnjähriger
trieb ich mich mit anderen Jungs herum und brachte sie mit meinen
Eselrufen zum Lachen. Zigaretten und Bier waren allgegenwärtig. An
den Wochenenden jobbten Brendan O'Connor und ich manchmal
für seine Tanten bei *Fitzgibbon's*. Wenn es sich ergab, schlich ich mich
in den Lagerraum des Pubs und ließ ein paar Flaschen mitgehen, um
sie mit Freunden zu teilen.

Nach der Schule schaute ich gewöhnlich kurz bei Aran vorbei oder
auch nicht – ich wusste immer, dass er da war, manchmal wartete er
sogar auf mich. Dann ging ich ins Haus, um etwas zu essen und fern-
zusehen. Über anderen Dingen – wie meiner nächsten Zigarette –
vergaß ich Aran schnell.

Bei uns zu Hause herrschte ein reges Treiben; meine Schwestern
und andere Verwandte und Freunde kamen und gingen; gemeinsame
Mahlzeiten gab es nur selten. Mam drang immer noch darauf, dass
wir vor dem Schlafengehen den Rosenkranz beteten, aber Beten war
für mich nur noch eine lästige Pflicht. Mein früheres Interesse an
Gott war ebenso wie meine diffusen Ängste vor seinem Zorn und

seiner Missbilligung in den Hintergrund gerückt. Ich dachte einfach nicht mehr viel über Gott nach. Mein Augenmerk richtete sich nun mehr auf Sport, Mädchen und natürlich den Alkohol – so wie es sich in meinen Augen für einen richtigen Mann gehörte.

An Wochenenden stand ich spät auf und stahl mich so schnell wie möglich davon. Der Eselhof hielt meine Eltern so beschäftigt, dass sie keine Zeit hatten, mich im Auge zu behalten, und ich machte es ihnen auch nicht leicht. Mich zog es zu den anderen Jungs aufs Hurlingfeld. Danach stiegen wir über ein Garagendach aufs Bürgerhaus und sprangen von dort aus, ausgerüstet mit Zigaretten und Alkohol, in eine Mauernische. Sie war von der Straße aus nicht einsehbar, sodass wir nie erwischt wurden.

Wir trieben so manchen Unsinn, wie den Streich mit dem Wasserballon, der Eileen Healy so wütend gemacht hatte. Einmal schlug ich ein Fenster ein und bekam gewaltigen Ärger. Ein anderes Mal setzte ein Mitglied unserer Gruppe ein Motorrad in Brand und verwüstete das Hurlingfeld. Die Ortspolizei tauchte auf, beschlagnahmte das Motorrad und sperrte es auf der Wache ein. Wir wollten es zuerst dort wieder herausklauen, wussten aber nicht so recht, wie wir es anstellen sollten.

Eine Zeit lang schikanierten wir einen Mann, der gegenüber dem Hurlingfeld wohnte. Wenn er hörte, dass wir in der Nähe waren, drohte er immer wieder, seine zwei großen Schäferhunde auf uns loszulassen. Als wir wieder einmal Steine auf sein Dach warfen, hetzte er seine Hunde tatsächlich auf uns. Wir brachten uns schnell auf dem Dach des Bürgerhauses in Sicherheit.

Mit vierzehn Jahren hing ich schon sieben Jahre lang an der Flasche – und es hatte mich verändert. Solange der Rausch anhielt, fühlte ich mich wohl, fast wie ein anderer Mensch. Ich genoss es, in der Gruppe akzeptiert zu sein und dazuzugehören. Dann wurde ich mutiger. Der Alkohol ließ die normalen starken Gefühle und Emotionen eines jungen Mannes überschießen. Ich war nicht mehr der lustige kleine Junge, dem der Sherry in den Kopf gestiegen war, der in der Küche herumtanzte und seine Großmutter zum Lachen brachte. Aber ich fand mich mit der Veränderung ab. Das Trinken war eben mein Weg, meinen Problemen und Sorgen zu entfliehen. Dass es einen anderen, besseren Weg geben könnte, kam mir nie in den Sinn. Ich ging so weit, dass ich während eines Trinkgelages oftmals zwei Sixpacks in mich hineinschüttete.

Tim, der Freund meiner Schwester Helen, erkannte, was vor sich ging, und versuchte mich vom Trinken abzubringen. Auch er war ein hervorragender Hurler, stark und schnell, ein richtiger Mann, zu dem ich aufsah. Er war ehrlich, nett und freundlich, wie ein sanfter Riese. Er ließ mich mit ihm und seinen Freunden mitspielen und hatte ein Auge auf mich, da ich der Jüngste war.

Eines Tages setzte er sich nach dem Training mit mir hin und sah mir in die Augen. Mein Herz setzte kurz aus, weil ich wusste, dass er mir etwas Wichtiges sagen würde.

Doch sein einziger Satz war: „Paddy, pass auf dich auf!"

Ich erwiderte seinen Blick, dann sah ich betreten zu Boden. *Was meint er damit? Trinken nicht alle Männer?*

Meine Gefühle, Gedanken, Sorgen und Ängste waren meine ständigen Begleiter, das hieß aber nicht, dass ich mich Schuld- oder Schamgefühlen allzu sehr hingab. Ich hörte zwar Timmys Worte und weiß sie heute noch, brachte sie aber in keinen Zusammenhang mit meinem Tun. Niemals hielt ich inne, um über mein Handeln nachzusinnen oder den Gedanken zuzulassen: *Das ist vielleicht nicht gut für mich.* Ich folgte einfach der Herde. Bald schauten andere auf mich auf, zum größten Trinker und Unruhestifter, vor dem so manche Eltern ihre Kinder warnten.

„Gib dich bloß nicht mit Patrick Barrett ab! Er taugt nichts."

„Paddy bringt dich in Schwierigkeiten. Halt dich lieber von ihm fern!"

Ich hing nun meist mit härteren Jungs herum. Es war mein Versuch, Teil von etwas zu sein, das größer war als ich. Ich konnte es kaum erwarten, bis ich achtzehn war und mir legal im Pub ein Bier bestellen durfte. Dann würde ich endlich spüren, wohin ich gehörte.

Als ich sechzehn war, kam ein Familiengeheimnis ans Licht, das meine Wut und Verwirrung noch steigerte. Meine Schwester Eileen, die mir altersmäßig am nächsten ist, ging mit unserer älteren Schwester Helen ins Kino. Sie hatten sich auf einen schönen Tag zusammen gefreut. Doch über Eileen lag schon eine ganze Weile ein dunkler Schleier, ohne dass sie selbst hätte sagen können, warum.

Helen aber wusste etwas, was Eileen nicht wusste. „Es ist wohl jetzt Zeit, dass du die Wahrheit erfährst", sagte sie, als sie nach Hause kamen.

Eileen setzte sich mit klopfendem Herzen in ihr Zimmer, während Helen Mam und Dad holte. Mam, die zuerst hereinkam, wirkte an diesem Tag nicht so stark und herzlich, wie wir sie kannten, sondern verletzlich und ängstlich. Sie begann, ein lang gehütetes Familiengeheimnis zu lüften – sie war nicht Eileens leibliche Mutter. Eileen war die uneheliche Tochter meiner Tante.

Irgendwann kam Dad dazu und setzte sich zu meiner Schwester und Mam aufs Bett. Er erklärte, es sei ursprünglich vorgesehen gewesen, Eileen zur Adoption freizugeben. Aber als meine Eltern davon hörten, hätten sie den Gedanken nicht ertragen können und beschlossen, sie aufzuziehen wie ihr eigenes Kind.

Als Eileen fünf Jahre war, hatten ihre biologische Mutter und Mam ihr eigentlich die Wahrheit sagen wollen, aber unsere Großmutter war entschieden dagegen gewesen. Eileen hatte wie ich immer geglaubt, sie sei meine leibliche Schwester, und so waren die Jahre vergangen, ohne dass die Wahrheit herauskam. Es war nicht leicht, das Geheimnis nun aufzudecken.

Die heimliche Adoption durch eine Familie war in einem Dorf wie unserem im ländlichen Irland der 1970er-Jahre ein großes Risiko. Meine Tante war damals vierundzwanzig und nicht verheiratet. Typischerweise wurden ledige Schwangere zu der Zeit weggeschickt, um das Kind woanders zur Welt zu bringen und zur Adoption freizugeben. Erst dann durfte das Mädchen in aller Stille zu ihrer Familie zurückkehren. Damals schauten die Leute auf ledige Mütter herab; nicht einmal das Abendmahl durften sie empfangen.

Es war ein Schock für uns alle, am meisten für Eileen, die sich ohnehin immer benachteiligt gefühlt hatte. Helen und Debbie hatten schon ein paar Jahre Bescheid gewusst, waren aber zur Verschwiegenheit verpflichtet gewesen. Auch für sie war es bestimmt nicht einfach gewesen, es für sich zu behalten.

Ich war tief erschüttert. Natürlich war es verständlich, dass meine Eltern, die vernachlässigten Eseln Heimat gaben, damals auch ein kleines Baby aufgenommen hatten, mit dem sie verwandt waren, wenn es auch nicht ihr leibliches Kind war. Schließlich hatte es dringend ein liebevolles Zuhause gebraucht. Aber mir als Teenager, der ich schon genug mit meinen eigenen Problemen zu kämpfen hatte, kam es so vor, als hätten sie mich mein Leben lang belogen. Plötzlich musste ich erfahren, dass meine Schwester nicht war, wofür ich sie gehalten hatte. Ich fühlte mich getäuscht und verunsichert.

Eileen und ich hatten uns schon immer sehr nahgestanden. Wir waren zusammen mit den Eseln auf der Weide herumgetollt, hatten an der alten Eiche oben beim Felsen geschaukelt, zusammen ferngesehen und Porridge gegessen. Wir schlugen und vertrugen uns in unserem gemeinsamen Zimmer mit Stockbett. Nun war ich einfach nur verwirrt. *Ist Eileen jetzt immer noch meine Schwester?*

Ich verschwendete keinen Gedanken daran, wie Eileen selbst die Nachricht aufnahm. Früher hatte ich die Gefühle der Menschen um mich herum gespürt, nun aber hatte ich gelernt, mich dagegen abzuschotten. Mein Denken drehte sich vor allem darum, wie ich mir Alkohol beschaffen konnte. Dadurch verlor ich die Verbindung zu allem, was mir früher Halt gegeben hatte – zu meinen Schwestern, meinen Eltern, sogar zu manchen Freunden, die mich zu warnen versuchten.

Als Helen und Tim heirateten, bat Tim mich, Trauzeuge zu sein. Ich war so begeistert, endlich einen Bruder zu haben, dass ich mich erst einmal zu seiner Ehre betrank. Sogar mein Freund Brendan O'Connor hielt mir eine Standpauke. „Patrick, was machst du da? Du gibst dich mit den falschen Leuten ab. Dabei verlierst du dich selbst."

Ich nickte, hörte aber nicht hin – wie so oft. Allmählich entfremdeten wir uns voneinander. Auch die Esel waren mir mittlerweile egal –

als wären sie unsichtbar. Nicht einmal mehr auf den Felsen zog es mich. Er war noch da und wartete auf mich, am Mittelpunkt meiner Welt. Ich aber war wie ein wilder Esel, der auskeilt und davonläuft, in die Wildnis hinein, und das Paradies im Staub hinter sich zurücklässt.

Gibt es im Garten Eden nicht immer eine Schlange? Meine hatte auf dem Boden einer Sherryflasche gelauert. Leider hatte ich sie verschluckt.

KAPITEL SECHS

Ein Mann wie ein wilder Esel

Dein Sohn wird ungestüm sein wie ein Wildesel.
Er wird mit allen im Streit liegen und von allen bekämpft werden.
Selbst seinen Brüdern wird er sich entgegenstellen.

1. MOSE 16,12

Eine wunderschöne Maultierstute mitten in einem Dubliner Elendsviertel bietet einen sehr seltsamen Anblick. In diesem Fall hieß sie Jerusalem und war – wie das bei einem Maultier so ist – eine Kreuzung aus Pferd und Esel.

Maultiere und Esel gehören eigentlich nicht in Städte. Sie sind zwar Arbeitstiere, grasen aber auch gern mehr als den halben Tag auf der Weide – wenn man sie lässt. Doch sie fressen nicht nur Gras. Esel knabbern auch Blätter, Samen von Büschen und Bäumen und kauen manchmal sogar an Baumrinden. Viel Wasser brauchen sie nicht; es reicht, sie jeden zweiten oder dritten Tag zu tränken. Wildesel suchen sich Wasserlöcher oder trinken aus Flüssen. Und wenn diese ausgetrocknet sind, graben sie mit ihren Hufen so lange, bis sie auf frisches Grundwasser stoßen.

Jerusalem drohte also ein kurzes, unglückliches Leben.

Nicht genug, dass sie in einem heruntergekommenen, gefährlichen Viertel lebte, das seit mehr als hundert Jahren berüchtigt war. Dort gab es ganze Straßenzüge, die nur aus verfallenen Hochhäusern bestanden. Jerusalem war auch einsam, ein Mischling, ohne ein anderes Wesen ihrer Art weit und breit. Tag für Tag war sie Schießereien, Drogenhandel, Umweltverschmutzung, Lärm und Stress aller Art schutzlos ausgesetzt – und dies in Dublin, der Hauptstadt der Republik Irland.

Zwar schwangen die Politiker große Reden. Sie wollten die Viertel säubern und bei den Vermietern die Einhaltung von Vorschriften durchsetzen, damit die Menschen würdig und sicher leben konnten. Aber Korruption war an der Tagesordnung, und oft stellte sich heraus, dass mancher Politiker selbst aus der Misere der Bevölkerung Profit geschlagen hatte.

Nachdem ich wegen meines Verhaltens von mehreren Schulen geflogen war, arbeitete ich mittlerweile auf dem Eselhof. Langsam verstand ich die Botschaft: *Komm bloß nicht zurück!*

Ich hatte dringend eine Arbeit gesucht und meinen Vater gebeten, mir noch eine letzte Chance zu geben – nicht aus einer besonderen Berufung heraus, sondern weil es praktisch war. Weder hatte ich einen langen Arbeitsweg – ich musste nur zur Hintertür hinausgehen – noch brauchte ich eine Ausbildung, weil ich mit der Tätigkeit vertraut war. Also half ich den Eseln nach Kräften. Aber sie waren für mich nun etwas Alltägliches, keine Freunde und Seelenverwandten mehr, wie Aran und Timmy es einst gewesen waren. Ich kümmerte mich um sie, weil es meine Aufgabe war, sehnte aber gleichzeitig schon das nächste Wochenende in den Pubs herbei und hoffte, dass sich irgendwann etwas Besseres ergeben würde.

Dann kam ein Anruf wegen eines Maultiers in Dublin. Voller Erstaunen hörte ich, dass es im verrufenen Stadtteil Finglas lebte. *Das kann ja heiter werden! Ob ich wohl Polizeischutz brauche?*

Ironischerweise war Finglas früher einmal ein bedeutendes Dorf mit einem frühchristlichen Kloster gewesen, gegründet 560 nach Christus vom Heiligen Kenneth, der für seine Gelehrsamkeit und seine musischen Fähigkeiten bekannt war. Als Missionar hatte er in ganz Irland und Schottland das Evangelium gepredigt. Aber diese Zeit war lange vorbei. Heute würde ich ganz alleine hinfahren, versuchen, eine einsame Maultierstute aufzuspüren und sie von dort fortzuschaffen. An diesem Ort, einst ein Zufluchtsort für die Verlorenen, lebte heute selbst ein Maultier auf gefährlichem Pflaster.

Die dreistündige Fahrt bot mir reichlich Gelegenheit, mir Sorgen zu machen. Als ich unseren Transporter auf dunklen Straßen zwischen zerfallenen Gebäuden hindurch um ausgebrannte Autos und streunende Hunde herummanövrierte, wurde mir noch mulmiger zumute. Da ich eine Telefonnummer bekommen hatte, hielt ich in dem Block an, in dem die Stute lebte, versicherte mich, dass die Autotüren verriegelt waren, und rief an. Der Mann am anderen Ende der Leitung machte mich mit seinem starken Dubliner Akzent gleich noch nervöser. Als ich ihn nach Jerusalem fragte, sagte er nur: „Okay, komme gleich.“

Während ich da saß und wartete, fiel mir auf, dass es weit und breit keinen Grashalm gab. Genauso wenig sah ich ein Maultier. Wo es wohl war? War ich in Gefahr? Worauf hatte ich mich da eingelassen?

Aber nach ein paar Minuten kam es, ganz leichtfüßig. Jerusalem war eine große Maultierstute mit rötlich-bronzefarben schimmerndem Fell. Ihre Augen glänzten wachsam und ihre Ohren, die sich unabhängig voneinander bewegten, lauschten entspannt, als fühle sie sich sehr wohl. Sie bewegte sich anmutig und hob ihre Beine kräftig und doch elegant an wie eine Balletttänzerin, die durch den Hades spaziert.

Zwei Männer begleiteten sie. Einer von ihnen führte sie an einem Strick, der an ihrem Halfter befestigt war. Beide machten einen grobschlächtigen Eindruck, dürften Ende zwanzig gewesen sein und einer hatte eine Narbe im Gesicht. Jerusalem aber schien mit ihnen vertraut zu sein. Als seien sie … Freunde.

Es war ein merkwürdiger Anblick. *Sie* passten hierher. Jerusalem, das kostbare Juwel, jedoch ganz und gar nicht.

Die Männer nickten mir kurz zu und gemeinsam gingen wir zum Pferdeanhänger. Der mit der Narbe sagte: „Hören Sie, können Sie uns noch fünf Minuten mit ihr geben?“

Wieder wunderte ich mich. Ich wollte so schnell wie möglich von hier verschwinden, aber dann fiel mir Aran ein und ich fragte mich, ob sie wohl eine ähnliche Verbindung zu Jerusalem hatten.

„Kein Problem.“ Ich nickte und wandte mich ab, um vorne am Wagen auf sie zu warten.

Nach etwa fünf Minuten hörte ich sie die Tür zum Pferdeanhänger öffnen. Der Transporter schaukelte ein wenig, als Jerusalem über die

Rampe hineinstieg. Mit einem dumpfen Geräusch schlugen sie die Tür zu, legten den Riegel um und rüttelten daran, um sich zu versichern, dass sie richtig verschlossen war.

Ich wandte mich um, als sie nach vorne zur Fahrertür kamen. Beiden Männern liefen dicke Tränen aus ihren rot geschwollenen Augen. Der mit der Narbe rieb sich die Augen und wischte sich die Hand an der Hose ab.

„Wir haben sie schon, seit wir zwölf waren. Damals haben wir sie auf einem Markt in Dublin gekauft und ihr beigebracht, einen Wagen zu ziehen. Sie hat es gleich begriffen und wusste immer, was wir von ihr wollten. Nie haben wir versucht, mit ihr Geld zu verdienen." Sie sahen so traurig aus, als müssten sie sich von einem Familienmitglied verabschieden.

Wir redeten noch einige Minuten. Sie hatten sich an unseren Eselhof gewandt, weil sie gemerkt hatten, dass das chaotische Umfeld nicht das Richtige für Jerusalem war. Mehr und mehr Kinder aus dem Viertel ließen es Tieren gegenüber an Respekt fehlen und hatten sich einen Spaß daraus gemacht, Jerusalem zu ärgern und Steine nach ihr zu werfen. Die Stadt zu verlassen, das konnten sich die Männer nicht leisten. Was sie aber tun konnten, war, ein geeigneteres Zuhause für Jerusalem zu finden – einen Ort, an dem eine bessere Zukunft auf sie wartete.

Ich stieg ein, beobachtete die Männer im Rückspiegel, während ich langsam davonfuhr, und freute mich, wieder nach Hause in meine Ecke Irlands zu kommen. Für die beiden Männer musste ein Traum zerbrochen sein, doch ihre selbstlose Tat war für Jerusalem der Beginn eines neuen Lebens. Sie kam aus einem problematischen, turbulenten Umfeld, in dem sie seltsamerweise trotzdem Liebe, Respekt und Freundschaft erfahren und überlebt hatte. Natürlich hatte sie es nicht anders gekannt, aber ich war froh und dankbar, dass sie nun in Liscarroll in dem Zufluchtsort, den meine Eltern geschaffen hatten, ein neues Zuhause finden würde. Ihr Name bedeutet „Stadt des Friedens", und dies war meine Hoffnung für sie.

Als Jerusalem am Tor zu unserem Paradies stand, war ich selbst bereits auf dem Weg nach draußen. Teils war es meine eigene Wahl, teils aber fühlte ich mich auch wie ausgestoßen aus meinem Dorf und meinem Land, genau wie zuvor aus der Schule.

In einem letzten verzweifelten Versuch hatten meine Eltern mich in ein Internat geschickt. Dort hatte ein strenges Regiment geherrscht. Wer etwas falsch gemacht hatte, wurde von einem Priester aus dem Schlaf gerissen und musste die ganze Nacht in Boxershorts auf dem kalten Marmorboden stehen. Mir passierte das nicht nur einmal und ich fürchtete mich davor – manchmal war ich allein, manchmal mit drei oder vier anderen Jungs zusammen. Das war fast so schlimm wie die Ohrfeigen des Rektors.

Als ich endlich den Führerschein hatte, genoss ich die neu gewonnene Freiheit. Umgehen aber konnte ich damit nicht. Ich fuhr Autos zu Schrott, wurde in den Pubs ausfällig und bekam eine Menge Ärger. Irgendwann half ich nur noch gelegentlich gezwungenermaßen auf dem Eselhof mit. Gewöhnlich machte ich um jede Arbeit einen großen Bogen und verbrachte meine Zeit lieber in den Pubs.

Mam war ratlos – keine ihrer drei Töchter hatte ein solches Verhalten an den Tag gelegt – und ich hätte sowieso nicht auf sie oder auf meine Schwestern gehört. Hin und wieder warnte sie mich: „Pass auf mit dem Trinken. Das tut dir nicht gut."

Dad ging nachts durchs Haus und betete den Rosenkranz für mich, wenn ich nicht da war. Mam stieg morgens auf den Felsen und betete. Vielleicht empfand sie dort denselben Frieden wie ich früher, wenn ich mit Aran oben war, doch mittlerweile kam ich nicht mehr dazu.

Eines Tages stellte Brendan mir ein Mädchen namens Anita vor. Mit ihrem langen, dunklen Haar, ihren braunen Augen und ihrem hellen Teint gefiel sie mir sehr. Sie liebte Tiere, vor allem Pferde, und war zwar still, aber witzig. Ich spürte eine echte Verbindung zu ihr und sie schien sich tatsächlich für mich zu interessieren. „Du bist wirklich eine gute Seele", sagte sie einmal zu mir. Aber wie Mam machte sie mir Vorhaltungen wegen meines Alkoholkonsums.

Anita hatte eine tolle Stimme und schrieb eigene Songs. Sie und ihre Schwester Niamh hatten eine Band namens Nivita gegründet und arbeiteten gerade an einem Album mit dem Titel „Attraction,

Emotion, and Devotion" (dt. Anziehungskraft, Gefühl und Hingabe). Wir freundeten uns an und ich teilte zum ersten Mal im Leben Gedanken und Gefühle mit einem Mädchen, ohne meine Chamäleon-Nummer zu spielen.

Aber ich konnte ihr keine Zukunft bieten. Denn ich wusste selbst nicht, was ich wollte. Im Gegensatz zu ihr hatte ich weder Pläne noch Ziele. Einerseits hoffte ich, eines Tages mit ihr ein gemeinsames Leben aufzubauen; andererseits ahnte ich, dass sie ohne mich besser dran wäre. Außerdem stand sie meiner Alkoholsucht im Weg, sodass ich die Beziehung schließlich selbst scheitern ließ.

Ich begann, mir meine eigene Wirklichkeit zusammenzubauen und mir eine Geschichte auszudenken, die für niemanden anders Sinn ergab. Mir ging es doch gut, so sagte ich mir – ich nahm das Leben nicht allzu ernst, brachte meine Freunde zum Lachen und war dabei, meinen Weg zu finden. Sport, Familie, echte Freunde, Glaube und die Esel traten immer mehr in den Hintergrund.

Schließlich blieb mir für die Zukunft nur noch eine Möglichkeit – das Militär. Ich wollte wissen, wie es ist, mit einem Flugzeug in die Ferne zu fliegen. Vom Militärdienst hatte ich eine romantische Vorstellung. Ich setzte ihn mit den großen irischen Kriegermythen und meinen reichen Fantasien rund um Liscarroll Castle gleich. Außerdem konnte ich mir nicht vorstellen, weiter zur Schule zu gehen oder einen Beruf zu lernen. Ich fühlte mich eingeengt von der Arbeit mit den Eseln zu Hause und vom Leben bei meinen Eltern und wollte nur noch weg. Schließlich fuhr mich mein Vater zu einer Rekrutierungsstelle in Cork City. Dort holte ich mir einen Antrag, den ich zu Hause ausfüllte und eigenhändig in den Briefkasten warf.

Während ich auf meinen Einberufungsbescheid wartete, lag mein Lebensmittelpunkt im Pub. Bei reichlich Alkohol erzählte ich meinem Publikum lange, reichlich ausgeschmückte Geschichten, gelegentlich gewürzt mit einem witzigen Erlebnis vom Eselhof oder einem Eselruf – bis ich eines Tages wegen eines Zwischenfalls bei einer Beerdigung vor einen Richter zitiert wurde.

Wir hier in Irland nehmen Beerdigungen sehr ernst; es sind mehr-tägige Ereignisse, an denen das ganze Dorf teilnimmt. Sie bieten nicht nur Raum für Trauer, sondern auch zum Feiern. Dazu gehört eine vierundzwanzigstündige Totenwache in der ersten Nacht. Die Menschen versammeln sich im Haus, wo der Verstorbene aufgebahrt ist, tauschen bei Essen und Trinken ihre Erinnerungen an ihn aus und erweisen ihm damit die letzte Ehre. Am nächsten Tag wird der Sarg feierlich aus dem Haus getragen. Am dritten Tag zieht die Trauerge-meinde zur Trauerfeier in die Kirche und danach zum Friedhof. Dar-an schließt sich noch eine letzte Totenwache an, mit noch mehr Essen und Alkohol, Weinen, Lachen, Segenswünschen und Erinnerungen.

Beerdigungen sind fast ebenso bedeutsam und gut besucht wie Hochzeiten oder Taufen. Sie bieten großen irischen Familien manch-mal die einzige Gelegenheit, vollzählig zusammenzukommen. Kein Wunder, dass ich mir gewaltigen Ärger einhandelte, als ich einmal aus Versehen eine Beerdigung im Dorf verdarb.

Ich zog regelmäßig durch alle Pubs im Umkreis von 60 Kilometern von Liscarroll. Wenn ich in manchen Nächten gar nicht nach Hause kam, machte Dad sich solche Sorgen, dass er sich ins Auto setzte und mich suchte, auch wenn er mich dann nie überreden konnte, mit nach Hause zu kommen. Um aus seiner Reichweite zu fliehen, erweiterte ich meinen Radius immer mehr. Nach ein paar Gläsern in einem Pub zog ich weiter ins nächste, bevor den Inhaber die Wut packte, weil ich irgend-welchen Unsinn erzählte oder einen handfesten Streit vom Zaun brach.

An einem Sommertag war ich mit meinem glänzenden schwar-zen Opel Kadett schon seit zehn Uhr morgens mit Connie, einem Kumpel aus dem Dorf, auf Kneipentour. Am frühen Abend waren wir schließlich in Ballyclough gelandet, wo ich mich damit brüsten wollte, dass meine Hurling-Mannschaft Ballyclough beim Endspiel am Wochenende zuvor geschlagen hatte. Nach ein paar lockeren Scherzen wurde der Ton rauer. Mit Genugtuung registrierte ich, wie die Jungs aus Ballyclough ihren Frust über die verlorene Meisterschaft immer offener zur Schau trugen. Je mehr der Alkohol mir in den Kopf stieg, desto mehr steigerte ich mich in den Gedanken hinein, dass sie mich absichtlich betrunken machten, um mich in Schwierigkeiten zu bringen, und wurde richtig wütend. Wonach ich eigentlich heischte, war Aufmerksamkeit – war sie nun positiv oder negativ. Das heizte wiederum die Wut der anderen an. Schließlich stürmte ich hinaus, so geladen, dass weiterer Ärger nicht ausbleiben konnte.

Das ist ein treffendes Bild des Kneipenlebens. Oberflächlich betrachtet erscheint es unbeschwert und ausgelassen, aber darunter verbirgt sich viel Elend. „Auf der Straße ein Engel, zu Hause ein Teufel", sagte meine Mutter kopfschüttelnd, wenn sie die beiden Seiten meiner Persönlichkeit wieder einmal hautnah erlebte. Mam trank nicht und folgte damit dem Beispiel ihrer Eltern, die bei ihrer Konfirmation ein Abstinenzgelübde abgelegt hatten. Mein Großvater trug seine dafür verliehene Anstecknadel immer mit Stolz.

Als ich an jenem Abend um halb acht aus dem Pub kam, war es noch hell, und Connie und ich brausten davon. Auf einer Nebenstraße kurz nach Ballyclough begannen wir uns über den Radiosender zu streiten. Betrunken wie wir waren, redeten wir uns so in Rage, dass wir uns anbrüllten und mit Fäusten aufeinander einschlugen. Plötzlich sah ich auf. Wir rasten mit über 70 Stundenkilometern über eine sehr schmale Straße, an der auf beiden Seiten Autos parkten.

In diesem Moment verlor ich die Kontrolle über den Wagen. Er brach zur Seite aus und rammte ein Auto, prallte ab und wurde über die Fahrbahn in ein anderes Auto geschleudert. Wie eine Flipperkugel prallte er auch von diesem ab und krachte noch in ein drittes – einen großen schwarzen Leichenwagen mit einem Sarg darin. Wundersamerweise wurde von den Angehörigen, die auf dem Gehweg standen und sich unterhielten, keiner verletzt.

Der Zusammenstoß mit dem Leichenwagen war so heftig, dass wir uns mindestens zweimal überschlugen und schließlich mitten auf der Straße auf dem Dach liegen blieben. Und ich war so betrunken, dass ich gar nicht begriff, was passierte. Es erschütterte mich nicht, ich war nur verwirrt.

„Was haben Sie gemacht?", schrie jemand, während ein anderer mich aus dem Wagen zog.

„Haben Sie sich was getan?", fragte ein Dritter und starrte auf das Blut, das mir übers Gesicht rann.

Wir waren nicht einmal angeschnallt gewesen. Trotzdem hatte ich es geschafft, mich am Lenkrad festzukrallen, sodass ich nicht aus dem Wagen geschleudert wurde. Connie aber hatte mit dem Kopf die Windschutzscheibe durchschlagen und dabei auch noch den Rückspiegel gerammt. Auch er war nicht schwer verletzt, hatte aber nach ein paar Tagen einen riesigen blauen Flecken in Form des Rückspiegels im Gesicht. Es sah aus, als trüge er eine Maske, was ihm den Spitznamen „Zorro" einbrachte. Wir waren beide glimpflich davongekommen und erzählten noch in derselben Nacht in Pubs in Liscarroll von unserem Erlebnis. Für uns war damit alles gut.

Das ist der eine Teil der Geschichte, den ich für meine Zuhörer angemessen ausschmückte.

Die Wahrheit aber ist: Ich hatte mein Leben auf Spiel gesetzt, als ich in diesem Zustand ins Auto gestiegen war. Und nicht nur meines – auch Connies. Ohne Sicherheitsgurt war er mit einem Betrunkenen mitgefahren, der schon manche Kollision auf dem Konto hatte, und wurde in einen Unfall verwickelt, der leicht tödlich hätte ausgehen können.

Ich hatte die Autos von drei nichts ahnenden Menschen beschädigt.

Wenn Fußgänger auf der Straße gewesen wären, hätten sie es womöglich mit dem Leben bezahlt.

Ich hatte die Menschen traumatisiert, die Zeuge des Geschehens geworden waren oder uns nach dem Unfall Erste Hilfe leisteten.

Und was das Schlimmste war: Das letzte Auto, das ich gerammt hatte, der große schwarze Leichenwagen, stand direkt vor dem Haus des Verstorbenen. Die Autos hatten an der Straße geparkt, um am Trauerzug teilzunehmen, bei dem der Sarg zur Kirche gebracht werden sollte. Die ganze Familie hatte also mit ansehen müssen, wie ich in den Leichenwagen gerast war, der die sterblichen Überreste des Vaters in sich barg. Welch ein Albtraum für sie alle! Und mir fiel weiter nichts ein, als mich im Pub damit zu brüsten.

Zunächst aber musste ich zur Untersuchung ins Krankenhaus. Die Polizei folgte mir und verlangte einen Alkoholtest. Doch direkt nach dem Unfall – noch vor dem Eintreffen der Polizei – war ein Mann mit einer Brandy-Flasche aus dem Haus gekommen und hatte mir eine gute Portion davon in die Kehle geschüttet.

„Hat gar keinen Wert, ihn pusten zu lassen", erklärte der Anwohner den Polizisten. „Auf den Schock hat er einen Brandy gebraucht."

Als ich ins Krankenhaus kam, um meine Schrammen versorgen zu lassen, schickten die Ärzte die Polizei weg. Hätten sie meinen Alkoholspiegel tatsächlich gemessen, wäre ich wohl gleich im Gefängnis gelandet.

Wegen Trunkenheit am Steuer wurde ich zwar nicht angeklagt, wohl aber wegen rücksichtslosen Fahrens. Der Richter des Amtsgerichts in Mallow war ein stämmiger Mann mit Rundglatze, Bart und einem finsteren Blick. Er war allgemein gefürchtet. Mein Vater war mit mir gekommen. Der Richter ließ seinen Blick von Dad zu mir schweifen und stellte mich vor die Wahl: Entweder ich meldete mich beim irischen Militär (und würde wahrscheinlich im Nahen Osten eingesetzt) oder ich müsste ins Gefängnis.

Er musterte mich. „Das kann auch ein Neuanfang für Sie sein."

Ich hatte in meiner Schulkarriere schon einige Neuanfänge hinter mir, dies aber würde ein sehr einschneidender Neubeginn werden. Richtig begeistert war ich zwar nicht, aber ich zog es durch und freute mich schließlich darauf, das Dorf hinter mir zu lassen und die Welt zu sehen.

Ich kam also mit einer kleinen Geldstrafe und der Aussicht auf Abenteuer und eine mögliche Karriere beim irischen Militär davon. Soldat hatte ich schon immer werden wollen. Vielleicht war es an der Zeit, diesen neuen Weg einzuschlagen und meiner Familie doch noch einen Grund zu liefern, stolz auf mich zu sein – auch wenn ich keine Ahnung hatte, worauf ich mich da einließ.

Liscarroll war ein Paradebeispiel für die Sturheit und das Unabhängigkeitsstreben unseres Volkes. Unsere Burg hatte im 17. Jahrhundert im Zuge mehrerer Schlachten und einer dreizehntägigen Belagerung mehrmals den Besitzer gewechselt. Während des irischen Unabhängigkeitskrieges Anfang des 20. Jahrhunderts wurde Liscarroll Castle als Militärstützpunkt der britischen Armee genutzt, aber schon bald von der Irisch-Republikanischen Armee (IRA) zurückerobert, die dort einzog und die vom britischen Militär errichteten Befestigungen zerstörte. Als die Briten die Burg 1921 erneut besetzt hatten, wurden sie bald darauf von der IRA mit Gewehrfeuer und Granaten überfallen. Es gab keine Verletzten, aber die Briten gaben die Burg auf und besetzten die Schule.

Viele Männer aus dem Dorf waren im Unabhängigkeitskrieg tapfere Kämpfer unter der Führung ihres legendären Helden Paddy O'Brien gewesen. Sein Sohn betreibt übrigens noch heute das *O'Brien's Pub* in Liscarroll, in dem Paddys verschrammtes britisches Gewehr an der Wand prangt. In einem Raum im Obergeschoss des Pubs kamen Paddy und seine Freiheitskämpfer damals zusammen und schmiedeten Pläne zur Verteidigung unseres Dorfes und der Umgebung gegen die Briten, die sie wegen ihrer schwarz-braunen Uniformen *Black and Tans* nannten.

Als Kind hörte ich von Sean Moylan, Tom Kelliher, Daniel O'Brien und Dan Murphy, alle mutige Freiwillige, die gegen eine an Waffen überlegene britische Armee beim Kampf um unsere Freiheit ihr Leben gelassen hatten. Es waren also große Schuhe, in die ich da steigen wollte. Ich hoffte, der Herausforderung gewachsen zu sein.

Mein Vater und meine Schwestern sagten nicht viel dazu. Auch meine Mutter weinte nicht und zeigte während der Grundausbildung, die ich vor meinem Einsatz im Nahen Osten absolvieren musste, keine großen Gefühle. Pragmatisch half sie mir, alles zu besorgen, was ich an Kleidung brauchte, unter anderem unzählige saubere Boxershorts und Socken. Als Proviant für unterwegs packte sie mir Wurst und Teegebäck ein. Ich war das Nesthäkchen der Familie, aber der Erste, der das Land verließ. Dennoch ließ sie sich den Schmerz, den sie darüber empfand, nicht anmerken. Sie hatte schon Schlimmeres erlebt.

In der Nacht vor meiner Abreise nach Beirut setzte Mam sich zu mir aufs Bett. Sie wusste, wie aufgeregt ich war. Schweigend saßen wir nebeneinander, sie besorgt um ihren missratenen Sohn und ich mit einem üblen Kater. Sie tätschelte mir das Bein und sagte: „Alles wird gut. Nimm dich zusammen, Patrick, nimm dich einfach zusammen."

Ich sah Mam an. Ihr blondes, welliges Haar spielte um ihr Gesicht. Aber ihr leichtes Lächeln konnte nicht über ihre traurigen Augen hinwegtäuschen. In diesem Moment begriff ich erst so richtig: Ich würde Mam, Dad, meine Schwestern und Anita lange nicht sehen. Auch die Burg, die Hügel um Liscarroll und die Esel würde ich hinter mir lassen. *Ob sie mich wohl vermissen werden?*

In der Woche zuvor hatte ich viel Zeit in den Pubs verbracht, um meinen Abschied zu feiern. Ein junger Mann, der als Soldat in die Welt gehen würde, war nichts Alltägliches. Jeder wusste, dass ich irgendwo in einem Pub zu finden war, und kam vorbei, um mir Lebewohl zu sagen. Anita und ich hatten uns zwar offiziell getrennt, aber kurz vor meinem Aufbruch fuhr ich noch einmal bei ihr vorbei und wir unterhielten uns eine Weile auf der Veranda. „Patrick, pass auf dich auf!", sagte sie, als sie mich zum Auto begleitete.

„Bis bald", rief sie, aber ich drehte mich nicht einmal mehr um. Ich stieg ins Auto, winkte nur kurz und fuhr davon. Es war immer noch etwas zwischen uns, ich fühlte mich beklommen, so als hätten wir noch etwas zu klären. *Laufe ich davon?*

Ich nahm ein Foto des Dorfes und der Burg mit, das oben vom Felsen aus aufgenommen worden war, mit den sanften grünen Hügeln rundherum. Wann immer ich es betrachtete, spürte ich die kühle Luft in meinem Gesicht, roch das sattgrüne Gras und hörte die Esel rufen. Ich fühlte mich genau wie Jerusalem – herausgerissen aus meiner natürlichen Heimat würde ich bald an einen neuen Ort geworfen werden, wo ich ganz bestimmt nicht hingehörte.

Werde ich zurückkommen?, fragte ich mich. Ich wusste nicht, was vor mir lag, aber es gab auch kein Zurück mehr. Mir blieb nur die Flucht nach vorn. Noch einmal stellte ich mir Jerusalem vor, wie sie mutig und würdevoll die dunkle Straße entlanggeschritten war, die ins Paradies führte. *Vielleicht werde ich eines Tages sein wie Jerusalem.*

KAPITEL SIEBEN

Valentinstag

*Wir Iren sind unverwundbar. Wir werden hart erzogen und
wir kämpfen.*

CONOR MCGREGOR

Anfangs gefiel mir das Leben beim Militär. Bevor wir nach Beirut
entsandt wurden, durchliefen wir in den Galtee Mountains unsere Grundausbildung. Ich fand es aufregend, draußen im Wald zu
trainieren wie Paddy O'Brien und andere Soldaten aus Liscarroll
vor mir. Wir marschierten durch ausgedehnte, wildreiche Kiefern-
wälder und schliefen in Einmannzelten an klaren Bächen, die über
Wasserfälle in eisige Tümpel stürzten. Ich liebte den Drill und war
den körperlichen Anforderungen gut gewachsen. Mit den anderen
Jungs zu lernen, wie man mit echten Waffen umgeht, fühlte sich fast
wie Urlaub an.

Eines Nachmittags zog meine Kompanie – vierzig Mann – zu einem Überlebenstraining in den Wald. Wir bekamen ein paar Kisten
mit lebenden Hühnern, die wir zum Abendessen zubereiten sollten.
Ich ergriff die Gelegenheit, ein paar Kilometer zum Markt zu laufen,
um Zigaretten und Schokolade zu besorgen. Sicher würde es auf dem
Rückweg schon nach gebratenen Hühnchen duften.

Weit gefehlt. Die anderen Jungs, die in der Stadt groß geworden
waren, wussten noch nicht so genau, wie sie die Hühner am besten
vom Leben zum Tod befördern sollten. So musste schließlich ich diese Aufgabe übernehmen. Ganz unerwartet erwies es sich auf einmal
als Vorteil, auf dem Land aufgewachsen zu sein. Im Laufe der Ausbildung fiel die Anspannung ein wenig von mir ab und ich fühlte mich
allmählich als Teil der Truppe.

Bald schon kam der Oktober und es war an der Zeit, Irland hinter uns zu lassen. Später erfuhr ich, dass Anita am Tag meiner Abreise nach Beirut in einem Café gesessen und beim Song „Because You Loved Me" von Celine Dion an mich gedacht hatte. Sie hatte bei uns zu Hause angerufen und von Mam erfahren, dass ich auf dem Weg zum Dubliner Flughafen war. Schließlich rief sie sogar am Flughafen an, um mich noch einmal zu sprechen.

Ich saß mit Martin Ormond, der mit Spitznamen Fraggle hieß, im Flughafenbus und wartete darauf, in unser Transportflugzeug einsteigen zu können. In dem Moment trat unser Kommandant an die Tür und rief: „Gefreiter Barrett, ein Telefongespräch für Sie am Flughafen. Eine gewisse Anita."

Ich sah Fraggle achselzuckend an. Es war mir ein wenig peinlich, plötzlich im Mittelpunkt zu stehen. Spontan traf ich eine Entscheidung: „Schon gut, Sir. Ich rufe sie zurück, wenn wir im Libanon sind." *Dort wird noch genug Zeit sein, mit ihr zu telefonieren.*

Nach einem unspektakulären Flug landeten wir in Beirut. Die Stadt ist etwa fünftausend Jahre alt und war einst eine Perle der östlichen Mittelmeerregion, florierend und vornehm. Die ehemalige Bankenmetropole, reich geworden durch die stetig fließenden Ölgelder, bot bis vor Kurzem eine große kulturelle Vielfalt. Jetzt aber erholte sie sich gerade mühsam von einem höchst verworrenen Bürgerkrieg. Er hatte 150 000 Todesopfer gefordert und das Leben der Bevölkerung mit Gewalt, Belagerungen, Entführungen, Morden und allgemeinem Terror und Chaos völlig aus der Bahn geworfen. Die ganze Region litt nach dem, was sie durchgemacht hatte, sozusagen unter einer Posttraumatischen Belastungsstörung (PTBS).

Seit 1978 hatte die irische Armee Zehntausende von Soldaten als Teil der Interimstruppe der Vereinten Nationen im Libanon (UNIFIL) ins Land geschickt. Wir hatten eine Überwachungs- und Beobachtungsfunktion mit der Aufgabe, die Kämpfe zwischen Israel und der finanziell gut aufgestellten Terrorgruppe Hisbollah zu verhindern. Ich gehörte zum 86. Bataillon der Mobilen Reserven, einer Einheit mit unterschiedlichsten Aufgaben – Schutz der Infanterie, Minensuche, Sanitätsdienst, Patrouillenfahrten in gepanzerten Fahrzeugen, Aufräumarbeiten nach Ausschreitungen und humanitäre Hilfe für die Bevölkerung.

Wir kamen frisch ausgebildet, voll bewaffnet und bereit (das dachten wir zumindest) zum Einsatz in ein Kriegsgebiet. Nach außen hin gab ich mich tapfer, innerlich aber fühlte ich mich ein wenig wie der Hase aus dem Kinderbuch-Klassiker *The Runaway Bunny*. Darin möchte ein frecher kleiner Hase von seinem Zuhause und seiner Familie weglaufen, ohne zu ahnen, worauf er sich da einlässt. Glücklicherweise wird er schließlich von seiner Mutter gerettet.

Ein Militärbus holte uns am Flughafen ab und brachte uns zu unserer Kaserne oben auf den Hügeln. Für Barney Mulligan aus der Grafschaft Cavan, neben dem ich saß, war es schon die dreizehnte Reise in den Libanon. Barney schien zu merken, wie nervös ich war, so weit von zu Hause weg in einem vom Krieg erschütterten Land, und fing ein Gespräch mit mir an.

„Na, Barrett, wie alt bist du denn?"

„Neunzehn; ich werde aber bald zwanzig."

„Schon mal was vom Toten Meer gehört?"

„Ja, schon." Ich dachte, vielleicht würde er mir jetzt ein paar Geschichten von seinen Einsätzen erzählen, um mich darauf einzustimmen, was mich erwartete.

„Ich kannte das Tote Meer schon, als es noch krank war!"

Das war nur der erste einer ganzen Reihe von Witzen, die Barney für mich auf Lager hatte. Für gute Wortspiele haben wir Iren etwas übrig.

Aber Spaß beiseite, der Guerillakrieg war immer noch im Gange und meine Kavallerieeinheit patrouillierte jede Nacht in alten französischen Panzern, vorbei an staubigen Bunkern und zerschossenen Gebäuderuinen. Die französischen Soldaten witzelten, sie hätten unsere uralte Ausrüstung schon in einem Pariser Museum gesehen. Aber etwas anderes hatten wir nicht, um uns vor Terroranschlägen zu schützen. Die Südlibanesische Armee (SLA), eine christlich dominierte libanesische Miliz, die von den Israelis gegen Muslime unterstützt wurde, hatte schon irische Soldaten gefangen genommen, gefoltert und getötet. Wenn wir auf Patrouille waren, trugen wir eine kakifarbene Uniform mit aufgesticktem UN-Abzeichen auf der linken Schulter und einem Aufnäher mit der irischen Flagge auf der rechten, blaue Splitterschutzwesten und Helme, dazu ein großes Gewehr über der Schulter.

Es war ein Religionskrieg und die Atmosphäre in der militarisierten Zone war höchst angespannt. Selbst auf einer Routinepatrouille spürte ich einen ständigen Adrenalinrausch, fühlte mich wie getrieben und konnte nicht abschalten.

Ein weiteres Problem – sowohl in der Ausbildung als auch im Einsatz – war die Trinkkultur. Ob es noch schlimmer war als früher zu Hause, kann ich nicht sagen, aber der Alkohol schien im Soldatenleben auf jeden Fall eine wichtige Rolle zu spielen. Was hätten wir in den einfachen Stuben, die wir in unserem kastenförmigen Gebäude bewohnten, schon tun sollen? Es lag also nahe, in eine Bar zu gehen, wenn wir freihatten. Irgendwann lernte ich Bob kennen, einen Iren, mit dem ich gerne zusammensaß. Mir fiel auf, dass er überhaupt nicht trank. Dabei wirkte er so ruhig. Es war mir ein Rätsel, wie er in diesem Chaos ohne Alkohol überleben konnte.

Eines Nachts sah Bob mir in die Augen: „Du musst aufpassen, was du tust."

Wie kommt er drauf, so mit mir zu reden? Seltsam! Dieser deutliche Warnschuss befremdete mich. Immerhin kannte er mich noch gar nicht lange!

„Es wird dich noch einholen", fuhr er fort. „Wenn du so weitermachst, kriegst du ernsthafte Schwierigkeiten."

Ich nahm es damals nicht ernst, weil ich kein Problem sah. Mir ging es doch gut. Aber ich habe seine Worte nie vergessen. Es war etwas Wahres dran und die Macht dieser Wahrheit aus dem Mund eines Menschen, dem ich nicht egal war, drang in meine zerrissene Seele.

Bob hatte mich sehr bald durchschaut. Die Erinnerung an die Albträume, die mich als Kind geplagt hatten, blitzte auf. Ich dachte an Jesus, wie er in der Wüste mit dem Teufel kämpfte. Mich schauderte.

Ich war noch keine Woche im Libanon, als Captain MacNamara mich eines Nachmittags zur Seite nahm, als ich von einer Patrouille zurückkam. Unsere Kommandantin strahlte Freundlichkeit und gleichzeitig Stärke aus und war allgemein geachtet.

„Barret, kommen Sie mal kurz mit." Ich merkte an ihrem Tonfall, dass etwas nicht stimmte.

Ist etwas mit meiner Großmutter?, fragte ich mich. Mams Mutter war gesundheitlich stark angeschlagen. Etwas anderes konnte es gar nicht sein.

Ich lief hinüber ins Büro der Kommandantin. Ihr Gesichtsausdruck war ernst und mein Magen verkrampfte sich schon zu einem schmerzenden Knäuel, bevor sie mir die Hiobsbotschaft überbrachte. Nicht meine Großmutter, nein, Anita! Sie war tot! Am Tag zuvor war sie bei einem Autounfall ums Leben gekommen – mit gerade einmal siebzehn Jahren.

Siedend heiß fiel mir ein: *Ich habe sie nicht zurückgerufen.* Einmal hatte ich es über das Satellitentelefon versucht und sogar ihre Stimme gehört. Doch wegen der schlechten Verbindung hatte sie kein Wort verstanden und ich hatte es schließlich aufgegeben.

Im ersten Moment war ich so erstarrt, dass ich zu keinem Gefühl fähig war. Erschüttert rannte ich in mein Zimmer und schlug die Tür zu. Fraggle und ein paar andere hämmerten dagegen und fragten, was mit mir los sei. Ich hätte es nicht sagen können. Ein dunkler Abgrund hatte sich in mir geöffnet, in dem ein Teil von mir versank. *Anita ist tot.* Ich konnte es nicht glauben.

Für einen Heimflug hatte ich kein Geld und sah auch keine Möglichkeit, aber ein paar Freunde legten zusammen und überraschten mich mit einem Flugticket nach Irland zu Anitas Beerdigung. Es kam mir ganz unwirklich vor, das Kriegsgebiet hinter mir zu lassen und zurück nach Hause zu fliegen in unser friedliches Dorf mit dem Eselhof.

Zu Hause erfuhr ich Näheres über den Unfall. Anita war mit ihrer Schwester Niamh, ihrer Freundin Carmel und deren Baby Emma im Auto unterwegs gewesen. Auf einer Landstraße in der Nähe unserer Nachbarstadt Charleville krachte ein Auto, das auf der falschen Straßenseite fuhr, ungebremst in sie hinein. Durch den Aufprall wurde ihr Wagen über die Leitplanke auf ein Feld geschleudert, wo er auf dem Dach liegen blieb. Alle vier Insassen kamen ums Leben.

Anitas Sarg war bereits aus dem Haus gebracht worden, als ich in Liscarroll eintraf, aber ich konnte am nächsten Tag in der Kirche an der Trauerfeier für alle vier teilnehmen. Dort saß ich neben meinem Freund Brendan.

Vor der Messe sprach Karen, Anitas älteste Schwester, mich an: „Patrick, möchtest du Anita noch einmal sehen?"

Ich saß mitten in der Kirche und es war mir unangenehm, ganz allein nach vorne zu gehen. Also sagte ich das Einzige, was mir einfiel: „Sie würde wollen, dass ich sie so in Erinnerung behalte, wie sie war." Karen lächelte traurig, schien mich aber zu verstehen.

Die Atmosphäre war gedrückt und ich fühlte mich, als wäre ich selbst überrollt worden. Ich weiß nicht mehr, was der Pfarrer gesagt hat und wer dabei war; ich war zu betäubt, um zu weinen; benommen starrte ich auf die offenen Särge im Altarraum. Nach der Trauerfeier wurden sie geschlossen. Zusammen mit anderen Männern trug ich Anitas Sarg hinaus zum Leichenwagen.

Bei der Totenwache übergab mir Anitas beste Freundin Lisa einen versiegelten Briefumschlag mit meinem Namen. Als ich ihn nahm und ihre Handschrift erkannte, ging eine Welle von – war es Verwirrung? Trauer? Verlust? – wie ein elektrischer Schlag durch meinen Körper.

„Sie wollte ihn dir schicken", erklärte Lisa.

Ich glaube, ich öffnete den Umschlag erst, als ich aus dem Pub nach Hause kam. Als ich das Kuvert aufriss, fühlte ich mich wie in einem Traum. Anita hatte den Brief am Tag vor dem Unfall geschrieben und es war ein Abschiedsbrief. An den genauen Wortlaut erinnere ich mich nicht, aber sie hatte das Gefühl gehabt, ich würde vielleicht nicht mehr aus dem Libanon zurückkommen. Mehrmals hatte sie mich, unterschiedlich ausgedrückt, ermahnt, auf mich aufzupassen. „Sei nicht zu waghalsig", schrieb sie, „halte dich zurück."

Ich war erschüttert. *Hatte sie geahnt, dass etwas Schlimmes geschehen würde?* Ihre Worte legten nahe, dass sie gemeint haben musste, *mir* würde etwas passieren. Die Erkenntnis, meine liebe Freundin verloren zu haben, traf mich noch einmal mit voller Wucht. Es war, als wäre ein Teil von mir mit ihr zusammen im Auto umgekommen. Ich würde sie auf dieser Erde nicht mehr wiedersehen.

In der Nacht ertränkte ich meinen Schmerz im Alkohol und bezahlte es am nächsten Tag zu Hause mit einem heftigen Kater. Dennoch rang ich mich zu einem Rundgang um den Eselhof durch und stieg aus reiner Gewohnheit hinauf auf den Felsen. So bald wieder hier oben zu stehen, hatte ich nicht erwartet. Bei leichtem Nebel und Nieselregen beobachtete ich die Esel, die sich auf der Weide unter den tief hängenden Ästen eines Baumes wie alte Damen unter einen riesigen Regenschirm kauerten. Als Herde hielten sie zusammen und wärmten sich gegenseitig.

Auch wenn sie in Herden leben, entwickeln Esel oft eine besondere Beziehung zu einem anderen Esel und die beiden werden, wie wir es in Irland nennen, „Seelenfreunde". Im Irischen bedeutet *anam* Seele und *cara* Freund oder Freundin. *Anam caras* sind zwei Menschen, die ihr tiefstes Inneres teilen, ehrlich zueinander sind, einander lieben und immer zueinanderhalten. Auf diese alte, ewige Weise mit einem anderen verbunden zu sein, geht über eine normale Freundschaft weit hinaus.

Wenn zwei Esel eine solche Beziehung zueinander haben, ist es sehr schwierig, wenn einer davon stirbt oder weggenommen wird.

Nicht selten wird der zurückgelassene Esel depressiv, frisst nicht mehr und entwickelt eine Störung, die man *Hypolipidämie* nennt. Manchmal kann ein neuer Freund helfen. Wenn nicht, stirbt der übrig gebliebene Esel oft schon einige Monate nach dem Verlust.

Ich hatte eine echte Freundin verloren und fühlte mich ein wenig wie ein solcher trauernder Esel. Aber ich wollte auch nicht zu viel darüber nachdenken, sondern mich zusammennehmen und meine Gefühle im Griff behalten. Ich beschloss, zu *meiner* Herde zurückzukehren, also ging ich wieder hinunter und stürzte mich in das unbefangene Lachen, die Kameradschaft und die flüssige Wärme, die mir mein Lieblingsort bot – das Pub.

Als die Sonne den Nebel durchbrach, malte sie einen riesigen Regenbogen an den Himmel. Ich aber hatte kaum ein Auge dafür. Ich war nicht lange genug oben auf dem Felsen geblieben, um Trost und Frieden zu finden. In der einen Woche, die ich in Liscarroll verbrachte, betrank ich mich Nacht für Nacht, dann flog ich zurück in den Libanon.

Als ich zu meiner Einheit zurückkehrte, ging ich sofort wieder auf Patrouille. Meine Kavallerieeinheit patrouillierte für mehrere Kompanien auf den Außenposten und suchte die Hauptstraßen nach Landminen ab. Wir verlegten Artillerie, eskortierten bei Bedarf einen mobilen gepanzerten Krankenwagen und halfen bei Aufräumarbeiten nach Angriffen der Hisbollah. Das war eine grausige Arbeit, vor allem, wenn es zivile Opfer gegeben hatte. Wir waren ständig auf Abruf. Alles konnte passieren – und passierte auch.

Um es irgendwie zu ertragen, musste ich die Wirklichkeit ausblenden. Wenn ich mir vorstellte, eine Rolle in einem Film zu spielen, konnte ich besser funktionieren und es aushalten … zumindest bis ich zur Kaserne zurückkehrte. Die ständige Bedrohung versetzte uns in einen Dauerzustand äußerster Wachsamkeit, aus dem wir nur schwer wieder herauskamen. Der Alkohol half dabei.

Die meiste Zeit fühlte ich mich in diesem Adrenalinrausch wohl. Er hielt mich davon ab, zu viel darüber nachzudenken, was mit Anita und allen anderen, die ich zurückgelassen hatte, passiert war. Ich schottete mich so weit von zu Hause ab, dass ich den Kontakt zu meinen Eltern abbrach. Als sie wochenlang nichts mehr von mir gehört hatten, machten sie sich Sorgen, erkundigten sich in der Kaserne nach mir und ließen mir ausrichten, ich solle sie zurückrufen.

Weihnachten verbrachte ich im Libanon, wenn ich auch nichts mehr davon weiß. Das nächste Datum, an das ich mich überhaupt erinnern kann, ist der Valentinstag des Jahres 2000, als eine Gruppe von uns zu einer Auszeit nach Thailand aufbrechen sollte, begeistert von dem Gedanken, dem Kriegsgebiet eine Zeit lang entfliehen zu können. Anitas Tod lag nun drei Monate zurück und ich hatte den Eindruck, den Verlust allmählich zu verkraften. Ich freute mich darauf, unter einem sonnigen Stück Himmel bei guter Verpflegung auszuspannen.

Nachdem ich ein paar Kleidungsstücke in eine Reisetasche geworfen hatte, lief ich zum Hauptquartier hinüber, um einen Platz im Konvoi zu ergattern. Etwa zwei Dutzend Männer waren dort versammelt und warteten darauf, ins Tal gebracht zu werden. Gespannte Vorfreude lag in der Luft; Freunde versuchten gemeinsam in einem Wagen unterzukommen. Wir hatten geplant, in einem Hotel in Beirut zu übernachten und am nächsten Tag abzufliegen.

Ich wartete darauf, in einen Jeep einsteigen zu können, als Fraggle zu mir herüberkam. Wir waren die Letzten, die noch standen. Alle anderen hatten schon Sitzplätze gefunden. Ein Jeep mit Planenverdeck schien noch Platz zu haben, also gingen wir hinüber. Hintendrin sahen wir ein paar Jungs von der Kompanie B.

„Kriegt ihr uns noch unter?", fragte ich John Paul, einen Kumpel aus meiner Einheit, der vorne in der Fahrerkabine saß.

Hinten saßen schon fünf Mann, und da ich meinte, wir könnten uns auch noch mit hineinquetschen, warf ich meine Tasche voraus, kletterte selbst hinein und setzte mich auf die Heckklappe. Vielleicht konnte ich die Jungs, die ich von einem Drei-Tage-Ausflug ins Heilige Land kannte, überreden, uns mitzunehmen.

Auch Fraggle fragte: „Habt ihr noch Platz?"

„Wo wollt ihr denn hin?", fragten sie.

„Thailand", entgegnete ich mit einem breiten Grinsen. „Und ihr?"

„Wir haben jeder ein Date zum Valentinstag. Meine Freundin und ich wollen uns auf Zypern verloben", sagte einer.

„Warum denn das?", lachte ich augenzwinkernd.

In diesem Moment sah Fraggle einen Jeep mit festem Verdeck des Bataillons der Mobilen Reserven um die Ecke biegen.

„Sucht euch lieber einen Platz in eurem eigenen Jeep", meinte einer der Jungs.

„Na gut", erwiderte ich. „Ich finde bestimmt was viel Bequemeres." Damit sprang ich zu Fraggle hinunter, ließ aber meine Tasche zurück.

„Passt auf mein Gepäck auf", rief ich den Jungs mit einem Blick über die Schulter zu und kletterte in den Jeep mit dem festen Verdeck. Noel, der Fahrer, gehörte zu einer anderen Einheit, hatte aber denselben Dienstrang wie ich. Hier war genug Platz. Während Fraggle und ich es uns bequem machten, hörten wir die Jungs im anderen Jeep lachen.

Am Rande einer Felswand über einem Tal setzte sich der Konvoi in Bewegung, die Bergstraße hinab. Wir fuhren vor dem Jeep mit den Jungs her, die nach Zypern wollten. An einer unebenen Stelle kam unser Transporter leicht ins Rutschen. Gleichzeitig sah ich etwas auf die Windschutzscheibe spritzen. Noel schaltete die Scheibenwischer ein, aber es nützte nichts. Die Tropfen verschmierten nur auf dem Glas. „Da muss ein Tank ausgelaufen sein", vermutete Noel. Was immer es war, wir hatten es auf dem Asphalt überhaupt nicht bemerkt.

Irgendetwas ließ mich zurückblicken und ich sah, wie der Jeep hinter uns auch in die Öllache fuhr. Er schlitterte hin und her und geriet außer Kontrolle, kippte plötzlich auf die Seite und knallte auf die Metall-Leitplanke am Rand des Felsens.

„Halt sofort an!", schrie ich. Noel stieg voll auf die Bremse, während Fraggle über sein Funkgerät einen Rettungswagen rief. Fraggle und ich stürzten hinaus und liefen auf den Unfallwagen zu. Noel aber legte den Rückwärtsgang ein, ließ uns wieder einsteigen und brachte uns zur Unfallstelle. Ich musste den Jungs hinten im Jeep unbedingt zu Hilfe kommen, deren einziger Schutz eine Plane war.

Die beiden im Fahrerhaus waren zwar verletzt, aber am Leben. Doch von den fünf Insassen auf dem Rücksitz fanden wir nur noch einen – Eugene O'Neill – am Straßenrand. Als Eugene aus dem Wagen springen wollte, war er an den Sturzbügel gestoßen. Nur das hatte ihn vor dem Abstürzen bewahrt. Er war auf die Knie gefallen, blutete und war benommen, aber er lebte.

Von den anderen vieren keine Spur.

„Sie müssen über die Leitplanke geschleudert worden sein", schrie ich. Bis zum Fuß des Felsens waren es mindestens fünfundzwanzig Meter.

Fraggle und ich sahen einander entsetzt an. Ohne lange nachzudenken, sprangen wir über die Leitplanke und kletterten wie Spinnen den Felsen hinunter.

Die Oberfläche aus zerklüftetem Fels und Schiefer war scharf und brüchig. Wir hatten weder einen klaren Plan noch einen Auftrag und wussten nicht einmal genau, was passiert war. Mein Herz raste und mein Kopf glühte. Ich wusste nur, dass ich diese Jungs finden und retten musste. Immer wieder schrie ich: „Schickt jemanden runter!"

Aus dem Augenwinkel heraus sah ich, wie jemand uns hochwinkte. Ich wollte aber nicht wieder hoch. Ich wollte etwas tun. *Anita habe ich nicht retten können, aber vielleicht einen dieser Jungs.* Ich war völlig außer mir, überlegte nicht, sondern tat alles rein mechanisch.

Endlich fand ich rechts von mir einen der Soldaten. Ich fühlte seinen Puls, doch er hatte keinen mehr. Seine Kopfverletzungen waren zu schwer.

Ganz unten erspähte ich einen weiteren und kletterte hinunter in der Hoffnung, ihm noch helfen zu können. Aber es war nichts mehr zu machen. Auch bei den anderen nicht.

Vier Tote, im Bruchteil eines Augenblicks. Nichts hatte mich auf diesen Moment vorbereitet und ich konnte nicht glauben, was ich da sah. *Ich kann sie nicht einfach hier liegen lassen,* schoss es mir durch den Kopf. Verzweifelt beugte ich mich über den ersten Soldaten und versuchte ihn hochzuziehen, wohl wissend, dass ich es nie schaffen würde, auch nur einen von ihnen nach oben zu tragen.

„Was machst du da?", rief Fraggle hysterisch, aber alles, was ich sehen konnte, waren diese Jungs. Ich wollte sie doch nur nach Hause bringen.

Wir haben es versucht, Fraggle. Ich wollte schreien, aber die Worte blieben mir in der Kehle stecken. *Wir haben versucht, ihnen zu helfen. Wir haben sie nicht alleingelassen.*

Als wir oben ankamen, erwartete uns ein heilloses Chaos. Menschen liefen hektisch umher, Rettungsfahrzeuge trafen ein, dicht gefolgt von Fernsehteams. Fraggle und ich bemühten uns, die Würde unserer abgestürzten Freunde zu wahren, und gerieten dabei sogar in einen handfesten Streit mit dem Kameramann. Als Fraggle eine Fernsehkamera umstieß, zogen uns die Jungs aus dem Konvoi weg, bevor wir uns noch mehr Ärger einhandelten.

Sie brachten uns zum Hotel Mayflower in der Beiruter Innenstadt, wo wir eine Übernachtung gebucht hatten, und sperrten Fraggle und mich in unserem Zimmer ein. Wir durften auch niemanden anrufen oder anderweitig kontaktieren, solange der Unfall noch untersucht wurde. Als Allererstes riefen wir den Zimmerservice und ließen uns jeder ein großes Bier bringen.

Während wir völlig benommen das Bier in uns hineinschütteten, sahen wir einander an. In Fraggles Augen – und wohl auch in meinen – lag ein gequälter Blick.

„Du solltest dich lieber umziehen", meinte er.

Ich schaute an mir hinunter. Wir waren beide von oben bis unten voller Blut. Dann ging mir auf: *Ich habe meine Tasche in ihrem Jeep gelassen. Eigentlich hätte ich auch dort drinsitzen sollen.*

Fraggle und ich tranken weiter. Jemand hatte meine Tasche geholt und im Hotel abgegeben. Als ich die Blutflecken sah, wollte ich sie am liebsten gar nicht anfassen.

Spät in der Nacht durfte ich endlich zu Hause anrufen. Mam ging ans Telefon. Sie hatte die Lokalnachrichten aus unserer Gegend verfolgt und von dem Unfall gehört. Meine Eltern hatten nicht einmal gewusst, ob ich noch am Leben war.

Mam hörte mir ruhig und gefasst zu, als ich ihr erzählte, was geschehen war. In Grenzsituationen war sie schon immer stark und besonnen gewesen. Allein ihre ruhige und doch kräftige Stimme zu hören, mit der sie auch mit den Eseln redete, tröstete mich schon. *Sie ist das Band, das alles um sie herum zusammenhält. Ich wünschte, sie wäre jetzt hier bei mir.*

Danach erinnerte ich mich an nicht mehr viel. Nicht einmal an meinen Abstieg über den Felsen oder die Einzelheiten dessen, was ich gesehen hatte. Ich verdrängte es alles. Was ich aber wusste: Zuerst war ich hinten in diesen Jeep eingestiegen. Ich hätte sterben sollen, ja, ich *wäre* gestorben, wenn nicht einer dieser Jungs mich rausgeworfen oder wenn Fraggle mich nicht zum anderen Jeep herübergerufen hätte. Das war für mich unbegreiflich. Vermutlich würde ich es nie verstehen.

Aber ich wusste, was ich tun musste, um mich besser zu fühlen. Ich wusste, wie ich meine Gefühle und schmerzvollen Erinnerungen betäuben und unterdrücken konnte. Mittlerweile war der Alkohol schon seit über zehn Jahren mein ständiger Begleiter und meine Zuflucht in jeder belastenden, unangenehmen Lebenslage. Er hatte mich noch nie im Stich gelassen – das sagte ich mir zumindest.

Stur, wie ich war, machte ich weiter wie bisher, auch wenn ich es schon so teuer bezahlt hatte.

Auch Esel sind stur, aber nur, um ihr Leben zu schützen. Ich hatte noch viel von ihnen zu lernen.

KAPITEL ACHT

Penelope und Peanut

Nicht jeder wird zum Einzelgänger, weil er die Einsamkeit genießt,
auch wenn er so tut. Er wird es, weil er vergeblich versucht hat,
mit der Welt klarzukommen, und immer wieder von den Menschen
enttäuscht wurde.

JODI PICOULT, *Beim Leben meiner Schwester*[2]

Penelope und Peanut waren zwei seltsame kleine Wesen, die zu uns auf den Eselhof kamen. Sie waren keine Esel, sondern Shetlandponys, aber ich kann bezeugen: An Intelligenz, Sturheit und Eigensinn standen sie den Eseln in nichts nach!

Shetlandponys stammen ursprünglich von den Shetlandinseln vor der schottischen Küste. An ihrer kleinen Statur und ihrem dicken Pelz sind sie leicht zu erkennen. Im Winter wird ihr Fell noch dicker. Dann sehen sie aus wie dicke braune Wollknäuel auf kurzen, stämmigen Beinen, mit ihren großen braunen Augen, die unter einem widerspenstigen, krausen Haarschopf hervorlugen.

Aber wie Esel haben Shetlandponys ihren eigenen Kopf und können sehr entschlossen sein. Sie sind ebenso kräftig und robust wie Esel. Deshalb werden sie schon immer zum Ziehen von Wagen, zum Transportieren von Torf und Kohle und sogar zum Pflügen eingesetzt. Ihr dickes Fell hält diese widerstandsfähigen Wesen warm.

Bei Kindern sind sie besonders beliebt, weil sie so klein sind und an Streicheltiere erinnern. Erwachsene können sie nicht reiten, deshalb ist es ein Problem, sie auszubilden. Damit das Tier es lernt, seinem Reiter zu gehorchen, anstatt zu bocken oder durchzugehen wie ein wilder Mustang, muss das Kind nämlich genauso stur und eigenwillig sein wie das Tier.

Dad hatte die Ponystute Penelope mit ihrem Nachkömmling Peanut von einem Pferdehändler gerettet. Die beiden waren ausschließlich für die Zucht eingesetzt worden. Niemand hatte jemals den Versuch gemacht, sie zu zähmen. Nur selten hatten sie Berührungen oder Zuwendung durch Menschen erfahren. Penelope und Peanut waren keine Haustiere, sie hatten nicht gelernt, einen Wagen zu ziehen. Sie zu reiten, wagte erst recht niemand; es wäre buchstäblich lebensgefährlich gewesen. Traurigerweise hatte Penelopes ganzer Sinn im Leben darin bestanden, so oft wie möglich trächtig zu werden, um ein Fohlen nach dem anderen auf die Welt zu bringen. Diese konnten dann auf dem Pferdemarkt an Familien verkauft werden, die ein Pony für ihre Kinder suchten.

Wegen ihrer sehr begrenzten Erfahrungen mit der Außenwelt beäugten Penelope und Peanut alle Menschen mit äußerstem Misstrauen, man könnte sogar sagen, mit Feindseligkeit. Sie konnten mit Menschen einfach überhaupt nichts anfangen. Beide machten aus ihren Gefühlen keinen Hehl und ließen keine Gelegenheit aus, jeden in den Ellbogen zu kneifen, der ihnen zu nahekam. Ich lernte sehr schnell, Penelope den Raum zu lassen, den sie brauchte.

Wir versuchten alles, um ihre Zuneigung zu gewinnen oder doch zumindest toleriert zu werden. Geduld ist im Umgang mit misshandelten oder vernachlässigten Tieren immer oberstes Gebot. Dann lassen sie sich in der Regel gut füttern und versorgen. Hilfreich sind auch Leckerli wie Karotten oder Äpfel. Sobald ein Neuankömmling sich etwas entspannt, lässt er sich gewöhnlich ein wenig am Widerrist kraulen, wie Esel es gerne mögen. Doch all das braucht Zeit – viel Zeit.

Bei Penelope und Peanut aber funktionierte keiner dieser Ansätze. Wir versuchten alles Mögliche. Die beiden Griesgrams waren am liebsten allein in ihrer Box im hintersten Winkel des Stalls. Weder Tierarzt noch Zahnarzt noch Hufschmied ließen sie an sich heran, was ihre Versorgung sehr erschwerte. Alles war ein Kampf, der gefährlich werden konnte. Schließlich blieb uns nichts anderes übrig, als sie vor jeder Behandlung zu betäuben.

Nach monatelangen vergeblichen Bemühungen gab ich es schließlich auf, mich mit ihnen anzufreunden. Würden Penelope und Peanut jemals Freunde akzeptieren? Mam, Helen und ich beschlossen auszuprobieren, sie erst zu den Eseln, dann zu den Maultieren auf die Weide zu bringen, um zu sehen, was passieren würde. Würden die Esel die Sonderlinge in ihre Herde aufnehmen? Oder vielleicht die Maultiere? Oder würde es Streitigkeiten, Kämpfe oder gar schwere Verletzungen geben? Es war weder praktisch noch gesund, Penelope und Peanut für den Rest ihres Lebens in Einzelhaft zu halten. Normalerweise geht es Herdentieren in einer Herde am besten. Nur waren die beiden leider zutiefst unsozial.

Schließlich gab es doch einen Durchbruch. Aus irgendeinem Grund fand Penelope Gefallen an den Maultieren. Zuerst fingen sie und Peanut an, mit einem gewissen Abstand in deren Nähe zu grasen, sahen die Maultiere dabei aber nicht an, sondern blickten in dieselbe Richtung. Der Abstand wurde allmählich kleiner und nach ein paar Wochen hatten die Maultiere die beiden Außenseiter in ihre Herde aufgenommen und bildeten mit ihnen eine große, glückliche Familie.

Ein bemerkenswertes Maultier in Penelopes Herde war Tootsie, der einen starken Überbiss hatte. Seine Zähne waren so lang, dass sie sich bogen. Das sah natürlich nicht gerade attraktiv aus, aber Tootsie war sehr robust und starb erst mit sechsundfünfzig Jahren als wahrscheinlich ältestes Maultier der Welt.

Da Maultiere genetisch zur Hälfte vom Pferd abstammen, sind sie normalerweise lebhafter und temperamentvoller als Esel und das schien die schrullige alte Dame in Penelope anzusprechen. Vielleicht sah sie sich als Hüterin dieser Mischlinge oder als strenge Schulmeisterin, die sie im Zaum halten musste, vielleicht genoss sie auch einfach deren Eskapaden. Warum auch immer – Penelope beschloss, dass sie und Peanut fortan zu den Maultieren gehörten, und nahm sie als ihre eigene Herde an. Wir alle auf dem Eselhof atmeten erleichtert auf. Penelope und Peanut hatten ihren Stamm gefunden.

Das Lustige daran ist, dass Maultiere viel größer sind als die meisten Esel, Penelope also weit überragten. Das kümmerte sie nicht. Sie hatte sie sich ausgesucht und sie hatten sie akzeptiert. Schließlich wurde das Ponyduo auf einem großen Maultierhof in England glücklich, der zur gemeinnützigen Vereinigung *Donkey Sanctuary international* gehört. Für Menschen haben Penelope und Peanut auch heute noch nichts übrig.

Ich war so froh, als ich hörte, dass Penelope und Peanut nicht mehr einsam waren, sondern ihre Herde gefunden hatten. Doch ich selbst musste meine erst noch finden. Ich wünschte mir jemanden, der mit mir – mit meinem wahren Ich – zusammen sein wollte. Irgendwo wartete ganz bestimmt meine Seelenfreundin, meine *anam cara*, auf mich. Doch ich hatte keine Ahnung, wer sie war oder wo ich sie suchen sollte.

Ob ich nun in Liscarroll auf Heimaturlaub war oder zurück beim Militärdienst im Libanon – überall zog es mich in die Pubs. Das Trinken stand immer an erster Stelle. Was mich aber nicht davon abhielt, Ausschau nach meiner Seelenfreundin zu halten. Ob Sie es glauben oder nicht: Auch wenn ich oft betrunken war – bei Pub-Besuchen geht es gar nicht so sehr ums Trinken. Seit Jahrhunderten spielen Pubs im Dorfleben eine wichtige Rolle. Fast jeder taucht früher oder später am Abend dort auf, um nach der Last des Tages abzuschalten und sich über Neuigkeiten aus der Nachbarschaft auszutauschen. Auch Sport, Politik oder die steigenden Benzinpreise sind beliebte Gesprächsthemen.

Dad traf sich gewöhnlich nur freitags, samstags und sonntags nach der Arbeit mit Freunden in einem Pub in Liscarroll. Manche andere – oft die Farmer, die am Ort lebten und arbeiteten – saßen jeden Abend zusammen.

Als wir klein waren, war es für uns immer ein Höhepunkt der Woche, wenn Dad uns samstags oder sonntags ins Pub mitnahm, denn meist waren wir dort nicht die einzigen Kinder. Dad bestellte meinen Schwestern und mir jedem eine große Flasche Cola und eine Tüte Tatos-Chips. Mam trank Apfelschorle oder ein Club Orange Soda. Das Lokal war immer brechend voll mit Paaren, ob jung oder alt, Großfamilien und Besuchern von auswärts – der Besuch im Pub gehörte zum irischen Leben wie Zähneputzen oder Haarekämmen. Zu besonderen Anlässen gab es Livemusik, bei der alle mitsangen. Der Jig „The Walls of Liscarroll" war besonders beliebt. Die Musiker spielten ihn auf einer oder zwei Fiedeln, einer Blechflöte oder sogar einem Banjo. Und natürlich wurden viele Geschichten erzählt.

Eine davon erlebte ich selbst, als ich – inzwischen erwachsen – eines Tages nach einem Besuch im Pub nach Hause fuhr. Plötzlich lief eine schwarze Hündin direkt vor mir auf die Straße, die genauso aussah wie Misty, die schwarze Labradordame meiner Schwester Helen. Kurzerhand hielt ich an und lockte sie ins Auto. Zu Hause bei Mam und Dad nahm ich Misty mit in die Küche. Sie wirkte ein wenig nervös, sprang umher, warf Kissen vom Sofa, machte eine ziemliche Unordnung und wollte sich gar nicht beruhigen.

War dieser Hund verrückt geworden?

Ich sperrte Misty in der Küche ein und versuchte mehrmals, meine Schwester Helen anzurufen. Endlich nahm sie ab.

„Helen, ich habe Misty gefunden und sie mit heimgenommen. Irgendwas stimmt nicht. Sie ist total unruhig!"

„Was erzählst du da?", fragte Helen. „Misty steht neben mir in der Küche!"

Ups! Hatte ich aus Versehen einen fremden Hund entführt?

In diesem Moment klopfte es unsanft an der Tür. Als ich aufmachte, stand ein kräftig gebauter, langhaariger Mann mit einem struppigen grauen Bart vor mir, sah mich aus glasigen blauen Augen an und brüllte in breitem englischem Akzent: „Haben Sie vielleicht einen schwarzen Hund gesehen?"

Es war kein anderer als der britische Schauspieler Oliver Reed. Wenn Sie den Film *Gladiator* kennen, können Sie sich vielleicht vorstellen, wie eingeschüchtert ich war von seinem beängstigenden Erscheinungsbild. Vor allem, weil er noch dazu wütend war.

Olivers Hündin kam aus der Küche gelaufen und sprang sofort vor Freude an ihm hoch. Ich jedoch sah mit Schrecken dem entgegen, was nun passieren würde.

„Was haben Sie mit meinem verdammten Hund zu schaffen?", fragte er bedrohlich ruhig.

Ups!

Ein paar Tage später sah ich Reed in einem Pub. Er schaute mich etwas schräg an. „Schaut mal her! Da ist der verdammte Kerl, der meinen Hund gestohlen hat!"

Dieser Vorfall hat meinen Ruf wohl nur noch bestätigt.

Das Pub war mein Zuhause fern von zu Hause. Einst war der Felsen oben auf unserem Eselhof mein Anker und geografischer Nordpol gewesen; nun hatte ich meinen inneren Kompass neu ausgerichtet: auf Pubs jeder Art. Dort fühlte ich mich als Mann. Der Alkohol, die Kameradschaft und die Scherze sicherten mir die Aufmerksamkeit der anderen und ermöglichten mir gleichzeitig, mich vor aller Augen zu verstecken.

Niemand wusste mehr, wer ich eigentlich war. Wie Oliver Reed war ich in meinem eigenen Leben zum Schauspieler geworden, zum Blender, der so tat, als hätte er alles im Griff. Die Leute lachten über meine Geschichten und meine Eselrufe, ich fühlte mich stark, mutig und ein bisschen wild. Ich spielte die Rolle eines Höllenhundes und schon bald konnte ich die Rolle nicht mehr von der Person unterscheiden, die ich in meinem Inneren war. Oder *war* das vielleicht mein wahres Ich?

Bei meinen Militäreinsätzen im Libanon hatte ich immer Leute um mich herum. Doch bei aller Kameradschaft mit meinen Freunden bei reichlich Essen und Trinken fühlte ich mich sehr einsam.

Das Problem war meine Zähigkeit. Noch nie hatte ich irgendetwas leicht aufgeben können. Wenn ich einmal einen Weg eingeschlagen hatte, dann brachte mich so schnell nichts davon ab. Früher trug ich beim Sport Gewichte auf dem Rücken – etwa ab 45 Kilogramm aufwärts –, und da ich jahrelang mit den Eseln über die Hügel gestreift war, hatte ich Kondition. Ich war zwar irgendwann erschöpft, machte aber trotzdem weiter bis zum Umfallen. Es muss schon viel kommen, um mich aufzuhalten oder zu einem Kurswechsel zu bewegen.

Noch immer war ich wie betäubt, nachdem erst Anita, dann die Jungs aus dem Jeep umgekommen waren – und ich selbst nur um

Haaresbreite dem Tod entronnen war. Doch nicht einmal das brachte mich dazu, Hilfe anzunehmen oder etwas zu ändern. Ich lebte in einem Dunst aus Patrouillen, Essen, Trinken, Zechen und Schlafen. Etwas anderes gab es für mich nicht.

Wenn ich überhaupt einmal über Gott oder den Sinn des Lebens nachdachte, dann klagte ich Gott an: *Warum hast du Anita und die Jungs sterben lassen?* Da ich keine Antwort hörte, versuchte ich, nicht länger darüber zu grübeln. Ich ging wie ein Roboter durchs Leben. Wobei es eigentlich kein Leben mehr war. Eher ein Dahinvegetieren.

In den nächsten Jahren war ich wie Penelope – ich ließ niemanden nah an mich herankommen. Wenn es jemand versuchte, dann fuhr ich meine Stacheln aus. Früher hatte ich das Gefühl gehabt, dass niemand mein wahres Ich sehen *konnte*. Mittlerweile *wollte* ich es gar nicht mehr. Tiere liebte ich immer noch, weil ich wusste, dass sie mir nichts anhaben konnten. Auch meine Familie liebte ich, die immer für mich da war. Weiter aber reichte meine Liebe nicht und am allerschwersten fiel es mir, mich selbst zu lieben.

Vielleicht hatte ich eine Art Todessehnsucht, weil ich an jenem Valentinstag nicht umgekommen war. Vielleicht hielt ich mich auch schon für eine wandelnde Leiche. Wie auch immer, ich kam mir vor wie in einem Nebel. Nach sechs Monaten Einsatz im Libanon flog ich immer für ein paar Monate in den Heimaturlaub. Solange ich noch im Dienst der irischen Streitkräfte stand, war es nicht schwer, in unserer Gegend Gelegenheitsjobs zu finden, etwa als Wachmann für Banken oder Gefängnisse in größeren Städten. Jeden Cent, den ich verdiente, gab ich für Autos und Alkohol aus. Ich wurde von der irischen Armee bezahlt und bezog noch ein zweites Gehalt von der UNO. Das durfte ich zwar während des Einsatzes nicht anfassen, erhielt es aber in voller Höhe, wenn ich nach Hause kam. Manchmal ging ich den ganzen Tag auf Sauftour durch die Pubs im Umkreis. Mein Soldatensold schürte beständig das Feuer, das mich allmählich von innen heraus verbrannte. Ich war unglücklich, auch wenn es kaum jemand bemerkte. Meine Familie aber wusste es und gab mir von Zeit zu Zeit zu verstehen, wie es ihnen damit ging.

Im Nahen Osten erlebte ich auch ein paar aufregende Abenteuer. Eine Zeit lang war ich etwa dreißig Kilometer von Tyrus entfernt stationiert. Die alte phönizische Hafenstadt ist eine der ältesten durchgehend bewohnten Städte der Welt. Hier war die letzte Station am Mittelmeer mit Anschluss an die Seidenstraße, die lukrative Handelsroute, die Ost und West verband. Ein Teil der damaligen Straße wird heute noch zwischen Tyrus und Damaskus genutzt.

Die Straße nach Damaskus faszinierte mich, weil ich mich aus dem Religionsunterricht daran erinnerte, dass der spätere Apostel Paulus, vorher als Saulus bekannt, die Anhänger Jesu gnadenlos verfolgt hatte. Eines Tages war er auf der Straße nach Damaskus unterwegs, als ein helles Licht vom Himmel ihn so blendete, dass er wie angewurzelt stehen blieb und nichts mehr sah. Da erschien ihm Jesus selbst und stellte die Weichen seines Lebens ganz neu. Drei Tage später hatte Paulus nicht nur sein Augenlicht zurück, sondern auch eine völlig veränderte Vision für sein Leben – nun drängte es ihn, den Menschen von Jesus zu erzählen. Eine Begegnung auf der Straße nach Damaskus hatte zu einem radikalen Kurswechsel geführt.

Auch ich war damals ein paar Mal auf derselben Straße unterwegs wie Paulus und fragte mich, wie es wäre, in seiner Haut zu stecken und dieses helle Licht zu sehen. Doch zu dem Zeitpunkt war ich noch nicht bereit für so viel Erleuchtung. Ich war noch zu stark, zu unabhängig, zu stolz. Oder vielleicht hatte ich auch zu viel Angst, das Ruder herumzureißen.

Es gab durchaus Momente, in denen mir das eine oder andere Stoßgebet über die Lippen kam, wenn ich in einer misslichen Lage war. Eines Abends, als ich noch im aktiven Dienst im Libanon stand, war ich mit meinem Freund Connor unterwegs. Er war zwar klein von Statur, aber gewitzt, ein glänzender Fußballspieler und er ließ sich manches von mir gefallen. Wenn mir gerade danach war, rang ich ihn zum Spaß unvermittelt zu Boden.

Wir waren mit dem Auto auf dem Rückweg vom Stadion in Beirut, wo wir uns ein spannendes Fußballspiel angesehen hatten. Wie immer bei solchen Anlässen trugen wir Zivilkleidung. Gewehre, Munition und Splitterschutzwesten hatten wir am Stützpunkt zurückgelassen. Diese Vorschrift war eingeführt worden, damit wir uns leichter unter die Einheimischen mischen konnten. Sie half auch, Konfrontationen zu vermeiden, die in einer solch brisanten Atmosphäre schnell eskalieren könnten.

Ein paar Drinks im Pub nach dem Spiel hatten meine Stimmung gehoben. Connor aber war schlecht gelaunt, weil seine Mannschaft verloren hatte. Auf der Heimfahrt über die Straße nach Sidon in Richtung Berge saß ich am Steuer unseres Jeeps.

Wir waren beide in Gedanken versunken, als mich in einer Kurve irgendetwas irritierte. Ich bremste, um zu sehen, was los war und – WUMM – schon wurden wir von hinten gerammt.

Erschrocken wandten wir uns um. Wir hatten keine Ahnung, was gerade passiert war. Ich holte tief Luft.

Das verheißt nichts Gutes.

Im Straßenverkehr in eine Auseinandersetzung zu geraten, ist so ziemlich das Letzte, was man möchte in einer Gegend, in der man Freund und Feind nicht unterscheiden kann.

Dann noch einmal: *WUMM!*

Jetzt sahen wir es. Ein verbeulter weißer Mercedes voll von Guerillakämpfern der Hisbollah in Dschihadmontur zog mit heulendem Motor auf unsere Höhe. *Wir* waren hier der Feind. Und wir waren nicht bewaffnet. Das sah nicht gut aus.

Die Männer holten eine AK47 hervor und richteten sie durch das offene Fenster direkt auf uns. Es versteht sich von selbst, dass ich sofort voll aufs Gas stieg und die Straße hinunter nach Sidon raste. Unterdessen flehte Connor den Pförtner des UN-Stützpunkts über das Funkgerät an, das Tor für uns zu öffnen.

Der Mercedes lieferte sich mit uns eine kilometerlange Verfolgungsjagd, buchstäblich Stoßstange an Stoßstange. Ich bot alles auf, was ich an Fahrkünsten auf den holprigen Straßen der Grafschaft Cork erworben hatte, um dem Todeswagen zu entkommen, der uns auf den Fersen war.

„Connor, das überleben wir nicht!", schrie ich immer wieder.

Connor blieb am Funkgerät und Gott sei Dank stand das Tor weit offen, als wir eintrafen. Wir flogen gleichsam hindurch. Als der Mercedes versuchte, uns zu folgen, traten bewaffnete Soldaten auf den Plan und stoppten das Fahrzeug. Wir waren in Sicherheit, zumindest im Moment.

Als wir anhielten und ausstiegen, kamen Militärpolizisten auf uns zu. Wir waren nun in einen internationalen Vorfall verwickelt. So froh wir waren, überlebt zu haben und nicht von Kugeln durchlöchert am Straßenrand zu liegen – die MP musste natürlich Ermittlungen einleiten.

Es gab da nur ein Problem – wir rochen nach Alkohol.

Sie brachten uns in einen Raum, wo wir warten sollten. Verzweifelt fragten wir uns, was sie wohl mit uns machen würden. Ganz sicher würden sie uns vernehmen. „Wir müssen was tun!", sagte Connor, kurz davor, die Nerven zu verlieren.

Ich stand auf und sah aus dem Fenster. „Entweder sie stecken uns in irgendein UN-Gefängnis oder sie schicken uns gleich nach Hause."

Als ich mich umwandte, fiel mein Blick auf eine Tür. Ich beschloss herauszufinden, was sich dahinter verbarg. Sie führte zu einem Bereich, in dem Essen zubereitet wurde. Eine große Schüssel Zwiebeln stand auf der Anrichte. Da fiel mir etwas ein, was ich in jungen Jahren gelernt hatte.

Ich griff nach zwei Zwiebeln. „Connor, schnell. Fang auf!" Ich warf ihm eine zu und nahm einen kräftigen Bissen von meiner. Wir kauten, als stünde unser Leben auf dem Spiel – und das stimmte auch. Ich hoffte, die Zwiebeln würden den Alkoholgeruch in unserem Atem überdecken.

Bei Barry, Brendan, Sean, Bryan und mir hatte es damals funktioniert. Als Jugendliche hatten wir diesen Trick hin und wieder angewandt, damit unsere Eltern nicht merkten, dass wir betrunken waren. Aber ich hatte vergessen, was Zwiebeln sonst noch alles bewirkten. Sie trieben uns das Wasser in die Augen und wir konnten gar nicht mehr aufhören zu weinen.

In diesem Moment kam ein Militärpolizist herein, schaute Connor an und fragte laut mit afrikanischem Akzent: „Okay, was ist los mit diesem Mann?"

Wir beide standen noch immer unter Schock und brachten kein Wort heraus. Unterdessen liefen Connor weiter Tränen über die Wangen und tropften ihm vom Kinn.

„Ist ja schon gut, Mann", sagte der Militärpolizist „Kein Grund zum Heulen. Es ist doch niemand umgekommen!"

Damit drehte er sich um und verließ den Raum. Connors Tränen hatten ihn wohl aus dem Konzept gebracht und er war erleichtert, uns an einen Kollegen übergeben zu können, der uns für die Nacht in einen anderen Raum brachte. Am nächsten Tag wurde das Problem hinter den Kulissen gelöst. Die Zwiebeln waren das einzig Lustige an der ganzen Geschichte, doch immerhin waren wir mit dem Leben davongekommen.

Danach warnte Connor jeden davor, mit mir auf Patrouille zu gehen, weil ich ein solcher Pechvogel sei. Angesichts der Kollisionen und der Staubwolken war es schwer zu sagen, ob die Hisbollah uns tatsächlich beschossen hatte. Doch wenn sie uns mit der AK47 getroffen hätten, wäre die Sache ganz sicher anders ausgegangen.

Dieser Vorfall erinnerte mich daran, dass es einen Gott gab, mit dem ich Verbindung aufnehmen sollte. Er hatte meine verzweifelten Stoßgebete erhört und mich aus dieser Notlage und manchen anderen befreit. Aber für eine Lebenswende war ich noch nicht bereit. Mein persönliches Damaskus-Erlebnis stand noch aus.

Gefahren unterschiedlichster Art waren beim Militär zwar mein ständiger Begleiter, aber in dieser Zeit im Nahen Osten und später im Kosovo sah ich auch etwas von der Welt und lernte neue Menschen kennen: Franzosen, Spanier, Norweger, Fidschianer, Polen, Afrikaner, Inder und Nepalesen. Der Libanon war zu dieser Zeit der größte UN-Einsatzort der Welt, an dem Menschen von überallher zur Friedenssicherung eingesetzt wurden.

Wenn ich in den tiefschwarzen Nachthimmel mit seinem wunderschön funkelnden Sternenzelt blickte, empfand ich ein wenig Frieden, so ähnlich, wie ich es viele Male zu Hause auf dem Felsen erlebt hatte. In den Patrouillenpausen legte ich mich unter freiem Himmel auf den Panzer und dachte an Mam und Dad, an meine Schwestern und Freunde. Auch die Gesichter geliebter Menschen, die von mir gegangen waren, blitzten vor meinem inneren Auge auf. Doch in solchen Momenten spürte ich auch, dass mir etwas fehlte. Meine Familie liebte mich, daran hatte ich keinen Zweifel, aber ich wünschte mir trotzdem ein Gegenüber, das mich ergänzen würde.

Vielleicht blickte meine Seelenfreundin gerade irgendwo auf der Welt zum selben Sternenhimmel hinauf und wartete auf mich. Vielleicht gab es auch für mich ein verheißenes Land, den Platz, wo ich hingehörte.

KAPITEL NEUN

Der Mann im Fenster

Jesus, ich vertraue meine Vergangenheit deiner Barmherzigkeit an,
meine Gegenwart deiner Liebe und meine Zukunft deiner Vorsehung.
PADRE PIO

Es kam einmal ein Esel auf unseren Hof, der hatte eine ganz eigenartige Sucht. Seine Besitzerin war zu alt geworden, um ihn zu versorgen, und hatte sich deshalb an uns gewandt. Gerne hatten wir uns bereit erklärt, ihn aufzunehmen. Als wir ihn für die Rückfahrt nach Liscarroll in den Pferdeanhänger luden, überreichte die alte Dame uns eine große Kiste.

„Von denen müssen Sie ihm jeden Tag zwei geben", sagte sie nachdrücklich. In der Kiste waren zweihundert Mars-Riegel.

Ich kann versichern, dass die allermeisten Riegel unversehrt auf dem Eselhof ankamen und die Naschkatze von Esel seine zwei Stück am Tag bekam … eine Zeit lang zumindest. Natürlich sind Süßigkeiten mit viel Schokolade und Zucker nicht das, was ein Esel normalerweise fressen sollte, aber da ihm seine Mars-Riegel zur Gewohnheit geworden waren, mussten wir ihn erst ganz allmählich davon wegbringen.

Alle, die auf dem Eselhof arbeiteten, halfen bereitwillig mit, die Riegel zu vernichten, und als die Kiste leer war, musste sich Mars (so hatten wir ihn genannt) fortan mit normaler Eselkost begnügen. Auch wenn er sich bestimmt fragte, wo seine Leckerli geblieben waren, nahm er es gelassen.

Nicht lange nach dieser Umstellungsphase erschien die alte Dame eines Tages auf dem Eselhof mit einem besonderen Geschenk – einer neuen Kiste mit Riegeln für ihren vierbeinigen Freund. Wir nahmen ihre Gabe dankbar entgegen und ließen sie uns schmecken – wir alle außer Mars. Mir gefällt der Gedanke, dass Mars seine Leckerli den Menschen gespendet hat, die sich um ihn kümmerten.

Ein typisches Eselfutter ist Heulage, eine Mischung aus Heu und Silage. Heu ist getrocknetes Gras mit Getreideähren von den Feldern, Silage zerkleinertes Gras, das fermentiert, getrocknet und in einem Silo gelagert wird. In der Regel fressen Esel auch gerne etwas Stroh, zum Beispiel Gerstenstroh, mit einer Schicht Heulage obendrauf. Das liefert ihnen alle Nährstoffe, die sie im Winter brauchen. Im Sommer grasen sie auch gerne auf der Weide, aber nicht zu lange, denn das tut ihnen nicht gut.

Wenn Esel ständig frisches Gras bekommen, neigen sie dazu, sich zu überfressen, was alle möglichen gesundheitlichen Probleme nach sich ziehen kann, zum Beispiel Hufrehe, eine ernste, äußerst schmerzhafte Entzündung an den Hufen. Um das zu verhindern, gibt es eine einfache Lösung: Zäune. Entweder man unterteilt die Weiden mit Zäunen dauerhaft in kleine Bereiche und lässt die Esel abwechselnd dort weiden oder man verwendet einen mobilen Zaun, der regelmäßig versetzt wird. So lässt sich die Grasmenge, die die Esel auf einmal fressen, begrenzen. Das ist jedoch leichter gesagt als getan. Esel öffnen gerne Gatter (Sie erinnern sich an Aran?) oder gehen auf die Knie und kriechen unter Zäunen hindurch. So schön die Freude auf dem Gesicht der Esel ist, wenn sie auf eine frische Weide dürfen – zu viel des Guten kann sie umbringen.

Ich wünschte, jemand hätte einen mobilen Zaun um mich herum errichtet, der mich davon abgehalten hätte, mich selbst kaputt zu machen. Alleine konnte ich nicht aufhören. Wenn ich ein Pub betrat, fühlte ich mich wie ein Esel, der auf eine frische grüne Weide gelassen wird, doch für mich war es nicht das Paradies. Als ich mit Mitte zwanzig kurz davorstand, aus dem Militärdienst auszuscheiden, hing ich schon seit fast zwei Jahrzehnten an der Flasche.

Im Gegensatz zu den Eseln nahm ich nicht zu, wenn ich zu viel trank, sondern wurde immer dünner. Mein Alkoholkonsum war so hoch, dass ich kaum mehr Appetit hatte. Ich aß nur, damit ich weiter trinken konnte.

Als Mars auf den Eselhof kam, wurde ihm die Entscheidung abgenommen, ob er seiner Sucht weiter frönen oder sie aufgeben wollte. Bei mir war das anders. Ich hatte die Wahl, ob ich Hilfe annehmen wollte oder nicht – und wehrte mich lange Zeit dagegen.

Insgesamt diente ich fünf Jahre bei den irischen Streitkräften im Libanon und im Kosovo. Wenngleich es meine Aufgabe war, auf internationaler Ebene für Frieden zu sorgen – ich war an zwei Friedenssicherungsmissionen und einer friedenserzwingenden Mission beteiligt –, in meinem Herzen spürte ich keinen Frieden. Ich sah kein Licht und keinen Lebenssinn. Orientierungslos irrte ich umher, denn die sicheren Bindungen an mein Zuhause und an die Menschen, die mich liebten, hatte ich fast vollständig verloren.

Nachdem ich beim Militär entlassen war, ließ ich mir die Haare wachsen, meine Wangenknochen waren eingefallen und meine psychische Verfassung stand mir ins Gesicht geschrieben. Mein Geist, mein Herz und meine Seele waren krank und dies schlug sich auch körperlich nieder – ich litt an einer Posttraumatischen Belastungsstörung (PTBS).

Anitas viel zu frühen Tod hatte ich nie richtig verarbeitet, genauso wenig wie den tödlichen Unfall meiner Kameraden am Valentinstag und die anderen traumatischen Erfahrungen, die das Leben eines Soldaten in einem von Terroristen bevölkerten Kriegsgebiet ausmachen. Eine kleine Erinnerung, die mich immer noch erschüttert, ist die Geschichte von ein paar Einheimischen, die eine Eselbombe gebaut hatten. Sie hatten einen Eselkadaver mit Sprengstoff gefüllt am Straßenrand liegen lassen und über Funk gezündet. Auch wenn ich als Soldat durchaus Schlimmeres zu sehen oder zu hören bekam, fand ich es grausam und es hat sich für immer in mein Gedächtnis eingebrannt.

Niemand weiß genau, warum manche Menschen eine PTBS entwickeln und andere nicht, warum manche sich davon schnell erholen, während andere jahre-, wenn nicht gar ein Leben lang damit kämpfen. Wir wissen heute mehr über das Phänomen, aber als ich aus der Armee ausschied, war es noch weitgehend unerforscht. Außer

Medikamenten, die ich nicht nehmen wollte, gab es kaum Behandlungsmöglichkeiten für jemanden wie mich.

Ich war zwar nun wieder Zivilist, steckte aber gedanklich weiterhin im Kriegsgebiet fest, war innerlich permanent auf Kampf oder Flucht gepolt, erlebte Angst, Wut, Depression, Albträume und Verfolgungswahn. Beim Militär hatte ich Stärke und Ausdauer bewiesen, aber draußen in der wahren Welt wich das letzte Dämmerlicht in meinem Inneren allmählich einer abgrundtiefen Dunkelheit. Mittlerweile quälten mich Selbstmordgedanken, über die ich aber mit niemandem sprach, nicht einmal mit meiner Familie. Nur durch Alkohol oder Drogen konnte ich meinen Schmerz betäuben. Aber diese Erleichterung hielt nie lange an.

Vorübergehend kehrte ich zurück zu meiner Familie nach Liscarroll, hatte aber nicht vor, lange zu bleiben. Wie schon mein Urgroßvater, der für Scotland Yard gearbeitet hatte, wollte ich mein Glück in London versuchen. Solange ich zu Hause war, blieb alles beim Alten. Ich zog durch die Dörfer, von einem Pub ins nächste.

Als ich nach einem Besuch im Nachtklub von Mallow auf die Straße trat, kam gerade ein Polizist vorbei. Vor lauter Schreck stolperte ich und stürzte direkt vor dem Klub zu Boden. Der Wachmann beugte sich zu mir herunter, um mir aufzuhelfen. Ich hatte keine Ahnung, was er mit mir vorhatte, und brach sofort in Panik aus, als sei jemand hinter mir her. Mein Körper war vollgepumpt mit Alkohol und Drogen. Irgendetwas muss in mich gefahren sein, denn ich verpasste ihm einen heftigen Kinnhaken und rannte davon, so schnell mich meine Beine trugen. Der Kollege des Polizisten hatte alles mit angesehen, heftete sich im Streifenwagen an meine Fersen und hielt mich schließlich auf. Ich aber sprang auf den Wagen, rollte von der Motorhaube und rannte weiter, zuerst um den Block, dann am berühmten *Clock House* in Mallow vorbei und noch zwei oder drei Kilometer. Dann machte ich kehrt und lief durch den Wald zurück, um mögliche Verfolger abzuschütteln. Ich kam mir vor wie ein Fuchs auf der Flucht vor dem Jäger.

Mein Rückweg in die Stadt führte durch ein Baugebiet, und als ich an einen drei oder vier Meter hohen Maschendrahtzaun kam, rannte ich einfach daran hoch, hielt mich hier und da fest, bis ich fast oben war. Es klingt verrückt, aber ich hatte noch immer Kraft vom Militärdienst, war getrieben vom Adrenalinrausch und dem Willen zu entkommen. Doch die Polizisten hatten mich inzwischen wieder eingeholt. Einer packte mich am Fuß und zog mich herunter.

Da drehte ich völlig durch. Ich griff die beiden an und nahm sie in den Würgegriff. Fünf Männer waren nötig, um mich zu überwältigen und in den Streifenwagen zu verfrachten. Auf der Fahrt ins Gefängnis gaben sie mir sehr deutlich zu verstehen, was sie von meinem Verhalten hielten. Irgendwann muss ich ohnmächtig geworden sein. Als ich im Krankenhaus zu mir kam, wusste ich nicht mehr genau, was geschehen war. Meine Erinnerung war wie ein unscharfer Film. Doch wie schon so oft zuvor half mir mein Vater aus der Patsche.

Ein anderes Mal ging ich nach einem gälischen Fußballspiel den ganzen Tag auf Sauftour. Meine Sucht hatte mich wieder voll in ihren Klauen. Bestimmt floss schon mehr Alkohol als Blut durch meine Adern, als meine Freunde sich weigerten, weiter bei mir im Auto mitzufahren. Ich versuchte sie zu überreden, aber es war nichts zu machen.

„Grandios!“, rief ich frustriert, legte in meinem Ford Mondeo unsanft den Gang ein und preschte mit kreischenden Reifen davon. Ich war stolz auf das neue Auto, das ich mir von meinem Soldatensold gekauft hatte, und fuhr gerne schnell. Also stieg ich kräftig aufs Gas, stoppte noch kurz an einem weiteren Klub, bevor ich mich zu später Stunde auf den Heimweg machte.

In der Nähe von Lisgriffin sah ich nach einer Kurve auf einmal mehrere ausgewachsene Ochsen im Scheinwerferlicht mitten auf der Straße stehen. *An denen komme ich nicht vorbei!*, fuhr es mir durch den Kopf. Ich weiß nicht mehr, wie schnell ich unterwegs war, aber auf jeden Fall zu schnell, um noch anzuhalten. In letzter Sekunde stieg ich voll auf die Bremse, riss das Lenkrad nach rechts und krachte – *WUMM!* – frontal in eine Mauer.

Durch den plötzlichen Aufprall wurde ich ohnmächtig und bekam nicht mehr mit, wie die Mauer in sich zusammenfiel, wie die Steine das Dach meines Autos zerdrückten und durch die Windschutzscheibe flogen. Ich muss wohl eine Weile bewusstlos gewesen sein, denn als ich in der Dunkelheit aufwachte, war ich völlig orientierungslos. *Was ist passiert? Wo bin ich?* Ich hatte keine Ahnung, wie schwer ich verletzt war oder ob ich überhaupt aussteigen konnte. Eines aber war mir klar: Ich brauchte Hilfe.

Da hörte ich Schritte. War da jemand?

„Hilfe!", rief ich, zuerst zaghaft, dann lauter. „Helft mir! Ist da jemand? Ich brauche Hilfe."

Wieder Schritte. Ich hörte genauer hin. Es schien, als würde jemand um mein Auto herumschleichen. Leise und bedächtig. Ansonsten war es ganz still.

„Hilfe!", rief ich immer wieder, doch die Schritte entfernten sich und kamen nicht wieder.

Immerhin hatten sie mich so weit aufgeweckt, dass ich allmählich begriff, was geschehen war. Ich rutschte ein wenig auf dem Sitz herum, dann räumte ich ein paar Steine zur Seite, kämpfte mit der eingedrückten Tür und stieg aus. Erleichtert stellte ich fest, dass ich Arme und Beine bewegen konnte. Allzu schwer verletzt konnte ich also nicht sein. Ich zog mein Handy aus der Tasche und rief meinen Schwager Tim an. Als er kam, holte ich meinen Autoschlüssel aus dem Wagen und schloss die Türen ab.

„Was ist denn passiert?", fragte Tim stirnrunzelnd.

„Da waren ein paar schwarze Ochsen mitten auf der Straße."

„Hmm." Er wirkte skeptisch.

Ich hielt mir den Kopf und rieb mir die Augen. Das Autodach, das auf mich gekracht war, machte sich schmerzhaft bemerkbar. „Als ich aufgewacht bin, hab ich Schritte gehört. Wer immer es war, er ist seiner Wege gegangen."

In dem Moment war es mir ziemlich egal, was Tim von mir dachte. Ich wollte nur noch nach Hause, mich aufs Sofa werfen und schlafen.

Als Tim mich absetzte, stolperte ich bei Mam und Dad ins Haus. Ich bekam nur noch mit, wie Dad die Abschleppfirma am Telefon beauftragte, meinen Wagen abzuholen. Auch um die Mauer würden wir uns kümmern müssen. Solche Schäden werden in Irland sehr ernst genommen und Reparaturen sind nicht billig. Zumindest hatte ich genug Geld.

Ein paar Stunden später hörte ich Dad nach mir rufen. „Patrick, ich will dir was zeigen, was ich in deinem Auto gefunden habe." Er streckte die Hand aus und öffnete sie. Es war eine Gedenkmünze mit dem Bild von Padre Pio, dem beliebten bärtigen Heiligen des zwanzigsten Jahrhunderts aus Italien.

Warum zeigst du mir eine Münze mit einem Heiligen? Das ergab keinen Sinn.

„Die habe ich auf dem Armaturenbrett in deinem Auto gefunden. Sie lag zur Hälfte an der Kante hinter dem Lenkrad und wäre fast heruntergefallen." Er sah mich mit großen Augen an.

„Die gehört mir nicht. Eine solche Münze habe ich nicht." Ich war noch immer ganz verschlafen und begriff nicht so richtig, was er sagte.

Als ich später allmählich wieder etwas nüchterner war, erzählte Dad mir, er habe mit meinem Schlüssel die Fahrertür aufgesperrt, um den Schaden innen zu begutachten, während er auf den Abschleppdienst wartete.

„Ich konnte es gar nicht glauben, dass du nicht verletzt bist", sagte er. „Und dann sah ich die Münze."

Mein Vater hatte ein Faible für den katholischen Heiligen Padre Pio, einen italienischen Priester, der viel Leid erfahren hatte und als Mann des Gebets bekannt gewesen war. Deshalb war es für Dad auch so tröstlich, als er die Münze fand. Er glaubte, Padre Pio selbst sei um mein Auto gelaufen und habe mir geholfen. Wir haben nie herausgefunden, wie diese Münze, die am Rand des Armaturenbretts balancierte, in mein Auto gekommen war, was das für Schritte gewesen und wohin die schwarzen Ochsen verschwunden waren (falls sie überhaupt da gewesen waren). Es blieb ein Geheimnis – eines von vielen in Irland.

Meine Eltern beteten in diesen trostlosen Jahren weiter für mich und ich glaube, ihnen ist es zu verdanken, dass ich überlebt habe. Ich weiß heute, dass jemand über mich wachte und mich am Leben hielt.

Noch war ich ein verlorener, gebrochener Mann, ein wilder Esel, der sich weit von seiner Herde entfernt hatte und Hilfe brauchte. Aber ich war noch nicht bereit, Hilfe anzunehmen – noch nicht.

Nicht lange danach zog ich nach London und hielt mich dort mit Gelegenheitsjobs über Wasser. Ich lebte mit meiner neuen Freundin zusammen. Als sie schwanger wurde, hoffte ich, nun endlich Fuß zu fassen. Eine neue Aufgabe als Familienvater würde meine Probleme vielleicht lösen, mich zufrieden und glücklich machen.

Aber meine Träume hielten der Wirklichkeit nicht stand. Meine Freundin und ich stritten uns wegen jeder Kleinigkeit; oft rastete ich aus. Mein ganzes Denken war wie vernebelt. Ich war in den Pubs immer noch Stammgast, und wenn ich herauskam, schlief ich manchmal am Bahnhof oder auf einer Parkbank an einem Teich, wo ich dem Geschnatter der Enten und Gänse zuhören konnte. In manchen Nächten, wenn der Verfolgungswahn mich packte, landete ich in der Notaufnahme, wo nur ein starker Pfleger mit mir fertigwurde. Ich schrie wie am Spieß: „Hilfe, ich werde überwacht und von Hubschraubern verfolgt."

Eines Nachts schlug ich unaufhörlich mit dem Kopf gegen unsere Balkontür, bis die Scheibe brach. Wenn ich alleine war und in eine Art dunkle Traumwelt hinabstieg, schnitt ich mir manchmal mit einem Sägemesser ins Handgelenk, tiefer und tiefer, um etwas zu spüren und sicherzugehen, dass ich noch lebte. Ich war wie eine scharfe, explosionsbereite Handgranate, die jeden Moment losgehen konnte.

Mittlerweile hatte ich für mich selbst und den Mann, der aus mir geworden war, nur noch Hass übrig. Oder vielleicht war ich gar kein Mann, sondern irgendein beängstigendes Monster. Die Dunkelheit hatte vollkommen von mir Besitz ergriffen, wie eine finstere Gestalt, die mein Leben lenkte und den Ton angab. Ich hatte keinerlei Vision für die Zukunft und nun kam auch noch ein Baby. Was für ein Leben würde ihm bevorstehen?

Wenn meine Eltern anriefen, ging ich gar nicht erst ans Telefon. Manchmal allerdings, wenn ich pleite war, musste ich *sie* anrufen und um Geld bitten.

Auch meine Schwestern machten zahlreiche Anläufe, mit mir zu reden. „Was ist nur los mit dir?", fragte Helen oder Debbie. „Da stimmt doch was nicht!"

„Lasst mich einfach in Ruhe. Ich bin selber groß." Niemand sollte mich belästigen.

Ich hatte Angst, so zu enden wie Mams Bruder Noel, der an Schizophrenie gelitten hatte und als Obdachloser in London gestorben war. Er war kreativ gewesen, ein begabter Fotograf, und meine Mutter hatte ihn wirklich geliebt. Doch auch die Liebe seiner Familie hatte ihn nicht retten können. Ich fragte mich, ob er sich wohl genauso geschämt hatte wie ich und nicht wollte, dass irgendjemand merkte, was er durchmachte.

In einer besonders schlechten Nacht lief ich die High Street im Londoner Stadtteil Richmond hinunter. Nach einem erneuten heftigen Streit mit meiner Freundin war ich ins Pub gegangen und hatte erfahren, dass die Rugby-Mannschaft meiner Heimatstadt Munster das Finale wieder nicht erreicht hatte. Auf dem Heimweg flammte mein Zorn so richtig auf und völlige Verzweiflung legte sich auf mich wie ein irischer Sturm, der bedrohlich über die Landschaft fegt.

Ich blieb stehen und betrachtete in einem großen Schaufenster mein Spiegelbild. Die Augen waren schwarz wie die tiefste Nacht.

Wer bist du?, dachte ich. *Was ist los mit dir? Warum bekommst du dein Leben nicht in den Griff? Warum kannst du dich nicht zusammenreißen?*

Ich kam mir nicht mehr vor wie ein Mensch aus Fleisch und Blut und Geist. Alles, was ich sah, war vollkommene Dunkelheit, eine finstere Gestalt, aus der jedes Licht erloschen war. Ich wollte laut schreien, aber ich wusste: Wenn ich einmal anfing, würde ich nie wieder aufhören. Als ich meinen Anblick nicht mehr ertragen konnte, schlug ich mit der Faust auf die Scheibe ein. Das Fenster zersprang und ein Regen von Glassplittern prasselte innen und außen nieder.

Ich ging davon, zu berauscht, um irgendetwas zu spüren, ja ich merkte noch nicht einmal, dass ein Glasstück so groß wie ein Dolch aus meinem Unterarm ragte. Einen Augenblick später begann meine

Haut zu kribbeln. Ohne nachzudenken, griff ich nach der Scherbe und zog sie heraus.

Ich war noch keine zwei Meter gegangen, da schoss Blut aus meinem Arm und ich konnte mich nicht mehr auf den Beinen halten. Als ich auf dem Gehsteig zusammensackte, wurde mir schwarz vor den Augen. Mir war, als würde ich rückwärts in einen dunklen Tunnel stürzen. Ich weiß noch, dass ich aufblickte und eine blonde Frau sah. *Was macht Mam hier? Wie hat sie mich gefunden?* Gut, dass sie da war, meine Hand hielt und die Wunde an meinem Arm abdrückte, um die Blutung zu stillen.

Allmählich kam ich zu mir und sah meine Mutter etwas deutlicher. Irgendwie musste sie über die Irische See geflogen sein und mich gefunden haben! Sie hatte gewusst, dass ich Hilfe brauchte, und war gekommen.

„Mam, bitte lass mich nicht allein!", schrie ich. Ich wurde schwächer und schwächer, verlor mehr und mehr Blut, aber der furchtbare Schmerz in meinem Arm ließ mich nicht völlig wegtreten. Ich wusste immer noch nicht, was geschehen war, und schob es auf den Alkohol. Warum aber war ich so schwach? Das passierte mir doch sonst nicht.

„Ich bin da", sagte Mam. „Ich bin da. Das wird schon wieder." Sie kniete nun auf meinem Arm, drückte mit ihrem Knie die Wunde ab und hielt meine Hand. Mit Mam an meiner Seite brauchte ich keine Angst zu haben. *Auf dich ist eben immer Verlass, Mam.*

Irgendwann erwachte ich in einem Bett im Londoner Kingston Hospital, erschöpft und verwirrt. Wie bei einer Mumie war mein Arm eingebunden und auf mehrere Kissen gelagert. *Was ist passiert? Warum bin ich hier?*

Die Krankenschwester und der Chirurg klärten mich auf. Die Glasscherbe hatte meine Arterie und um ein Haar auch noch eine Sehne durchtrennt. Ich hatte einen lebensgefährlichen Blutverlust erlitten. In einer Notoperation hatten sie meinen Arm – und mein Leben – gerettet.

Der Vorfall hatte sich vor einem indischen Restaurant ereignet. Die blonde Frau, die ich für meine Mutter gehalten hatte, war eine

Bedienung gewesen, die mit einem Handtuch meinen Arm abgebunden und die Wunde so lange abgedrückt hatte, bis die Sanitäter gekommen waren. Sie hatte sogar darauf bestanden, im Rettungswagen mitzufahren, während der Operation im Krankenhaus gewartet und lange an meinem Krankenbett gesessen, während ich noch schlief.

Diese Fremde war mein Engel. Sie hat mir das Leben gerettet. Ich habe sie nie wiedergesehen und weiß bis heute nicht, wer sie war.

Meine Großmutter Eileen als
Mädchen in London auf einem
Spaziergang mit den geliebten
Scottie-Hunden ihres Vaters.

Mams und Dads Hochzeit 1968
in London

Mam mit ihrem Händchen für die Esel

Ich bin tatsächlich auf dem Rücken von Eseln aufgewachsen …

Aran war ein vergessener Esel auf einer einsamen Insel. Als wir ihn zu uns holten, waren seine Hufe in einem erbarmungswürdigen Zustand. Bald wurde er mein bester Freund.

Ich als vermeintlich tapferer Soldat an der Grenze zwischen Israel und dem Libanon.

Hochzeit mit Eileen, meiner *anam cara*, meiner Seelenfreundin.

Auf dem Felsen mit meiner Familie:
Eileen, Daragh, Darragh und Patrick

Meine Familie – meine „Herde" – heute, einschließlich der beiden
Jüngsten, Ellen-Rose und Odhrán

Der Eselhof mit d[en]
wunderbaren klug[en]
Tieren ist und blei[bt]
mein Zuhause un[d]
mein Zufluchtsort.

Eine neue Generation
auf dem Eselhof. Der
kleine Darragh (4) mit
meinem Dad.

Hier stelle ich Jacksie
meiner Co-Autorin
Susy vor.

KAPITEL ZEHN

Mam und Dad

Zu zweit ist der Weg nicht so weit.
NACH EINEM IRISCHEN SPRICHWORT

Irische Frauen sind stark wie in Seide gehüllter Stahl. Die stärkste von allen aber ist meine Mutter. Sie hielt unseren Betrieb am Laufen und unsere Familie zusammen, während mein Vater durchs Land zog, hier und da einen Esel einsammelte und ihn nach Hause in ihre Pflege brachte. Ein weiteres Maul, das zu füttern war, ein weiteres Leben, das es zu schützen galt. Mam nahm das alles mit bewundernswerter Gelassenheit.

Ich habe einmal eine Geschichte aus Amerika gehört. Darin schlug eine Eselin einen Puma, der die Ziege der Familie angegriffen hatte, in die Flucht. Der Besitzer wachte mitten in der Nacht von einem fürchterlichen Lärm auf, rannte hinaus und wurde Zeuge, wie ein Puma seine Zähne in das Gesicht der Ziege grub. Der Mann brüllte den Puma an, doch den kümmerte das nicht. Da ging die Eselin der Familie auf den Puma los und schrie aus voller Kehle. Sie legte die Ohren an, fletschte die Zähne, stürzte sich auf den Puma und biss ihn ins Hinterteil.

An diesem Punkt hätte der Puma die Ziege loslassen, sich umdrehen und die Eselin angreifen können, aber er besann sich eines Besseren. Er ließ die Ziege los und verschwand auf Nimmerwiedersehen. Eine weise Entscheidung!

Wildesel leben matriarchalisch, angeführt von einer starken Eselin, die die Herde im Auge behält und für Ordnung sorgt. Ihren weiblichen Nachwuchs behält sie ein Leben lang um sich, die männlichen Eselfohlen aber jagt sie fort, sobald sie fortpflanzungsfähig sind. Die

113

Hengste gehen ihrer Wege und bilden ihre eigene Junggesellenherde, dürfen aber zur Fortpflanzung zurückkommen.

Bei uns auf dem Eselhof sind die Herden gezähmt, nicht mehr wild. Aber es ist immer noch zu beobachten, dass es die Eselin ist, die darüber entscheidet, wo die Herde grast, wann sie bei schlechtem Wetter in der Scheune Schutz sucht und wann es Zeit ist, Heu zu fressen. Mittels Körpersprache sorgt sie für Ruhe und Frieden zwischen den anderen Eseln und belohnt oder bestraft die, die es nötig haben.

Wir hatten einmal eine Eselin namens Nutmeg. Sie war eine echte Draufgängerin – stark und angriffslustig. Eines Nachts brach ein Wallach in ihre Koppel ein und belästigte sie. Nutmeg war nicht in der Stimmung, sich das gefallen zu lassen. Sie drehte sich um, schlug aus, traf ihn mit ihren beiden Hinterhufen direkt am Kiefer und warf ihn zu Boden, sodass der arme Kerl sogar bewusstlos wurde.

Es kann durchaus vorkommen, dass Esel die Grenze zur Bösartigkeit überschreiten – dabei sind schon Menschen zu Tode gekommen. Dass sie Hunde, die in ihr Revier eindringen, angreifen und töten, ist nicht ungewöhnlich. Für die Sicherheit und das Wohlergehen der Menschen ist es also unerlässlich, die Esel zu erziehen.

Die Leiteselin sammelt auch Nachzügler und Ausreißer ein. Manchmal wird ein junger Esel – oder auch ein älterer, der die Orientierung verloren hat oder stur ist – von der Herde getrennt und grast ganz allein in einem Gebüsch. Das Jungtier hat vielleicht einfach nicht mitbekommen, dass die Herde woanders hingezogen oder für die Nacht in die Scheune gegangen ist. Der Leiteselin aber entgeht nichts. Sie kehrt um, stupst das Jungtier mit den Zähnen oder ihrer muskulösen Schulter an und führt es in Sicherheit.

Meine Mutter war die Matriarchin unserer Herde und mein Fels – stark, beschützend, loyal und fürsorglich. Ihr Leben war nicht einfach. Dass sie sich neben ihren eigenen auch um unser aller Probleme kümmern musste, hatte sie robust und widerstandsfähig gemacht. Mam opferte in ihrem Leben unendlich viel für unsere Familie und für mich. Ohne ihren hingebungsvollen Einsatz hätte es unseren Eselhof nie gegeben.

Meine Mutter ist introvertiert, denkt sehr tiefgründig, ohne viel zu sagen, und zeigt ihre Gefühle in ihrer Fürsorglichkeit. Mein Vater hingegen ist extrovertiert, aufgeschlossen und kommunikativ. Dad war sozusagen das Gesicht und Mam das Rückgrat des Eselhofs.

Nur ganz selten habe ich sie weinen hören. Einmal hatte sie sich das Handgelenk gebrochen. Als sie zwei schwere Eimer Wasser tragen wollte und es nicht schaffte, setzte sie sich in ihr Zimmer und klagte: „Ich kann überhaupt nichts tun!" Aber das stimmte natürlich nicht. Sie konnte für uns da sein und uns lieben wie immer. Doch das reichte ihr nicht. Sie ertrug es nicht, zur Untätigkeit verdammt zu sein.

Mam wurde als Eileen MacCormack in dem kleinen Dorf Littleton in der Grafschaft Tipperary geboren. Sie war die Älteste von drei Mädchen und hatte noch zehn Brüder, einige älter, andere jünger als sie, sodass sie altersmäßig genau in der Mitte lag. Ihre Mutter, meine Nana, war gesundheitlich angeschlagen, sodass Mam die jüngere Hälfte ihrer Geschwister quasi allein aufziehen musste. Das bedeutete schwere körperliche Arbeit – kochen, waschen, die Kleinen füttern und wickeln und sich gleichzeitig um die Älteren kümmern.

Nana war als Adoptivkind bei ihrer Tante und ihrem Onkel aufgewachsen, unter ähnlichen Umständen wie meine Schwester Eileen: Niemand wusste, wer mein Urgroßvater war. Nana hatte Glück gehabt, in ihrer Ursprungsfamilie Aufnahme zu finden, denn unverheiratete schwangere Mädchen wurden damals oft in kirchliche „Einrichtungen" geschickt. Die jungen Mütter und ihre unehelichen Kinder wurden nicht selten missbraucht oder misshandelt.

Mams Vater war Lokomotivführer für die Zuckerfabrik im nahe gelegenen Thurles. Er arbeitete schwer in zwölf- bis vierzehnstündigen Schichten und kam erschöpft nach Hause. Zu seiner Entspannung spielte Mary, die jüngere, rothaarige Schwester meiner Mutter, ihm oft etwas auf der Fiedel vor. Sie ist musikalisch sehr begabt und kann so ziemlich jedes Instrument spielen, das man ihr in die Hand drückt. In der Schule aber hatte sie zu kämpfen und es stellte sich später heraus, dass sie eine Rechtschreibschwäche hatte. Ich konnte es ihr so gut nachfühlen!

Als Mam noch jung war, starb Philip, einer ihrer kleinen Brüder, an Scharlach. Sie erinnert sich noch an den kleinen weißen Sarg, als wäre es gestern gewesen. Auch Mam hatte sich mit Scharlach angesteckt, aber eine Nachbarin kochte ihr Pfeilwurzel, um das Fieber zu senken. Es muss geholfen haben, denn nach ein paar Wochen hatte Mam die Krankheit überstanden.

Die Familie lebte in einem kleinen Cottage auf einem halben Hektar Land mit einem großen Gemüsegarten, in dem sie Kartoffeln, Speiserüben, Kohl, Salat, Pastinaken und Zuckerrüben anbauten. Ihr Vater verdiente gerade genug, um die Familie zu ernähren, aber das Geld war so knapp, dass Mam mit zwölf Jahren die Schule verlassen musste, weil sie sich die Schulbücher nicht leisten konnten.

Ein großer Kamin hielt den Steinboden im Haus warm und diente auch als Herd. Wenn ein Topf mit irischem Eintopf an einen Metallarm – Kran genannt – über dem Feuer brodelte, erfüllte ein köstlicher Duft den Raum. An der Wand prangte stolz ein Bild des Papstes. Die Kinder mussten sich die Zähne mit Ruß putzen, den sie mit ihren Zahnbürsten innen am Kamin abgeschabt hatten. Alle meine Onkel hatten schöne weiße Zähne, also muss es funktioniert haben. „Pass auf deine Zähne auf", schärfte Mam mir immer wieder ein. „Du hast keine Entschuldigung – wir haben fließendes Wasser!"

Die Babys schliefen damals in einer richtigen Kommode, die kleineren in den oberen Schubladen, die etwas größeren weiter unten. Im Haus gab es weder Strom noch fließendes Wasser. Petroleumlampen spendeten etwas Licht, das Wasser musste von einer Pumpe draußen auf der Straße geholt werden. Mam und ihre Geschwister schleppten Tag für Tag eimerweise Wasser heran – zum Trinken, Kochen, Waschen und Befüllen der großen verzinkten Blechbadewanne vor dem Feuer. Im Sommer badete die Familie im Fluss.

Als Mam sieben oder acht Jahre alt war, musste sie schon mit ihrem Vater und ihren Geschwistern ins Torfmoor fahren, um Brennmaterial für den Kamin zu beschaffen. Stellen Sie sich vor, wie diese Kinder in einem feuchten, schlammigen Grund standen, manchmal gar in kaltem Wasser, und halfen, mit einem speziellen Spaten schwere, vor Nässe triefende Torfsoden auszustechen. Die Blöcke wurden dann aus dem Sumpf gehoben und zum Trocknen sorgfältig aufgestapelt. Später mussten sie noch einmal gedreht werden.

Die Kinder hätten eigentlich keinen Unterricht versäumen sollen, aber ihr Vater brauchte sie. Also versteckten sie sich alle unter einer Decke, wenn sie auf dem Weg ins Moor mit ihrem Eselwagen an der Schule vorbeifuhren, sodass der Rektor es nicht merkte. Keiner bedauerte es, die Schule schwänzen zu müssen. Die Lehrer und der Rektor waren unerbittlich streng und teilten schnell auch einmal Ohrfeigen aus, wenn jemand eine Frage falsch beantwortete.

Von Littleton ins Torfmoor war es ein weiter Weg – ungefähr fünfundzwanzig Kilometer – und die Arbeit dort reine Schinderei. Die Leute, die Soden ausstachen, kamen oft mit dem Eselwagen, um ihre Ernte zu transportieren. Dazu ließen sie die Hufe der Tiere absichtlich lang wachsen, bis sie sich bogen, fast wie ein Ski. Das sollte verhindern, dass sie im Schlamm einsanken, war aber für die Esel sehr schmerzhaft.

Doch das Leben war noch mehr als Arbeit. Mam und ihre Geschwister machten Seifenblasen aus Waschwasser, spielten Himmel und Hölle, Fangen, Murmeln und Hufeisenwerfen. Die Mädchen mischten auf dem Dorfsportplatz sogar mit ihren Brüdern beim Hurling mit. Mam war darin gar nicht schlecht. Tiere hatten sie auch: einen Hund namens Rex und einen Esel namens Grayback, den sie alle liebten.

Mam und die anderen Kinder lernten in Miss Wiggins' Tanzschule Stepdance. Meine Mutter tanzte hervorragend und gewann sogar einige Preise. Sie und Mary waren ganz stolz auf ihre Tanzkostüme: eine grüne Jacke mit einer Tara-Brosche an einer cremefarbenen Schärpe über der Brust und ein cremefarbener, vorne wunderschön bestickter Faltenrock.

Mit vierzehn Jahren wurde Mam als Dienstmädchen für zwei wohlhabende Brüder in dem großen georgianischen Herrenhaus *The Grove* in London eingestellt. Die Arbeit, die sie dort leisten musste, war sie schon von zu Hause gewohnt – kochen, waschen, putzen –, aber die Umgebung war reizvoller, es gab fließendes Wasser und der Lebensstandard war allgemein höher.

Freizeit war allerdings ein Fremdwort. Nur alle paar Wochen bekam Mam einen freien Abend. Im Grunde war es nichts anderes als Sklaverei und beraubte Mam ihrer Kindheit. Der Großteil ihres Verdienstes ging an ihre Familie in Irland.

Das Leben eines Dienstmädchens war längst nicht so glanzvoll und interessant, wie es in Film und Fernsehen dargestellt wird. Es war harte Arbeit. Die Schlafkammern befanden sich entweder auf einem zugigen Dachboden oder im Keller. Für Bedienstete war es tabu, unerlaubt mit den Menschen zu reden, für die sie arbeiteten. Sie mussten zur Seite weichen und den Blick abwenden, wenn sie zufällig auf der Treppe oder auf dem Flur einem Familienmitglied oder einem Gast begegneten.

Irische Dienstmädchen waren in Großbritannien sehr gefragt, weil sie reichlich vorhanden waren und die Bezahlung entsprechend bescheiden sein konnte. Im Vergleich zu schottischen und englischen Bediensteten galten sie jedoch als minderwertig, langsam, dumm und ungebildet.

Da sie ganz am Ende der Hierarchie standen, wurden Dienstmädchen oft schlecht behandelt und in vielerlei Hinsicht ausgenutzt. Stellen Sie sich ein vierzehnjähriges Mädchen aus einem kleinen irischen Dorf vor, das zwar ein Dach über dem Kopf hatte und in einer angenehmen Umgebung warmes Essen bekam (üblicherweise Reste), aber gleichzeitig einsam, schutzlos und weit weg von zu Hause leben musste. Das hielten nur die Robustesten aus. Diese Erfahrungen haben Mam stärker und zäher gemacht. Und sie hat überlebt.

Als Mary einige Jahre später vierzehn Jahre alt war, folgte sie ihrer Schwester als Dienstmädchen im selben Haushalt. Verglichen mit der stillen Eileen war Mary geradezu wild, aber die Schwestern standen sich sehr nahe und passten bei diesem neuen Abenteuer gut aufeinander auf. Mary erinnert sich noch, wie ihr Vater sich am Bahnhof in Thurles nur mit einem Handschlag von ihr verabschiedete – keine Umarmung, kein Kuss, kein „Ich liebe dich".

Während der dreimonatigen Jagdsaison zogen die Bediensteten mit der Familie nach Glenborough Lodge in Perthshire, ihr Domizil in den schottischen Highlands. Dort kam meist Wild auf den Tisch – Moorhuhn, Fasan, Gans, Rebhuhn und Hase.

Gelegentlich bekamen Mary und Mam ein paar Stunden frei und durften die Pferde der Familie reiten, zwei kräftige schwarze Kaltblüter namens Moses und Fly. Die beiden Mädchen, eine blond, die andere rothaarig, liebten diese seltenen Momente. Mit einer Brotzeit im Gepäck streiften sie auf dem Rücken der Pferde durch die Wälder, erkundeten Schluchten und Flüsse, bevor sie sich an einem fantastischen Wasserfall zu einem Picknick niederließen. Es hätte eigentlich idyllisch sein können – sein sollen! Aber in Wirklichkeit wurde auch Mary hier ihrer Kindheit beraubt.

Dad wurde in dem zweistöckigen Bruchsteinhaus in Liscarroll geboren, dem Haus, in dem meine Großmutter mir das erste Glas Sherry anbot. Damals stand es auf einem vierzehn Hektar großen Milchviehhof mit fünfundfünfzig Friesen-Kühen.

Mein Urgroßvater Patrick (Paddy) Bresnihan stammte aus Limerick. Paddy war ein kluger Mann, der sich selbst Lesen und Schreiben beibrachte. Als er alt genug war, legte er die Prüfungen für eine Laufbahn bei Scotland Yard ab, wo er bis zum Chief Inspector, etwa Kriminaloberkommissar, aufstieg. Den Hof in Liscarroll kaufte er sich als Ruhesitz. Er züchtete und trainierte Scottish Highland Terrier für Wettbewerbe – ein sehr einträgliches Geschäft – und brauchte mehr Platz für die Aufzucht der Hunde. Damals war der Hof über hundert Hektar groß und umfasste einen alten Kalkofen, die Felder und den Bach, den Hügel mit dem Felsen, den verfallenen Wachtturm und das Ringfort oberhalb der Burg.

Paddy war im Dorf eine prägende Persönlichkeit. In die Kirche ging er nur an Weihnachten, dann aber saß er in der ersten Reihe.

Das Haus ließ er aus Steinen aus der tausend Jahre alten Ruine des Klosters Ballybeg bauen, die vor langer Zeit von den Wikingern zerstört worden war. Als er am Palmsonntag 1945 starb, wurde er auf dem Knawhill-Friedhof beerdigt. Von seinem Grab aus kann man auf sein Traumhaus blicken. Ich habe seinen Schreibtisch geerbt, ein Geschenk zu seiner Pensionierung, der heute über hundert Jahre alt ist.

Zu Zeiten meines Urgroßvaters war Liscarroll ein blühendes Dorf mit einigen Tausend Einwohnern, die in den Wohn- und Geschäftshäusern entlang der Hauptstraße und in den umliegenden Anwesen und Höfen lebten. In der Blütezeit des Dorfes gab es Molkereien und Milchbauern, Bau- und Dachdeckerfirmen, Metzger, Eisenwarenhändler, Kohlenhändler, Gemeindearbeiter, Gärtner und Landarbeiter, Postmeister und Postangestellte, Schmiede, Lehrer, Bestatter, Zeitungshändler, Lastwagenfahrer, Ladenbesitzer, Friseure, Droschkenkutscher, Mechaniker, Konditoren, Wachleute, Priester und Gastwirte.

Paddy und seine Frau Julia, die aus Liscarroll stammte, hatten eine Tochter namens Eileen, die Garrett Barrett aus Mallow heiratete (der Stadt, in der ich nach einem Besuch im Pub vor der Polizei flüchtete). Mit dem Tod meines Urgroßvaters erbten Eileen und Garrett das Haus, in dem ihnen fünf Kinder geboren wurden, darunter mein Vater Paddy.

Mein Großvater Garrett war Inspektor bei der irischen Gesellschaft zur Verhütung von Tierquälerei (ISPCA) und meine Großmutter Eileen half bei der Führung des Milchviehbetriebs. Schon seit 1926 gab es dort Esel auf den Feldern und mein Großvater hatte bereits die Vision, aus dem Hof eine Rettungsstation für Tiere zu machen.

Mein Großvater war ruhig und bescheiden. Seine Kinder zu schlagen wäre ihm nie in den Sinn gekommen, zur damaligen Zeit eine Seltenheit in Irland. Er war auch sehr gläubig. Dad sah ihn oft auf Knien beten. Ich habe heute noch Großvaters Rosenkranzperlen und seine alte, abgegriffene Münze mit dem Bild des Heiligen Judas, die er auf dem Heuboden gefunden hatte. Dad schenkte sie mir zu den Abschlussprüfungen an der Highschool. Ich trug sie während meiner Zeit beim Militär und später in London wie einen Schatz in meinem Geldbeutel bei mir.

Eines Abends konnte ich sie nicht mehr finden und nahm an, sie in einem Nachtklub verloren zu haben. Wochenlang suchte ich danach, bis ich es schließlich aufgab. Dann tauchte sie eines Nachts plötzlich wieder auf, direkt auf meiner Kommode, ein wiedergefundenes Juwel. Ironischerweise ist der Heilige Judas der Schutzpatron für hoffnungslose Fälle. Noch heute trage ich seine Münze mit mir herum.

Dad, ein Rotschopf mit grünen Augen, war als Junge ein Energiebündel. Jede freie Minute verbrachte er bei den Tieren. Besonders der Esel Neddy hatte es ihm angetan und sein Hund Buddy, der ihm überallhin folgte, vor allem auf den Felsen. Dad liebte diesen Ort genauso sehr wie ich. Seine Erfahrungen mit der Schule waren ähnlich wie meine – auch er musste unzählige Schläge einstecken. Sein jüngerer Bruder Brendan sollte einmal den Hof erben. So kam es, dass Dad mit zwölf Jahren auf ein Internat geschickt wurde, um Priester zu werden – eine große Ehre für eine irische Familie.

Im Internat gab es zehn Priester; acht von ihnen waren warmherzige, freundliche, weise Lehrer, die anderen beiden wahre Tyrannen. Einer von ihnen war so brutal, dass er Dad des Öfteren zu Boden stieß und – als wäre dies noch nicht genug – heftig auf ihn eintrat.

Dad wagte es nicht, seiner Familie von den Misshandlungen zu erzählen oder sie gar zu bitten, ihn nach Hause zu holen, aus Angst, die Priester würden es ihn büßen lassen. Er trägt heute noch die emotionalen Narben der Schläge von damals. So manches Mal habe ich erlebt, wie er schreiend aus einem Albtraum erwachte. Die Erfahrungen haben aber auch seine Empathie mit misshandelten Eseln gefördert.

Dad war von diesen Erziehungsmethoden zermürbt und fühlte sich wie im Gefängnis. Gerne wäre er Farmer geworden, aber er hatte kein Land. Mit achtzehn verließ er sein Elternhaus und die grünen Hügel und Täler von Liscarroll, um in London aufs College zu gehen und Arbeit zu finden.

Eines Abends waren meine Eltern beide in dem irischen Tanzlokal *Gresham Ballroom*. Als Dad Mam erblickte und auf sie zuging, konnte er sein Glück gar nicht fassen. Das hübsche blonde Mädchen, die preisgekrönte irische Stepptänzerin, reichte ihm die Hand. Dad nahm sie und tanzte mit ihr die ganze Nacht hindurch. Noch bevor der Abend zu Ende war, hatte er sie um ihre Telefonnummer gebeten und sie bekommen.

Nach ein paar Wochen lag Dad mit einer Grippe im Bett. Seine Vermieterin begann sich schon Sorgen zu machen. „Haben Sie Angehörige?", fragte sie.

„Ich habe eine Freundin", entgegnete Dad. „Ihre Nummer ist in meiner Manteltasche."

Die Dame fand den Zettel mit Mams Telefonnummer und rief sie an. Drei Stunden später klopfte Mam mit einem Topf hausgemachter Suppe und einer Flasche Whiskey an die Tür von Dads Einzimmerwohnung. Für Dad war es Liebe auf den zweiten Blick, als Mam mit ihren strahlenden blauen Augen eintrat und einem jungen Mann, der weit weg von zu Hause lebte, auf irische Art ihre Gastfreundschaft erwies.

Mam und Dad heirateten im ganz kleinen Kreis in der *Edmonton Church* in London. Mams Bruder Eddy und Dads Bruder Gary mit seiner Frau waren gekommen. Mary bekam leider nicht einmal zur Hochzeit ihrer Schwester einen freien Tag.

Nach ein paar Jahren verschlug es Mam und Dad mit ihren vier kleinen Kindern schließlich wieder nach Liscarroll. Sie bezogen ein kleines Haus neben Dads Elternhaus, wo meine Großeltern immer noch lebten. Ich war damals ein Jahr alt.

Dad half seinem Vater in den 1980er-Jahren manchmal bei seiner Arbeit für die ISPCA. Manche Iren behandelten ihre Tiere, auch Esel, eher wie Maschinen, die man nach Lust und Laune ge- oder gar missbrauchen konnte, und nicht wie lebendige Wesen. Das war für einen empfindsamen, fürsorglichen Menschen wie meinen Dad keine leichte Arbeit. Ich kann mich noch gut erinnern, dass Dad manchmal in Tränen aufgelöst nach Hause kam – nach einer herzzerreißenden Rettungsaktion oder wenn ein Esel in einem so aussichtslosen Zustand war, dass er von seinem Leiden erlöst werden musste.

Esel stammen ursprünglich aus Nordafrika, dem Nahen Osten, Indien und Tibet, wo sie in Herden wild lebten. Einige dieser wilden Esel gibt es heute noch, aber sie sind vom Aussterben bedroht. Im Stammbaum der *Equiden* sind Esel, auf Irisch *asal*, Cousins von Zebras und Pferden. Sie wurden um 1100 nach Irland gebracht, etwa zu der Zeit, als Liscarroll Castle gebaut wurde. Ganze Legionen der sehr trittsicheren Vierbeiner dienten auf Farmen im ganzen Land als Arbeitstiere, zogen schwere Karren mit Gras, Gemüse oder Steinen und trugen Körbe oder sogar Menschen auf ihrem Rücken. Im Jahr 1914 lebten in Irland über 250 000 Esel.

Später wurde der Esel zu einem Symbol für das, was manche Menschen an Irland so lieben – für eine malerische Welt von ländlicher Schönheit mit charmanten Dörfern, reetgedeckten Cottages, glücklichen Kindern, alten Frauen an ihren Spinnrädern und einem liebenswerten Esel im Hintergrund. In Wirklichkeit waren weite Teile Irlands wegen ihrer komplizierten Geschichte verarmt. Kolonialisierung, religiöse Unterdrückung und Hungersnöte sind nur einige der Ursachen. Aber selbst als sich der Traktor immer mehr durchsetzte, wollten noch viele Leute einen Esel als Haustier haben – ohne zu wissen, wie aufwendig es ist, ihn richtig zu versorgen.

Wir wohnten gerade ein Jahr in Liscarroll, als Dad mit seinem Vater zu einem ISPCA-Einsatz fuhr. Sie untersuchten den Fall eines Farmers, der sein Vieh grausam mit Stricken gefesselt hatte. Außer sich vor Zorn ging Großvater mit einem großen Messer über das Feld, um die Kühe von ihren Fesseln zu befreien.

Auf einmal begann sein Arm stark zu zittern und er reichte meinem Vater das Messer. „Kannst du bitte weitermachen, Paddy?"

Dad nahm ihm das Messer ab und sah seinem Vater in sein bleich gewordenes Gesicht. „Geht es dir gut?", fragte er ihn.

„Es geht schon. Es geht schon", entgegnete Großvater. Aber das stimmte nicht. Im nächsten Moment sank er zu Boden. Ein Herzinfarkt nahm ihn uns im Alter von nur sechzig Jahren. Dad konnte nichts mehr für ihn tun.

Er stand noch immer unter Schock, als er nach Hause kam und uns erzählte, was passiert war. Ich war erst zwei Jahre alt und kann mich nur dunkel daran erinnern. Ich weiß nur noch, dass meine Schwester Helen verzweifelt schrie: „Mein allerbester Großvater ist tot!"

Dad erbte später von Nana den Hof in Liscarroll (seinem Bruder fiel ein anderer Hof in Killavullen zu). Mit vierunddreißig Jahren fühlte Dad sich dazu berufen, die Vision seines Vaters zu verwirklichen und eine Rettungsstation für Esel aufzubauen. Er hielt Ausschau nach Eseln, die ein Zuhause brauchten, und holte sie auf unseren Hof, um sie zu verarzten und zu versorgen. Zuerst brachte er sie in Scheunen und Schuppen auf dem Grundstück unter. Am Anfang nannten wir unseren Hof *Richard Martin Rescue Field*, nach einem irischen Politiker aus dem Jahr 1700, der sich gegen Tierquälerei stark gemacht und die RSPCA (die Königliche Gesellschaft zur Verhütung von Tierquälerei) ins Leben gerufen hatte. Er wurde als Retter der Tiere in ganz Irland bekannt.

Später gründete Dad zur Unterstützung der Arbeit seine eigene Wohltätigkeitsorganisation *The Donkey Sanctuary of Ireland*. Er verteilte Broschüren auf Messen und Reitturnieren, hielt Vorträge in Schulen und bei landwirtschaftlichen Veranstaltungen und verfasste einen regelmäßigen Rundbrief. 1987 schloss er sich mit Dr. Elisabeth Svendsen von *Donkey Sanctuary in England* zusammen.

Nach einigen Jahren wollten mehr und mehr Menschen, die den Verein großzügig unterstützten, mit eigenen Augen sehen, wo ihr Geld hinfloss. Dad machte es ihnen möglich, verzichtete jedoch auf einen Eintrittspreis. Er bat die Besucher lieber um eine Spende oder ermutigte sie, einen Esel zu adoptieren. Das sprach sich herum, sodass immer mehr Leute zu einer Führung rund um den Eselhof kamen. Dad erklärte gerne, wie Esel versorgt werden müssen, um glücklich und gesund zu bleiben. Das Tierwohl stand bei ihm an erster Stelle. Als Kinder halfen wir alle mit und zeitweise auch noch als Erwachsene. Es war ein Familienunternehmen.

Die langohrigen Neuankömmlinge auf dem Hof waren oft halb verwildert, verängstigt, verstört und standen nicht selten an der Schwelle des Todes. Ganz leise redete Mam beruhigend auf sie ein, während sie sanft ihr verfilztes Fell striegelte und ihnen sorgfältig die Mähne und den Schwanz auskämmte, was vielleicht noch nie ein Mensch getan hatte. Die Esel schienen ihr zu trauen und sich bei ihr sicher und willkommen zu fühlen. Für einen verlorenen, kranken Vierbeiner war dieses neue Zuhause ein bisher nie gekanntes Paradies.

Auch wenn Mam ihre eigenen Sorgen hatte, ging von ihr immer eine Atmosphäre der Ruhe und Gelassenheit aus, die sich auf verängstigte, kranke Esel zu übertragen schien. Was immer Mam von den Eseln wollte, sie schaffte es, sie durch sanften, fast unmerklichen Druck dazu zu bringen, ihr zu gehorchen.

So ging sie mit Aran um, mit den anderen Eseln, mit Dad, meinen Schwestern und mir. Es wirkte so leicht, dass wir gar nicht richtig merkten, was sie tat, weil sie kein Aufheben darum machte. Aber sie steuerte das Lebensschiff unserer Familie mit Umsicht, Stärke und Geschick. Sie war das Band, das uns zusammenhielt.

Mam war die eigentliche Eselflüsterin. Alles, was ich weiß, habe ich von ihr gelernt. Auch meine Schwester Helen ist mit den Eseln auf einer Wellenlänge und hat das richtige Händchen für sie.

Mam stellte auch jeden Farmarbeiter oder Stallhelfer in den Schatten. Mit unglaublicher Energie mistete sie Ställe aus, wuchtete Futtersäcke herum, lagerte Heu- und Strohballen um … und kümmerte sich obendrein noch um uns vier. Wenn sie ihre Liebe zu uns auch selten in Worten ausdrückte – sie sorgte für unser leibliches und seelisches Wohl und beschützte uns noch leidenschaftlicher als die Esel.

Im Laufe der Zeit nahmen Dad und Mam immer mehr Esel auf. Die Not war groß und die Arbeit florierte. Dad schätzt, dass sie insgesamt mehr als zehntausend Eseln das Leben gerettet haben. Als er in den Ruhestand ging und die Leitung des Eselhofs aus der Hand gab, wurde er in die *National Hall of Fame* (etwa: Ruhmeshalle) aufgenommen und für seinen einundfünfzigjährigen Einsatz zum Wohl der Esel ausgezeichnet.

Ich wünschte, ich könnte ihm und Mam einen Preis dafür verleihen, dass sie auch für ihren Wildesel von Sohn gesorgt haben. Meine Familie hat ein Vermächtnis der Fürsorge für vergessene, misshandelte oder ausgesetzte Tiere hinterlassen und auch ich habe ihre Liebe und Zuwendung erfahren und von ihrer Weisheit und Erfahrung profitiert.

Ich hatte gesehen und erlebt, wie viel Energie meine Eltern in den Eselhof gesteckt hatten. Er war unser Lebensumfeld und für uns wie ein weiteres Geschwisterkind, das all unsere Zuwendung forderte.

Die Not war überwältigend, doch ich selbst war irgendwann auf der Strecke geblieben. Ich irrte gleichsam in der Wildnis umher, wollte nicht gesehen werden und weigerte mich, die ausgestreckten Hände meiner Familie und meiner Freunde zu ergreifen. Konnte ich je wieder nach Hause zurückfinden? Da müsste schon ein Wunder geschehen.

KAPITEL ELF

Guinness der Esel

Ein Drink ist zu viel für mich und tausend sind nicht genug.
BRENDAN BEHAN

Es geht mir gut. Ich lebe noch. Was will ich mehr? Ob es den Nachwirkungen der Narkose oder meinem allgemeinen Gemütszustand geschuldet war, kann ich nicht sagen, aber ich war nicht sonderlich beeindruckt von dem, was vor dem indischen Restaurant passiert war. Ich spürte weder Freude noch Erleichterung noch Dankbarkeit, überlebt zu haben.

Die Fähigkeit, Gefühle wahrzunehmen, hatte ich völlig verloren. Wenn ich überhaupt etwas empfand, dann Verwirrung – wie war meine Mam plötzlich aufgetaucht, als ich mich verletzt hatte? Ich wusste, dass sie nicht leibhaftig da gewesen sein konnte, aber es war mir so real vorgekommen. Sie war an meiner Seite gewesen und hatte meine Hand gehalten.

Zwei Tage später wurde ich aus dem Krankenhaus entlassen. Eigentlich hätten die Ärzte mich länger behalten wollen, aber da ich direkt gegenüber wohnte, konnte ich sie überreden, mich gehen zu lassen unter der Bedingung, jeden Tag zur Wundkontrolle und zum Verbandswechsel zu kommen. Es dauerte einige Wochen, bis mein Arm verheilt war. Doch schon am Tag meiner Entlassung saß ich wieder im Pub.

Das Einzige, was mich vom Erlebnis am Schaufenster nicht mehr losließ, war der Blick in den Augen des Mannes in der Glasscheibe. Ich hatte nicht das Gefühl, dass das Spiegelbild ich selbst war – es erschien mir wie ein eigenständiges Wesen und der bloße Gedanke daran war beängstigend. Dieser Blick hatte sich in mein Gedächtnis eingebrannt – hohle Augen wie die eines wilden Tieres, schwarz wie die Nacht.

Ich bin froh, dass meine Mam nicht tatsächlich da gewesen war und diesen Blick gesehen hatte, auch wenn sie ihn vielleicht schon kannte. Es war der Blick des Todes.

Mit demselben Blick war auch einmal ein Esel zu uns auf den Hof gekommen, mit genau diesen schwarzen Augen. Er hieß Guinness. Kein Wunder, denn sein Besitzer betrieb ein florierendes Dorfpub in der Grafschaft Mayo.

Nacht für Nacht kippte der Inhaber alle angebrochenen Flaschen, Dosen und nicht ganz leer getrunkenen Gläser* in den Wassertrog des Esels. Und Nacht für Nacht trank Guinness ihn restlos leer. Ein beschwipster Esel mag sich lustig anhören, tatsächlich aber war sein Zustand sehr ernst.

Über zwanzig Jahre lang hatte der Esel jeden Tag seine gewohnte Ration an Resten bekommen. Schließlich war sein Besitzer so alt, dass er das Pub aufgeben und sich zur Ruhe setzen musste. Niemand wusste, was aus dem armen Esel werden sollte, und so landete er schließlich bei uns auf dem Eselhof.

Guinness hatte kaum die Hufe aus dem Anhänger gesetzt, da legte er ein seltsames Verhalten an den Tag. Er war nervös, zitterte, schüttelte den Kopf, stampfte auf und fühlte sich ganz offensichtlich sehr unwohl. Niemand kannte seine Geschichte, deshalb riefen wir den ehemaligen Besitzer an und erklärten die Situation. Dann wussten wir Bescheid – Guinness der Esel war chronischer Alkoholiker, der einen schweren Entzug durchmachte. Er war verloren, verstört und zornig, hatte keine Ahnung, wo er war und warum.

Der Tierarzt bescheinigte Guinness einen insgesamt guten Allgemeinzustand, aber gleich in der ersten Nacht hörten wir, wie er im Stall durchdrehte. Er schlug aus, wälzte sich und prallte immer wieder gegen die Wand. Alle befürchteten, dass er sich ernsthaft verletzen

---

* Es hat in Irland Tradition, immer einen kleinen Rest Guinness im Glas zu lassen.

könnte, sodass Dad mich anwies, Guinness' Schlafplatz besonders dick mit Stroh auszupolstern. Trotzdem machte ich mir Sorgen um ihn, wie wir alle. Ihm war der Wahnsinn an den Augen abzulesen, an diesem furchtbaren Blick – glasig, starr und dunkel. So dunkel.

Meine Schwester Helen sagte mir einmal, sie könne es mir an den Augen ablesen, wenn ich betrunken sei – mein Blick sei dann so leer, als sei ich gar nicht da.

Guinness überlebte seinen Entzug und wurde wieder gesund. Seine Augen wurden klarer und heller und er lernte, sich mit frischem, klarem Wasser zu begnügen. Wenn *er* es geschafft hatte, vielleicht würde auch für mich irgendwann die Zeit kommen. Denn es musste sich etwas ändern. Die Dämonen gewannen die Oberhand. Meine Freundin wusste nicht, wie sie mit meinem Verhalten und meinen Launen umgehen sollte, und hielt es mit mir nicht mehr aus. Ich verabscheute mich zutiefst, bereute alles, fühlte mich beschämt und nutzlos.

Da nun das Baby unterwegs war, hatten wir beide beschlossen, nach Buttevant – in die Nähe meines Heimatorts – zurückzuziehen. Für mich war dies noch einmal ein Neuanfang. Meine Familie und meine Freunde hießen mich in der Heimat wieder willkommen und ich fand auch sofort Arbeit als Lieferwagenfahrer im Raum Cork City. Wir mieteten ein Haus und ließen uns nieder. Unsere Streitigkeiten jedoch gingen weiter und es hatte sich für mich nicht allzu viel verändert, aber zumindest konnten unsere Familien uns mit dem Baby unterstützen.

Dann kam am 12. November 2004 ganz überraschend unser Sohn Darragh zur Welt – drei Monate zu früh. Er wog nicht einmal zwei Pfund und die Ärzte im Krankenhaus von Cork City waren sich nicht sicher, ob er durchkommen würde. Seine Beine waren nicht viel länger als meine Finger und durch seine Haut schimmerten Organe und Blutgefäße durch. Er wirkte so zerbrechlich.

Ich war am Boden zerstört und konnte mit den Gefühlen, die über mich hereinbrachen, gar nicht umgehen – so sehr ich auch versuchte, mich zusammenzunehmen und mir meinen Schmerz nicht anmerken zu lassen. Nach jedem Besuch im Krankenhaus machte ich auf dem Heimweg nach Liscarroll an der *St. Mary's Church* in Mallow halt, zündete eine Kerze an, ging in der letzten Reihe auf die Knie und flehte zu Gott.

„Was ist nur los, Gott?", schrie ich mit tränenüberströmtem Gesicht. „Warum hast du mir so viel Zerstörung in den Weg gelegt?" Erst Anita, dann der Unfall im Libanon am Valentinstag, und nun Darragh. „Bitte! Hilf mir!" Mit mir selbst völlig am Ende, streckte ich mich nach Gott aus, weil ich nichts mehr anderes tun konnte.

Ich war lange stark gewesen, nun aber war ich endgültig zerbrochen. Ich hatte genug. Mein Leben war ein einziger Albtraum voller Schrecken, Fieber, Wahnvorstellungen, Halluzinationen, ständigen Blackouts, Wut und Verzweiflung. So konnte es nicht weitergehen. Ich wollte leben. Für Darragh.

Fast jeden Abend besuchte ich nun die Kirche und auf einmal spürte ich beim Beten etwas Neues. Ein Kribbeln im Herzen, ähnlich wie damals, als Aran auf der Insel meinen Blick erwidert hatte. Mir war, als würde ganz tief in mir ein kleiner Lichtstrahl das Dunkel durchbrechen.

„Gott, bist du da?"

Ich war mir nicht so sicher, aber vielleicht hörte Gott *tatsächlich* mein verzweifeltes Flehen. Denn Darragh überlebte. Weihnachten konnten wir ihn mit nach Hause nehmen. Als ich mit ihm auf dem Arm durch die Krankenhauspforte trat, wurden wir draußen von einer Blechbläser-Band empfangen, die Weihnachtslieder spielte. Darragh erwachte davon und fing an zu weinen – wer konnte es ihm verübeln. Für ein solch winziges Baby war es eine unsanfte, laute erste Begegnung mit der Welt draußen.

Schon bald jedoch glitt ich allmählich wieder in die Dunkelheit ab und trug mich mit Selbstmordgedanken, wie damals, als ich aus der Armee ausgetreten war. Ich war ja doch für nichts und niemanden nütze. Diesmal hatte ich sogar schon einen Plan.

Auf dem Weg hinauf zum Felsen stand auf halber Höhe über dem Haus meiner Großmutter noch immer die mächtige alte Eiche. Meine Schwester Eileen und ich hatten als Kinder dort stundenlang gespielt, waren unter ihrem Blätterdach herumgerannt und manchmal hinaufgeklettert. Dad hatte für jeden von uns eine Schaukel aus Stricken aufgehängt, mit einem Brett, auf dem man sitzen konnte. Wir schaukelten weit hinaus über die Wiese, drehten uns auf der Schaukel im Kreis, bis uns schwindelig wurde, oder stießen in der Mitte zusammen und versuchten uns gegenseitig herunterzukicken.

Sitze hatten die Schaukeln schon lange nicht mehr, die Stricke aber baumelten noch im irischen Wind. Dort konnte ich mich aufhängen, mit Blick über die Felder, die ich so liebte, und dem Felsen über mir. In einer Nacht war ich kurz davor, meinen Plan in die Tat umzusetzen. Ich weiß noch, wie eine kalte Brise das Seil umherblies. Da hing es, bereit, meinem Schmerz ein Ende zu setzen.

Eines aber hielt mich zurück: Darragh. Er war erst ein paar Monate alt. Er und meine Familie würden durch die Hölle gehen, wenn sie mich fänden. Das konnte ich ihnen nicht antun. Ich wollte nicht, dass mein Sohn später erfahren würde, was ich getan hatte, und hatte Angst, dass er in diesem Wissen meinen Schmerz würde tragen müssen.

Sechs Monate später erlebte meine Schwester Debbie mich in meiner schlimmsten Phase. Nach einer Dosis Ecstasy fand sie mich im Hinterhof vor, völlig außer mir. Sie zerrte mich ins Auto und fuhr lange ziellos mit mir umher. „Mein Bruder ist nicht mehr da", schrie sie. „Du bist schon so gut wie tot. Du musst dir irgendwo Hilfe suchen!"

Um meiner Familie und ganz besonders um Darraghs willen erklärte ich mich schließlich bereit, in ein Zentrum für Drogen- und Alkoholtherapie zu gehen. Mir war klar: Wenn das nichts brächte, würde ich meinen Darragh nicht aufwachsen sehen. Ihm war ich es schuldig, zumindest einen Versuch zu machen. Ich war müde ... so unendlich müde, und war mir nicht sicher, ob ich noch kämpfen konnte. Die Dunkelheit in mir hatte die Oberhand gewonnen. Aber vielleicht würde ich dort doch Hilfe erfahren.

Die Behandlung sollte fünf Wochen dauern – eine beängstigende Perspektive. Jeder befürchtete, dass ich nicht durchhalten würde.

Am Tag bevor ich die Therapie antreten sollte, ging ich mit meinem guten Freund Alan noch ein letztes Mal auf Sauftour. Unsere erste Station war das *OK Corral* in Buttevant. Dort war an diesem Tag etwas geboten. Im Nachbarhaus wurde gerade der Spielfilm *The Wind That Shakes the Barley* gedreht, ein eindrucksvolles historisches Drama über den irischen Unabhängigkeitskrieg und den Bürgerkrieg in den 1920er-Jahren. Dad hatte der Filmgesellschaft eine Eselin namens Lucky Lady geliehen, die ihre Rolle wie ein Filmstar spielte. Alan und ich meldeten uns als Komparsen. Von uns sah man nur die Beine, und das war gut so, weil wir schon betrunken zum Dreh kamen.

An diesem Tag ließ ich mich noch einmal so richtig volllaufen, vor lauter Aufregung, was mich am nächsten Tag im Therapiezentrum wohl erwartete. Ich wollte Darragh nicht verlassen, und der Gedanke, wochenlang irgendwo weggesperrt zu sein und Gott weiß was zu tun, behagte mir gar nicht. Wie sollte mein Körper ohne den Alkohol auskommen?

Nach einer Weile fuhren wir nach Mallow ins nächste Pub. Tief in mir hatte ich das Gefühl, an einem Scheideweg zu stehen. Wenn ich dem Trinken tatsächlich für den Rest meines Lebens abschwören sollte, dann musste ich diesen letzten Tag gebührend auskosten, bevor man mich in eine Zwangsjacke stecken würde. Diese Absicht hatte ich, aber es ging mir dabei alles andere als gut. Wir fuhren an der Kirche vorbei, suchten uns einen Parkplatz und schlenderten ins Pub.

Als wir vor unserem ersten Glas saßen, hatte ich einen Geistesblitz. „Alan, Irland ist nichts mehr für mich. Es ist das reinste Chaos."

Alan nickte zustimmend und bestellte sich noch einen Drink.

„Ich habe eine Idee. Komm, wir verschwinden von hier und fahren nach England. Heute noch. Nur fort von dieser gottverlassenen Insel, egal wohin. Vielleicht könnten wir auch bei der französischen Fremdenlegion anheuern."

Ich zog mein Handy aus der Tasche, suchte die Nummer der Fahrplanauskunft des Busbahnhofs in Cork City und tippte sie ein.

„Ich hab aber nur sechzig Pfund im Geldbeutel", murmelte Alan. *Moment*, dachte ich. *Vielleicht sollte ich doch erst mal schauen, wie viel ich habe.* Ich brach den Anruf ab und zog meinen Geldbeutel heraus. Zwanzig Pfund. Damit würde ich nicht weit kommen, aber ich war noch nicht bereit aufzugeben. Ich hatte Angst und wollte nur noch davonlaufen, Baby hin oder her. *Irgendeinen Weg muss es geben.*

Noch einmal zog ich mein Handy heraus und beschloss, bei meiner Bank meinen Kontostand abzufragen. Ich wählte und tippte nach Aufforderung meine Kontonummer ein. Leider stand mein Konto bei null. „Das ändert aber nichts an meinem Plan, Alan", beharrte ich und bestellte mir das nächste Glas. Ein paar Mädchen hinter uns erhoben sich zum Gehen. Sie machten einen glücklichen Eindruck, als sie sich umarmten und ihre Sachen zusammenpackten. *So möchte ich mich auch noch einmal fühlen.*

Dann kam mir noch eine andere Idee. *Vielleicht kann ich mein Konto überziehen,* dachte ich. *Einen Versuch ist es wert. Was habe ich schon zu verlieren?*

Ich stand von meinem Barhocker auf und zog mich in eine ruhige Ecke zurück. Dort rief ich noch einmal bei der Bank an in der Hoffnung, eine Art Darlehen gewährt zu bekommen. Während ich neben einer großen tropischen Topfpflanze stand, wartete ich darauf, mit jemandem aus der Kreditabteilung verbunden zu werden.

Die Mädchen waren mittlerweile gegangen und es war ruhig geworden im Pub. Aus dem Augenwinkel heraus sah ich hinter dem Blumentopf etwas liegen. Mit dem Handy am Ohr bückte ich mich und sah genauer hin. Es war eine kleine Damenhandtasche. *Was?!*

Mein Herz begann schneller zu schlagen, so betäubt es auch war. Hatte Gott meine Gebete erhört?

Ich sah mich um, aber niemand schien nach der Tasche zu suchen. Gehörte sie vielleicht einem der Mädchen? Ich steckte mein Handy ein, griff noch in derselben Bewegung nach der Tasche, drückte sie an mich, schnappte mir einen Stuhl und stellte ihn so, dass ich mit dem Rücken zum Raum saß. Dann drehte ich die Handtasche um und kippte den Inhalt auf meinen Schoß. Ein dickes Bündel Bargeld fiel heraus.

Das Herz schlug mir bis zum Hals. Ich blickte auf lachsfarbene Banknoten, geschätzt tausend Euro.

Mit diesem Geld kann ich abhauen und ganz neu anfangen. Das ist meine Chance. Danke, Gott!

Im Handumdrehen ließ ich das Geld in meiner Hosentasche verschwinden, schob die Handtasche noch ein wenig weiter hinter die Pflanze, stand auf und setzte mich wieder zu Alan an die Bar. Als ich nach meinem Glas griff, hatte ich das Gefühl, mein Kopf würde gleich explodieren. „Ich glaub es nicht", murmelte ich.

Alan sah mich fragend an.

Ich saß da, um Ruhe bemüht, und überlegte, was ich mit dem Geld alles anfangen könnte. Es war wie ein Geschenk, wie ein Schatz im Acker. So etwas hatte ich noch nie erlebt. *Das muss eine Art Zeichen sein.*

Keine fünf Minuten später kam ein Mädchen völlig aufgelöst hereingestürmt. „Wo ist meine Handtasche? Ich kann sie nicht finden. Ich habe meine Handtasche verloren", rief sie verzweifelt, schoss hektisch herum und schaute unter Tische und Stühle. „Ich weiß genau, dass ich sie hier vergessen habe. Haben Sie sie vielleicht gesehen?", fragte sie die Barista.

Ich saß da und beobachtete das Mädchen scheinbar völlig unbeteiligt. Sie suchte wie eine Wahnsinnige. Nun kam sie zu uns herüber und fragte über unsere Schulter. „Habt ihr vielleicht was gesehen?"

„Äh, nein." Ich schüttelte mit einem bedauernden Lächeln den Kopf. „Tut mir leid."

Die Barista kam hinter der Theke hervor und half ihr suchen. Als auch sie die Tasche nicht finden konnte, brach das Mädchen in Tränen aus, lief auf die Toilette und schlug die Tür hinter sich zu.

Erleichtert steckte ich meine Hand in die Hosentasche und griff nach den Scheinen.

Ich war noch einmal davongekommen. Sicher würde sie gehen, wenn sie sich auf der Toilette beruhigt hatte. Sie hatte den ganzen Raum abgesucht und jeden gefragt. Wenn sie weg war, würde ich noch ein paar Minuten warten, mein Glas austrinken, aufstehen und mich seelenruhig davonmachen.

Niemand würde es je erfahren.

KAPITEL ZWÖLF

Zufluchtsort

*Genauso nämlich, wie der Körper ohne den Geist ein toter Körper ist,
ist auch der Glaube ohne Taten ein toter Glaube.*

Jakobus 2,26

Die Minuten verstrichen. Ich sah das Mädchen nicht. Entweder war sie irgendwo auf einem Flur oder immer noch auf der Toilette. Sie schien auch niemanden im Pub zu verdächtigen. Ihre Freundinnen wussten nicht, was passiert war. Auch die Barista nicht. Niemand wusste es.

Außer mir.

Als ich gerade im Begriff war aufzustehen, um mich aus dem Staub zu machen, hielt etwas in mir plötzlich inne wie ein sturer alter Esel. Wenn ein Esel sich weigert weiterzugehen, dann ist nicht viel zu machen. Esel sind schon immer dafür bekannt, sich auf ihr Hinterteil zu setzen, wenn sie etwas nicht wollen. Da hilft dann nur Geduld.

So vollgepumpt mit Alkohol ich auch war, aus irgendeinem Grund hatte ich einen klaren Moment. *Was mache ich da? Mit Geld, das mir nicht gehört, einfach zur Tür rausgehen?* Ich war dazu erzogen worden, das Eigentum anderer zu achten, und in diesem Moment regte sich mein Gewissen – zumindest ein wenig.

Doch ich hatte auch Angst. Ich stellte mir den Augenblick vor, in dem ich mit dem Geld auf die Straße treten und fortlaufen würde. Nichts wie weg von hier und dem verzweifelten Mädchen! *Aber was dann? Soll ich zum Busbahnhof gehen und die Fahrkarte nach London kaufen? Oder gar noch weiter?* Ich würde den kleinen Darragh zurücklassen. Das konnte ich nicht tun.

135

Und wenn die Therapie nun tatsächlich funktionieren würde? Ich war nicht gerade zuversichtlich, meinen Kampf gegen den Alkohol zu gewinnen. Aber gab es denn eine Alternative?

All diese Gedanken kreisten in meinem Kopf; am Ende dachte ich nur noch: *Ich kann das nicht machen. Das bin ich nicht.*

Dann hörte ich draußen auf dem Flur ihre Stimme – untröstlich. Diesmal drang sie bis zu mir durch. Verstohlen sah ich mich um, holte die Handtasche hinter dem Blumentopf hervor und stopfte das Geld wieder hinein. Ich ging hinaus auf den Flur und hielt dem Mädchen, das mit einer Freundin am anderen Ende stand, die Tasche entgegen.

„Wo hast du sie denn gefunden?", fragte sie, die Augen vor Erstaunen weit aufgerissen.

„Hinter dem Blumentopf. Da hast du nicht geschaut", log ich. „Hier hast du deine Tasche wieder", sagte ich und kehrte zu meinem Platz neben Alan an der Bar zurück. Kurz darauf kam das Mädchen herüber und gab uns beiden einen Drink aus.

„Meine Firma hat mir tausend Euro Bonus gezahlt", erzählte sie erleichtert. „Ich fliege nach Australien." Sie lächelte und setzte sich zu uns. Es war, gelinde gesagt, peinlich. *Ahnte sie etwas?*

Letztlich war es eine Zitterpartie gewesen. Wäre ich aufgeflogen, wäre es böse ausgegangen. Doch wenn nicht, wäre es sogar noch schlimmer gewesen. Ich hätte Irland erneut den Rücken gekehrt, wäre vor meiner Familie davongelaufen und hätte – gar nicht auszudenken – den kleinen Darragh verlassen.

Noch einmal fiel mir die Geschichte von der Versuchung Jesu in der Wüste ein. Vielleicht hatte Gott mich auf die Probe gestellt.

Es gab Zeiten, in denen ich mich wie ein trotziges Kind im Körper eines Mannes fühlte. Vielleicht war ich das sogar. Ich hatte so früh im Leben mit dem Trinken angefangen und manchmal kam es mir so vor, als sei ich emotional noch auf der Stufe eines Halbwüchsigen. Meine Selbstwahrnehmung war unterentwickelt. Ich wusste eigentlich nicht, wer ich war – oder wer ich im nüchternen Zustand wäre. Verantwortung war mir ein Fremdwort und doch musste ich lernen, Verantwortung zu übernehmen, zumindest für meinen Sohn.

Morgen war ein neuer Tag und der Beginn eines neuen Lebens, das war meine Hoffnung. Ich hatte eine wichtige Entscheidung getroffen – bei Darragh zu bleiben und eine eigene Familie zu gründen. *Es ist Zeit, erwachsen zu werden, Patrick.*

Am nächsten Tag schloss ich Darragh in meine Arme und küsste ihn, bevor ich zu meinem mehrwöchigen Therapieprogramm in die Grafschaft Tipperary aufbrach. Die Einrichtung nannte sich *Aiseiri*, was so viel bedeutet wie *Auferstehung*.

Nur meine engste Familie kannte mein Ziel. Mein Chef muss sich gefragt haben, wohin ich so plötzlich verschwunden war. Es war ein großes Geheimnis, das natürlich in einem solch kleinen Dorf schwer zu hüten war, doch die Iren sind es gewohnt, Geheimnisse zu bewahren.

Um ehrlich zu sein, habe ich nur noch verschwommene Erinnerungen an die Therapiezeit. Während des ärztlich überwachten Entzugs war in der ersten Woche an Schlaf nicht zu denken. Ich schaute dann aus dem Fenster meiner Nasszelle in den Nachthimmel, auf den Mond und die Sterne, die ich auch schon von meinem Felsen oder weit weg von hier im Libanon betrachtet hatte, und sang dabei Mams Lieblingslied „Galtee Mountain Boy".

Ich hatte Einzel- und Gruppentherapiesitzungen und manchmal spürte ich dort tatsächlich Gottes Gegenwart. Die Arbeit der Therapeuten faszinierte mich.

Nach Abschluss des Programms kehrte ich nach Liscarroll zurück. Mit sechsundzwanzig Jahren war ich zum ersten Mal seit meiner Kindheit trocken. So vieles war mir in meinem kurzen Leben schon widerfahren und so vieles musste sich ändern, musste heil werden. Ich weiß noch, wie ich in meinem Elternhaus im Bett lag und geradezu durchflutet wurde von einem Meer von Gedanken und Emotionen, die ich bisher mit Alkohol betäubt hatte. Körper, Seele, Herz und Sinne, alles musste gesund werden. Ich fühlte mich ein wenig verloren. *Was soll ich denn tun? Was ist der Sinn meines Lebens?*

Ich brauchte ein Lebensziel, das über Ehe und Familie hinausging. Denn ich hatte gemerkt, dass das Vatersein allein nicht von Zauberhand alle meine Probleme löste. Es musste noch mehr geben. Nun, da ich zum ersten Mal spürte, wie es sich anfühlte, nüchtern zu sein, wollte ich nicht mehr nur dahinvegetieren. Ich wollte leben.

Wie aus dem Nichts schoss mir ein Gedanke durch den Kopf. *Ich glaube, es würde mir gefallen, anderen Menschen zu helfen. Ich möchte Therapeut werden.* Hätte ich es laut ausgesprochen, hätten es die Leute für einen Scherz gehalten, so kaputt, wie ich noch immer war. Ich hatte keine Ahnung, wie es je dazu kommen sollte, denn ich hatte weder Geld noch wusste ich, wohin ich mich hätte wenden sollen. Dass ich ein unterstützendes Umfeld brauchte, war mir inzwischen klar – Weglaufen hatte mir nicht gutgetan –, deshalb hoffte ich, noch eine Weile im Dorf bleiben zu können.

Dad erbarmte sich und bot mir an, wieder auf dem Eselhof zu arbeiten, nachdem Dr. Svendsen in England ihr Okay gegeben hatte. Ein Vorstellungsgespräch war nicht nötig. „Ihre Familie liegt mir am Herzen wie meine Familie", sagte sie zu Dad. „Wir müssen gut auf Ihren Sohn aufpassen."

Es war ein Werk der Barmherzigkeit, weil niemand sonst mich eingestellt hätte. Ich war nicht vermittelbar, genau wie der verlorene Sohn, der beschlossen hatte, seiner Familie den Rücken zu kehren und jede Gelegenheit zu ergreifen, die sich ihm bot. In der biblischen Geschichte wird der rebellische Sohn weder mit Zorn überschüttet noch beschämt. Nein, sein Vater nimmt ihn mit offenen Armen auf und gibt ein Fest für ihn. Verdient hatte er einen solchen Empfang in keiner Weise. Doch die Liebe seines Vaters war so groß, dass er ihn nicht abweisen konnte. Als er seinen verlorenen Sohn kommen sah, lief er ihm sogar entgegen.

Mit seinem Angebot, auf dem Hof zu arbeiten, hieß Dad mich wieder im Schoß der Familie willkommen und ließ mich teilhaben an seinem Lebenswerk. So wie Mam und Dad ihre Arme und ihre Herzen für gebrochene Esel öffneten, nahmen sie auch ihren gebrochenen Sohn wieder auf. Mittlerweile wusste ganz Liscarroll Bescheid.

Dad war klar, dass ich noch einmal ganz von vorne beginnen musste, so wie unsere langohrigen Neuankömmlinge. Die schwere körperliche Arbeit draußen bei den Tieren würde mir guttun und mich fordern. Ich stand im Mittelpunkt einer Rettungsaktion – nur dass ich diesmal selbst der Esel war.

Wenn ein geretteter Esel bei uns eintraf, wurde er zuerst vom Tierarzt untersucht, wobei ein besonderes Augenmerk den Hufen galt. Manche Esel kamen mit überwachsenen Hufen. Hufe können so lang werden, dass sie sich einrollen und weiterwachsen, bis sie schließlich nach vorne anstatt nach hinten zeigen und wie Aladinschuhe aus *Tausendundeine Nacht* in die Luft stehen. Dieser Zustand ist für das Tier äußerst schmerzhaft. Manchmal legt sich der Esel dann hin und weigert sich aufzustehen, da er nur noch unter höllischen Schmerzen laufen kann. Bleibende Schäden an Knochen, Gelenken und Sehnen sind möglich.

Nach der Untersuchung der Hufe wurde ein gesunder, individueller Ernährungsplan festgelegt und der Esel bekam frisches Wasser. Anschließend erfolgte eine gründliche Fellpflege. Verfilzte Stellen im Fell, in der Mähne und im Schwanz wurden sorgfältig ausgebürstet, Fremdkörper und Parasiten entfernt. Manche Esel mussten auch geschoren werden, wenn das Fell zu lang, zu stark verheddert oder von Parasiten überwuchert war. Alle neuen Esel wurden sechs Wochen lang isoliert und während dieser Zeit umfassend vom Tierarzt betreut.

Schließlich begannen wir mit der Sozialisation. Dazu stimulierten wir durch leichtes Kratzen bestimmte Druckpunkte an Rücken, Hals und hinter den Ohren, um die Tiere an Menschen zu gewöhnen, bevor wir sie mit anderen Eseln zusammenbrachten und in eine Herde einführten.

Die meisten Esel können bei entsprechender Pflege schnell gesund werden. Ich hoffte, das würde auch bei mir so sein. Mam und Dad hatten den Eselhof als Zufluchtsort für verlorene und verletzte Esel eröffnet. Auch ich war eine verlorene Seele, die einen Zufluchtsort brauchte.

Ich konnte mich in den Eingewöhnungsprozess der Esel gut einfühlen – wie sie war ich neu auf dem Hof, kaputt, isoliert, und hatte gute Beobachtung und Behandlung nötig, um ganz gesund werden zu können.

Jedes Mal, wenn ich bei meiner Arbeit an der Eiche mit den Stricken vorbeikam, schauderte mich. *Nicht heute.*

Etwa sechs Monate nach meiner Rückkehr war ich mit Helen auf dem Hof, als eine Eselin mit überwachsenen Hufen zu uns kam. Nach der Untersuchung war ich überzeugt, dass die Krankheit bei dem armen Tier schon viel zu weit fortgeschritten war. Es war das Beste, es von seinem Leiden zu erlösen. Nachdem der Tierarzt ihr die Spritze gegeben hatte, ließen wir die Eselin bei ihrem Gefährten zurück, um ihm Zeit zum Trauern zu geben.

Als wir eine halbe Stunde später zurückkamen und in den Stall spähten, packte der andere Esel die tote Eselin gerade am Hals, versuchte sie hochzuziehen und auf die Füße zu stellen. Es war so herzzerreißend, diese hingebungsvolle Trauer zu beobachten, dass eine Flut von Emotionen über mich hereinbrach. Ich fühlte so sehr mit der armen Eselin und ihrem Gefährten mit, der den Verlust verarbeiten musste, dass ich selbst von Trauer überwältigt wurde und zu weinen begann. Nachdem ich meine Gefühle so lange mit Alkohol und Drogen betäubt hatte, kam es mir vor wie ein Erwachen. Ich erlebte wieder ganz normale menschliche Regungen, wie mit Aran vor vielen Jahren.

Von ganzem Herzen wünschte ich, meine Geschichte hätte an dieser Stelle ein Happy End gefunden und ich wäre mit einem Esel an der Seite in den grünen Hügel von Liscarroll froh meines Weges gezogen, über mir am Himmel ein großer, schöner irischer Regenbogen. Aber ich war kein kleines Kind mehr, mit Aran, der mir Gesellschaft leistete, und Mam, die dafür sorgte, dass mir nichts fehlte. Leider endete das Märchen anders. Und der Regenbogen verschwand irgendwo weit oben in den Gewitterwolken.

Ein knappes Jahr später wurde ich rückfällig. Ich arbeitete zwar noch auf dem Eselhof und versuchte mich um Darraghs willen zusammenzunehmen, aber die ungesunden Muster brachen wieder durch. Das selbstzerstörerische Dasein, das ich so viele Jahre gefristet hatte, war mir noch immer viel vertrauter als ein Leben in Abstinenz. Meine Beziehung ging zu Bruch, ich fuhr Autos zu Schrott und landete vor Gericht. Es war, als würde das Leben, das ich glaubte, hinter mir gelassen zu haben, als ich die Handtasche zurückgegeben und mich auf die Therapie eingelassen hatte, wie ein schlechter Film noch einmal ablaufen.

Nun hatte ich eine neue Freundin und auch sie wurde schwanger. Patrick, mein zweiter Sohn, wurde fünf Jahre nach Darragh am 6. September im selben Krankenhaus in Cork City geboren. Zu meinem Entsetzen hatte der kleine Patrick bei seiner Geburt keinen Herzschlag und atmete nicht. Die Ärzte schafften es zwar, ihn wiederzubeleben, warnten uns jedoch vor möglichen bleibenden Schäden. Ich war außer mir.

Genau wie damals nach Darraghs Geburt fuhr ich jeden Tag nach der Arbeit auf dem Eselhof ins Krankenhaus, besuchte den Kleinen und machte auf dem Heimweg an der Kirche in Mallow halt. Am Haupteingang zündete ich eine Kerze an, bevor ich in der letzten Reihe auf Knien für Patrick betete, diesmal noch eindringlicher. Gott hatte meine Gebete für Darragh erhört, vielleicht würde er die für den kleinen Patrick auch erhören.

„Gott, bist du da? Gibt es dich wirklich? Patrick braucht deine Hilfe."

Für mich selbst betete ich nicht, denn ich war fest davon überzeugt, keine Hilfe verdient zu haben. Ich hatte meine Chance verspielt; hatte in der Therapie und der Nachbetreuung Hilfe erfahren und wieder alles vermasselt.

Für Patrick aber *konnte* ich beten, und das tat ich mit Leidenschaft. Ich liebte meine beiden Jungs mehr als alles auf der Welt und wusste, dass ich mein Leben ordnen musste, um meiner Vaterrolle gerecht zu werden. Bei jedem Gebet schwor ich, ein besserer Vater und ein besserer Mann zu werden. Ich wollte meine Kinder lieben und mich selbst geliebt fühlen.

Da fiel mir wieder ein, dass sich damals, als ich für Darragh betete, etwas in mir geregt hatte, als würde ein winziger Lichtstrahl in meine zerbrochene Seele dringen. Dasselbe Gefühl erhoffte ich mir nun in meiner Fürbitte für Patrick.

So chaotisch und durcheinander mein Leben auch war, ich hatte eine neue Gewohnheit angenommen – ich wandte mich an Gott und bat ihn um Hilfe. Zwar betete ich nur dann so flehentlich, wenn ich verzweifelt war, aber es war ein neues, positives Muster für mich, und ich war sehr erleichtert, als Patrick endlich nach Hause durfte.

Meine PTBS hatte sich seit meiner Rückkehr nach Irland nicht wesentlich verbessert. Unberechenbare Ängste, Beklemmungsgefühle, Depressionen und Verfolgungswahn bestimmten mein Leben und ich wusste nicht, wie ich damit umgehen sollte. Als auch meine Beziehung zu Patricks Mutter ins Wanken geriet, war mir, als würde ich wieder in völligem Dunkel versinken. Traumatische Erinnerungen liefen wie in einer Endlosschleife in meinem Kopf ab. Die Traumata, die ich erlebt hatte, lebten noch immer in mir und hinderten mich daran, weiterzugehen und zu lernen, Verantwortung zu übernehmen und einen Sinn in meinem Leben zu finden.

Einmal konnte ich nachts nicht schlafen, ging hinaus auf den Treppenabsatz und lief stundenlang auf und ab. Ich war nicht betrunken, nur abwesend und ziellos. Das winzige Licht in mir drohte von der Dunkelheit verschlungen zu werden. Ich hatte das Gefühl, dass mein Ende nahte, wenn ich auch nicht wusste, wie oder wann. Trotzdem versuchte ich, weiter zu arbeiten, eine gewisse Routine aufrechtzuerhalten und für meine beiden Jungs da zu sein. Bei allem Bemühen konnte ich nicht verhindern, dass auch meine Beziehung zu Patricks Mutter vollends zerbrach. Wieder war ich allein.

Nach zwei gescheiterten Beziehungen befürchtete ich, nie eine Familie zu haben, und fühlte mich als Versager auf der ganzen Linie. Was mochten die Leute nur von mir denken? Wie sollte es weitergehen?

In dem Wunsch, etwas Neues auszuprobieren, ging ich nach Dublin und versuchte mich als Stand-up-Comedian. Meine Eselrufe waren der Höhepunkt meines Bühnenprogramms, aber ich erzählte auch ganz alltägliche Geschichten aus meinem Leben, vom Militär und den Eseln. Den Leuten schien es zu gefallen und ich hatte die Lacher auf meiner Seite, auch wenn mein Humor schwarz war und meine Bitterkeit durchklang.

Was für eine Ironie, als Komiker andere glücklich zu machen, ohne selbst das Glück zu kennen. Noch immer spielte ich den nach Beifall heischenden Clown.

Etwas Gutes hatte die Sache aber doch. Das Erzählen zwang mich, auf meine Lebensreise zurückzuschauen. Wobei …, wenn ich es mir so recht überlege, war ich auf der Bühne meistens betrunken und das Publikum hat wohl mindestens so viel über mein Gebaren gelacht wie über meine eigentlichen Witze und Geschichten.

Die nächsten Jahre vergingen wie in einem Nebel. Immer noch steckte ich in den alten, ungesunden Verhaltensmustern fest. Mam, Dad und meine Schwestern sprangen manchmal in die Bresche und kümmerten sich um meine Jungs, während ich im Pub saß und trank. Ich war mit ein paar jungen Männern aus dem Dorf in eine Wohngemeinschaft in der Nachbarschaft gezogen und es dauerte gar nicht lange, bis sich Dorfbewohner über unser Verhalten zu beschweren begannen. Noch immer arbeitete ich auf dem Eselhof mit, war mir aber nicht so sicher, wie lange ich zwischen Sucht und PTBS noch durchhalten konnte.

Als Darragh sieben und Patrick zwei Jahre alt war, fuhren Dad und Mam zu Verwandten nach Cardiff, Wales, in den Urlaub. Dort erlitt mein Vater einen schweren Herzinfarkt. In dem Wissen, wie ernst es um ihn stand – immerhin war sein eigener Vater auf dem Feld tot umgefallen –, reisten meine Schwester Debbie und ich über die Irische See, um mit Mam zusammen bei ihm sein zu können.

Dad hatte Glück gehabt, dass das Krankenhaus direkt neben dem Hotel lag, in dem es passiert war. Es war eine Notoperation am Herzen erforderlich. Ich hatte starke Zweifel, ob sie gut ausgehen würde, und verbrachte wie immer die ganze Nacht im Pub. Am Morgen bekam ich einen Anruf, dass Dads Zustand kritisch sei. Nach der Operation hatte sein Herzschlag ausgesetzt und er hatte wiederbelebt werden müssen. Die Prognose war düster.

Debbie war inzwischen schon wieder nach Hause gefahren, aber Mam, Helen, die mittlerweile auch gekommen war, und ich eilten an jenem Morgen gegen 6.30 Uhr ins Krankenhaus. Im Auto stritt ich mich mit ihnen. Betrunken und verkatert schlug ich zornig aufs Lenkrad ein. Als wir ankamen, konnte ich mich zu meiner Schande nicht einmal dazu durchringen, zu Dad ins Krankenzimmer zu gehen. Ich war kein guter Sohn gewesen, allzu oft war ich in meiner Wut heftig mit ihm aneinandergeraten. Bei aller Angst, ihn zu verlieren, konnte ich ihm nicht in die Augen sehen, weil ich in meinem Leben nichts richtig gemacht hatte. Ich floh aus dem Krankenhaus und wartete im Auto, während Mam und Helen bei ihm blieben.

In einem mehrwöchigen Krankenhausaufenthalt erholte sich Dad allmählich wieder – er hatte eine Nahtoderfahrung gemacht und sagte, Gott habe ihn wieder zurück ins Leben geholt. Mir aber stand weiter mein Versagen vor Augen. Ich hatte ihn in seiner dunkelsten Stunde im Stich gelassen. Dieses Gefühl würde ich nie vergessen. Hätte Dad nicht überlebt, hätte ich mich nicht einmal gebührend von ihm verabschiedet.

Als es Dad besser ging, kamen meine Eltern aus Wales zurück nach Hause auf den Eselhof.

Für mich aber hatte die Nahtoderfahrung meines Vaters etwas verändert. Wenn Dad eine zweite Chance bekommen hatte, vielleicht würde es auch für mich eine zweite Chance geben. Wenn ich jetzt keine Hilfe in Anspruch nahm, war ich bald vollkommen am Ende.

Ich hatte genug. Ich konnte weder meinen Verstand noch mein Herz zähmen. All mein Versagen, alles Schlimme, was mir je widerfahren war, verfolgte mich unablässig.

Eines Nachts ging ich aus der Hintertür hinaus und lief über die feuchten, dunklen Wiesen des Eselhofs. Es war kalt, aber die Wolken hatten sich verzogen und die Sterne funkelten in Gruppen und Strömen am tiefschwarzen Nachthimmel. Ich betrachtete sie einen Augenblick, dann versank ich wieder in meine Gedanken und die Sterne verblassten.

Beim Vorbeigehen hörte ich die Esel in der Scheune mampfen. Die abendliche Fütterungszeit war längst vorbei, aber sie standen knietief in frischem, sauberem Stroh, das ich ein paar Stunden zuvor eingestreut hatte, und kauten in der Stille der Nacht mit ihren Artgenossen genüsslich vor sich hin.

In diesem Moment wünschte ich mir, Aran oder Timmy bei mir zu haben, doch ich wusste, dass ich das, was ich mir vorgenommen hatte, allein tun musste. Tat ich es nicht, gab es für mich keine Hoffnung mehr. Ich stieg den Hügel hinauf wie damals jeden Tag vor der Schule. Diesmal versuchte ich, die alte Eiche rechts am Weg bewusst zu ignorieren. Als ich eine Reihe von Sträuchern hinter mir gelassen hatte, stand ich auf dem freien Feld oben auf dem Hügel.

Vor Jahren hatte Dad den Felsen abgezäunt und einen Bereich für die Esel geschaffen, mit einem Fußweg außen herum für Besucher. Ich ging zuerst ein Stück nach rechts am Zaun entlang und folgte dann dem Rundweg nach links. Den Felsen zu meiner Linken und die Burg unter mir zu meiner Rechten konnte ich zwar nicht sehen, aber ich wusste, dass sie da waren. Ich sah sie vor meinem inneren Auge.

Mein Atem wurde beim Gehen immer schneller. Wieder begannen Angst und Schmerz von mir Besitz zu ergreifen, selbst hier an meinem Lieblingsplatz, dem für mich heiligsten Ort der Welt. Wenn ich hier keinen Frieden finden konnte, wo dann? Meine Gedanken, Träume, Erinnerungen und Gefühle wirbelten in mir herum wie ein Rudel kämpfender Wölfe und ich spürte, wie der Druck in meinem Kopf stärker wurde.

Am Ende des Wegs blieb ich stehen, beugte mich vor und stützte meine Hände auf den Zaun. Mein Kopf sank nach unten. Ich sah nur noch den Boden vor mir, der sich zu heben und wie eine eisige schwarze Wolke in Körper und Seele zu dringen schien. Ich schloss die Augen und umklammerte das Geländer.

„Ich brauche Hilfe."

Mit dem Rücken zum Felsen stehend, unter mir die alte Burg, holte ich tief Luft und hauchte noch einmal die Worte: „Ich brauche Hilfe!"

Dann schrie ich laut. Mein Hilferuf galt nicht mehr nur mir selbst, sondern ich rief nach einem anderen. Es musste Gott sein.

„Bist du da, Gott? Ich brauche Hilfe. Bitte lass mich dich erkennen!"

Mein Herz und meine Seele, alles, was in mir noch irgendwie lebendig war, erhob hier unter dem Sternenhimmel still seine Stimme.

„Wenn du da bist, dann hilf mir! Lange halte ich das nicht mehr aus."

Ich wusste nicht, ob mich irgendjemand hörte, aber es war schon ein Stück Erleichterung, es hinauszuschreien. Selbst die Sterne sahen ein wenig heller aus, als ich schließlich die Augen aufschlug.

Zur selben Zeit saß am Fuße des Hügels eine Frau betend auf einer Steinmauer. Unter demselben Sternenhimmel betete sie für ihren künftigen Ehemann. Sie wusste nicht, wer er war, nur dass er irgendwo dort draußen sein musste.

Uns trennten keine zweihundert Meter; keiner wusste von der Gegenwart des anderen, doch Gott sah und hörte uns. Er war bereits am Werk.

KAPITEL DREIZEHN

Wenn Esel reden

Gottes Hilfe ist näher als die Tür.
IRISCHES SPRICHWORT

In Irland Landwirtschaft zu betreiben, kann für ältere Menschen eine große Herausforderung sein. Wenn ein Farmer nicht mehr so gut auf den Beinen ist, kann es zur Tortur werden, die steilen Hügel hinaufzusteigen und seine Arbeit zu tun, besonders bei schlechtem Wetter.

So erging es auch Pat, dessen Land an den Eselhof angrenzt, nach einer Knieoperation. Er hatte einen lebhaften Schäferhund mit einem blauen und einem grünen Auge, der beim Schafehüten Gold wert war. Aber selbst mit dessen Hilfe war es für Pat zu viel, so kurz nach der Operation seine Schafe über die Hügel zu treiben.

Als ich an einem Werktag gerade oben auf unserem Hügel war, sah ich Pat auf seiner Schafweide. Der alte Farmer fuhr mit dem Auto langsam, aber zielbewusst über die Wiese hinter seinen Schafen her. Das alleine war schon ein kurioser Anblick, aber als ich genauer hinsah, bemerkte ich etwas, was ich noch nie zuvor gesehen hatte. Pats Hund saß auf dem Beifahrersitz, streckte seinen zotteligen Kopf aus dem Autofenster und ließ die Zunge aus dem Maul hängen. Er machte sich einen Spaß daraus, die Schafe geruhsam vom Auto aus zu beobachten und hin und wieder zu bellen.

Ich musste zugeben, dass Pat den Wagen meisterhaft beherrschte. Scheinbar mühelos lenkte er ihn in Schleifen die Hügel hinauf und wieder hinunter. Die Schafe schienen die neue Situation genau zu erfassen und fügten sich widerstandslos.

Manchmal sehen Führung und Leitung anders aus, als man erwarten würde. Auch wenn die Schafe sicherlich nicht damit gerechnet hatten, von einem Auto zusammengetrieben zu werden, wussten sie offenbar trotz dieses unkonventionellen Verfahrens genau, was der Schäfer und sein Hund von ihnen erwarteten.

Auch ich lernte diese Lektion. Hilfe, Führung, Ermutigung und Leitung kamen für mich von unerwarteter Seite. Es passierte etwas hinter den Kulissen, schob die Dunkelheit allmählich beiseite und ließ ein paar winzige Lichtstrahlen durch. Ich musste auf meiner Lebensreise lernen, für diese göttliche Führung offen zu sein und auf die Weisheit anderer zu hören, die den Weg kannten.

Bileams Esel ist ein gutes Beispiel für Weisheit. Wem würde es in den Sinn kommen, ausgerechnet von einem Esel Wegweisung und Sicherheit zu erwarten? Mir jedoch leuchtete es ein. Schon als Kind hatte ich auf Esel gehört und sie auf mich.

Mam hatte uns die biblische Geschichte von Bileam vorgelesen, einem Mann, der im Auftrag anderer Segen und Fluch auf bestimmte Menschen legen sollte. Zwei Stammesoberhäupter wollten das Volk Israel verfluchen. Sie wiesen Bileam an, einen seiner Flüche über das Volk auszusprechen. In der Nacht zuvor warnte Gott Bileam im Traum: „Geh nicht hin … Du sollst dieses Volk nicht verfluchen, denn es ist gesegnet." Man sollte meinen, dass Bileam darauf gehört hätte. Aber weit gefehlt. Der in Aussicht gestellte Lohn war zu verlockend.

Ich kann mich gut in Bileam wiederfinden. Wie oft schon hatten Menschen, denen ich am Herzen lag, mich ermahnt, auf mich aufzupassen, und ich hatte nicht gehört?

Als Bileam sich aufmachte, den Fluch zu verkünden, geschah etwas sehr Seltsames. Die Eselin, auf der er ritt, blieb plötzlich mitten auf der Straße stehen. Denn sie nahm etwas wahr, wofür Bileam keinen Blick hatte: Der Engel des Herrn hatte sich ihnen mit einem mächtigen Schwert in den Weg gestellt.

Die Eselin sah, was passieren würde, also verhielt sie sich wie jeder weise Esel in einer solchen Situation. Sie ging durch und rannte auf ein Feld. Voller Zorn schlug Bileam sie mit seinem Stock, packte die Zügel und zerrte sie zurück auf die Straße.

Die Eselin blickte auf und sah, dass der Engel nicht mehr da war. Als Bileam aufsaß, setzte sie sich in Bewegung. Doch schon nach wenigen Minuten wurde die Straße, die wie in Irland rechts und links von Steinmauern gesäumt war, schmaler. Und wieder stellte sich der Engel mitten in den Weg. Die Eselin hatte aber keine Lust, weitere Schläge einzustecken. Deshalb versuchte sie sich im Trab zwischen dem Engel und der Mauer hindurchzuzwängen. Für sie allein hätte der Platz gereicht, aber nicht mit Bileam auf dem Rücken. Beim ersten Anlauf stieß sein Fuß gegen die Mauer. Da machte sie noch einen zweiten.

Bileam war zornig und sein Fuß schmerzte so sehr, dass er wieder auf die Eselin eindrosch und sie vorwärtstrieb. Sie waren noch ein wenig weitergezogen, als der Engel zum dritten Mal vor der Eselin erschien. Diesmal gab es keinen Weg an ihm vorbei, sodass die Eselin schließlich aufgab, ihre Beine unter sich zusammenrollte und sich samt Bileam im Sattel hinlegte. Noch einmal schlug er sie voller Wut.

Nun konnte die Eselin nicht mehr schweigen. Mit Gottes Hilfe sagte sie: „Was habe ich dir getan, dass du mich dreimal geschlagen hast?"

„Deinetwegen stehe ich wie ein Narr da", brüllte Bileam, der über ihr stand. „Hätte ich ein Schwert, würde ich dich auf der Stelle umbringen."

„Aber ich bin doch die Eselin, die dich schon dein ganzes Leben lang treu getragen hat", entgegnete sie. „Habe ich denn je zuvor so etwas getan?"

Bileam schüttelte betreten den Kopf. Da öffnete ihm Gott die Augen und er sah einen Engel mit gezogenem Schwert vor sich stehen. Bileam neigte sein Haupt und fiel mit dem Gesicht zur Erde.

Nun ergriff der Engel das Wort. „Warum hast du deine Eselin geschlagen? Schau, ich habe mich dir in den Weg gestellt, weil du mir in deiner Sturheit widerstanden hast. Die Eselin hat mich jedes Mal gesehen und hat gescheut; sonst hätte ich dich sicherlich umgebracht ... und die Eselin verschont."[3]

Es war ein Weckruf für Bileam, einen Mann, den Macht und Geld so blind gemacht hatten, dass er die Stimme Gottes nicht mehr hören wollte. Auch die leisen Hinweise seiner Eselin hatte er nicht wahrgenommen.

Diese eindrucksvolle Geschichte beschreibt eine Eselin, die mehr sehen konnte als der für seine prophetischen Kräfte bekannte Mann. Ihm war der Blick verstellt. Bileam wurde dafür geschätzt, mit Worten segnen und fluchen zu können, aber er musste sich ausgerechnet von seiner Eselin belehren lassen, diesem in seinen Augen dummen Tier, das nicht wusste, was es tat, und schon gar nicht sprechen konnte.

Am Ende lernte dieser vermeintlich so gelehrte und gebildete Mann von seiner Eselin, wie wichtig es ist, genau hinzusehen, hinzuhören und aufzumerken auf die, die dazu gesandt sind, uns den Weg zu weisen, uns zu helfen und für uns zu sorgen, ob in Esel- oder Menschengestalt.

Auch ich hatte in dieser Richtung viel zu lernen. Ich blendete die Ratschläge aus meinem Umfeld aus und ging meinen eigenen Weg. Wie Bileam meinte ich zu wissen, was ich tat, und hatte mich dabei als ein größerer Versager erwiesen als jeder Esel. Und ich wusste, dass auch auf mich irgendwo ein Schwert wartete.

Als nach meiner Beziehung zu Darraghs Mam auch die zu Patricks Mutter gescheitert war, stand ich wieder einmal allein da. Ich verrichtete meine Arbeit auf dem Eselhof, so gut ich konnte, kümmerte mich um meine Jungs, wenn ich sie hatte, und versuchte zu verhindern, durch meine Alkoholsucht unser aller Leben zu ruinieren.

In den nächsten Monaten tobte ein heftiger Kampf in mir. Ich hatte Gott um Hilfe gebeten und ein Teil von mir sehnte sich danach. Aber noch immer trank ich an den Wochenenden, auch wenn ich meine Söhne bei mir hatte. Manchmal passte Mam dann auf sie auf oder Helen sprang ein.

Wo meine Jungs gerade waren oder was sie taten, bekam ich gar nicht mit. Denn nach mehr als nur ein paar Pints im Pub tauchte ich erst irgendwann mitten in der Nacht bei Mam und Dad auf und schlief im Wohnzimmer auf dem Sofa meinen Rausch aus, während das Leben um mich herum weiterging. Helen erzählte mir später, dass sie ihre Kinder aus dem Wohnzimmer ferngehalten habe, wenn ich dort war – nicht, weil sie mich nicht stören wollte, sondern weil ihre Kinder mich nicht so sehen sollten.

Im September desselben Jahres traf ich an einem schönen Sonntagmorgen vor dem *Philip Egan's* Pub Mary, die Mutter meines Freundes Sean Murphy. Ich war bereits sehr betrunken.

„Mary, ich würde gerne Therapeut werden wie Sie", sagte ich.

Sie lächelte und schien über meine Worte nicht einmal überrascht zu sein. „Reden wir morgen noch mal darüber."

Mary hielt ihr Versprechen und kam am nächsten Tag mit einem Faltblatt über ein Programm der Organisation *Flatstone Institute* vorbei. Ich nahm all meinen Mut zusammen und meldete mich zu einem Kurs mit dem Titel „Schritte auf meiner Reise" an. Es ging um Persönlichkeitsentwicklung.

Der Kurs war der erste Schritt vor einer vierjährigen Psychotherapieausbildung. So seltsam es sich anhören mag – ich träumte noch immer davon, Therapeut zu werden. Auch wenn ich mein eigenes Leben nicht in den Griff bekam, hielt ich an meinem unerfüllten Traum fest: Ich wollte lernen, anderen zu helfen.

Gleichzeitig aber zweifelte ich immer wieder daran, ob ich dem gewachsen wäre. Ich hatte mich nach meiner Anmeldung nicht mehr wie vereinbart gemeldet. Schließlich rief Marie Stuart, eine der Kursleiterinnen, selbst an und fragte, ob ich noch immer teilnehmen wolle.

„Ich geh auf keinen Kurs. Mein Dad hatte einen Herzinfarkt und wäre fast gestorben." Das war nicht gelogen, auch wenn es nun schon einige Monate zurücklag.

„Hm, Patrick, vielleicht ist es dann gerade der richtige Zeitpunkt für den Kurs", entgegnete sie. An ihrem Tonfall und ihrer Art zu reden merkte ich, dass ich ihr nicht egal war. Sie hörte mir zu, während ich ihr zu erklären versuchte, warum ich nicht kommen könne.

„Ich halte den Platz für Sie frei, für den Fall, dass Sie doch noch teilnehmen möchten", sagte sie nachdrücklich, bevor sie sich verabschiedete.

Ein paar Tage später rief ich sie an und sagte ihr, dass ich dabei wäre. Ich wünschte mir eine bessere Beziehung zu meinem Vater und hoffte, dass der Kurs mir dabei helfen könnte. Es wurden darin Strategien und Rahmenbedingungen für persönliches Wachstum, Zielsetzung, Selbstdisziplin und persönliche Weiterentwicklung vermittelt.

„Ich habe den Platz für Sie freigehalten", freute sie sich.

Mit meinen dreiunddreißig Jahren war ich in vielerlei Hinsicht noch immer ein unreifer Junge. Ich musste lernen, erwachsen zu werden und für mich selbst zu sorgen, sonst konnte ich auch nicht für meine zwei Jungs sorgen. In vielen Bereichen meines Lebens kämpfte ich noch immer und hoffte, dass mich der Kurs ein Stück weiterbringen und meinem kühnen Traum, Therapeut zu werden, einen Schritt näherbringen würde.

Marie sah nicht wie eine typische Nonne aus. Sie war eine Frau mit einer starken Ausstrahlung und gehörte zu den Barmherzigen Schwestern. In diesem Orden hatte sie eine hohe Stellung inne, trug aber keine Tracht, sondern normale Kleidung, hatte kurze, silbergraue Haare und besonders ausdrucksvolle Augen, als könne sie ihrem Gegenüber in die Seele blicken. Dennoch lächelte sie viel. Sie wirkte bescheiden, geradlinig und unkompliziert.

Alle drei Kursleiter – Alan Davis, Ann Parfrey und Marie – empfand ich von Anfang an als großartig. Alan war sehr nett und aufgeschlossen. Ann meinte bei unserer ersten Wochenendklausur, ich würde einen guten Therapeuten abgeben. Und Marie? Ihr Einfluss war unermesslich.

Das Wochenprogramm war gut gefüllt; wir kamen morgens erst zusammen, dann teilten wir uns in Gesprächsgruppen zu je vier Teilnehmern auf, bevor wir uns noch einmal im Plenum trafen. Dass ich durchhielt, verdanke ich wohl Marie – sie hatte etwas an sich, was mir das Gefühl vermittelte, dort am richtigen Platz zu sein. Zwischen uns entstand schnell eine Verbindung. Es war, als wüsste sie alles über mich, obwohl das eigentlich gar nicht sein konnte. Sie schien mich als ganzen Menschen zu sehen, sowohl das, was vor Augen war, als auch meine dunklen, verborgenen Seiten.

Während ich in jenem Herbst am Kurs teilnahm, boten mir Mam und Dad an, wieder bei ihnen einzuziehen, um Geld zu sparen. Meine Arbeit auf dem Eselhof lief nicht gut. Ich war häufig abwesend oder kam zu spät, was mein Verhältnis zu meinem Vorgesetzten stark auf die Probe stellte. Auch die gesparte Miete änderte nichts an meinen Geldsorgen. Ich wusste nicht einmal, ob ich Darragh und Patrick etwas zu Weihnachten schenken konnte.

In einer besonders schlimmen Woche im November fuhr ich an einem Sonntagabend gequält von innerer Unruhe von meinem Elternhaus in einen Nachtklub in Mallow, vorbei an der Kirche, in der ich für meine beiden Söhne gebetet hatte. Nach ein paar Stunden im Klub ging ich eine Tür weiter ins *Olde Fiddle*, wo zwei Schwestern aus dem Dorf arbeiteten, Evelyn und Joanne O'Donovan. Dort war es gemütlich und vertraut und ich blieb bis morgens um sechs. Nach dem letzten Glas ging ich noch einmal auf die Toilette, bevor ich mich im Pub verabschieden wollte.

Als mein Blick in der Verglasung einer Tür auf mein Spiegelbild fiel, ging mir plötzlich ein merkwürdiger Gedanke durch den Sinn. *Nein, ich kann das nicht mehr machen.*

An diesem Wochenende hatten mein Versagen und meine Scham wieder schwer auf mir gelastet. Ich konnte die düstere Stimmung nicht abschütteln und spürte, dass es an der Zeit war, mich noch einmal freiwillig in eine Klinik zu begeben. Ich wurde einfach nicht mehr ruhig und konnte der Spirale der Angst nicht mehr entkommen. Früher oder später würden diese Gedanken mich erdrücken. Meine Tage waren gezählt, da war ich mir ganz sicher.

Nimmt das denn nie ein Ende? Werde ich wahnsinnig?

Mitte der Woche bekam ich eine Nachricht von meinem disziplinarischen Vorgesetzten am Eselhof, der mich für den nächsten Tag zu einem Gespräch einlud. Nach zweimaliger Verwarnung wegen Nicht-erscheinens war das Maß für ihn voll.

Dieses dritte Mal war ein unmissverständlicher Weckruf für mich. Würde ich meine Arbeit verlieren? Ich wollte nicht, dass Mam und Dad davon erfuhren, denn es war äußerst demütigend, dass ich für die Arbeit auf dem Hof, den meine Eltern gegründet hatten, untauglich war. Das war so ziemlich das Schlimmste, was passieren konnte. Eine andere Stelle würde ich niemals finden und ich hatte auch keinen Plan, was ich sonst tun sollte. Es fühlte sich an wie das Ende des Weges.

Zufälligerweise hatte ich gerade an diesem Abend in Cork City ein Gruppentreffen mit Marie und den anderen. Auf dem Weg dorthin kreisten meine Gedanken. *Warum bin ich so? Warum bekomme ich mein Leben nicht in den Griff?* Ich konnte nur noch daran denken, wie verkorkst alles war und was mir beim Gespräch am nächsten Tag wohl bevorstand. Es schien für mich keinen Ausweg mehr zu geben. Ich war nicht nur finanziell am Ende, sondern auch emotional ein gebrochener Mann. Beinahe panisch betrat ich den Kursraum, setzte mich und wippte nervös mit einem Bein.

Marie begrüßte uns und leitete das Treffen ein. Wir waren sechzehn Teilnehmer. Alle paar Minuten blickte ich auf die Wanduhr. *Wie soll ich das bloß überstehen?* Die Gedankenspirale drehte sich immer schneller und ich konnte mich nicht konzentrieren. Marie hätte genauso gut Russisch sprechen können. Schließlich hielt ich es nicht mehr länger aus, sprang auf und stürzte zur Tür. *Ich muss hier raus!*

„Paddy, alles in Ordnung mit Ihnen?", fragte Marie mit besorgtem Blick.

„Nicht so wirklich, Marie. Mir reicht es jetzt. Ich bin für diesen Kurs nicht gemacht." Ich hatte meine Hand schon auf der Türklinke und drückte sie so fest, dass mir die Metallkanten in die Handfläche schnitten. Der Schmerz half mir, ihre Worte zu erfassen.

„Also gut, Paddy", sagte sie bedauernd. „Es war schön, Sie kennenzulernen. Ich wünsche Ihnen alles Gute für Ihre Zukunft."

Einen Moment lang war ich wie erstarrt. *Was ist los?* Dann hörte ich noch einmal Maries Stimme.

„Paddy, wo sind Sie?"

„In Cork."

„Nein. Wo sind Sie?"

„Ich bin in Cork." Ich ließ die Klinke los. Meine Hand fiel schlaff herunter. Ich holte tief Luft und ließ ganz langsam den Atem ausströmen. *Ich verstehe das nicht. Was fragt sie da? Was will sie denn von mir?*

„Nein. Wo *sind* Sie?"

Ich wandte mich zu ihr und der Gruppe um. Maries Stimme schien mich gleichsam zu durchdringen. Ich spürte ihre Geduld und ihre Liebe. Es war dasselbe Kribbeln, das ich früher bei Aran und später in der Kirche in Mallow beim Gebet für meine Jungs empfunden hatte. Doch es fiel mir schwer, diese Art seelischer Verbindung zu einem Menschen aus Fleisch und Blut anzunehmen, noch dazu zu einer Frau der Kirche, die ich nicht einmal richtig kannte. Das war ich nicht gewohnt und es verwirrte mich. *Warum sollte ihr etwas an mir gelegen sein, wo sie mich doch kaum kennt? Was weiß sie schon von all dem, was ich getan habe, oder von der Dunkelheit in mir?*

Und doch glaube ich wirklich, dass ich ihr nicht egal war. Irgendwie blickte sie mir in die Seele, sah all meinen Schmerz, meine Hoffnungslosigkeit, meine Scham. Sie sah mich so, wie ich wirklich war – als jemanden, der vorgab, stark zu sein, und doch in Wirklichkeit tief verwundet war von den Verletzungen, die sich über so viele Jahre angestaut hatten.

Ich fühlte mich wieder wie ein kleiner Junge, der kleine Junge, den Aran auf der Insel sah. Meine Festungen bröckelten und ich begann erst leise zu weinen, dann hemmungslos zu schluchzen. Meine Beine gaben nach und ich brach zusammen. Da lag ich nun in all meiner Verlorenheit und Einsamkeit, die mich schon so lange quälten.

Dann hörte ich Schritte.

KAPITEL VIERZEHN

Tiny Tinsel

Die Reise zu Gott ist zu Ende. Die Reise mit Gott beginnt!
WORTE EINES MUSLIMISCHEN GEFLÜCHTETEN

Marie beugte sich über mich und berührte mich sanft an der Schulter, ein fühlbares Zeichen ihrer Güte. Sie sah mich, sie wusste, was mit mir los war, und ich war ihr dennoch nicht egal.

Ihre Berührung durchbrach den Nebel meiner Gedanken und ich streckte die Hand nach ihr aus. Sie hob mich auf (fragen Sie mich nicht, wie eine ältere, grauhaarige Nonne es schaffte, mich hochzuziehen, aber so war es) und ging mit mir in die Mitte des Raums. Ich hatte keine Ahnung, was nun geschehen würde, aber sie schien es zu wissen und ich vertraute ihr.

Marie versammelte die ganze Gruppe um mich und stellte sich vor mich. „Schließen Sie die Augen, Paddy." Die anderen legten ihre Hände auf meinen Rücken und meine Schultern.

Ich war ganz still und empfand Frieden. Als hätte ich den Punkt erreicht, an dem es kein Zurück mehr gab, als liege alles, was ich je getan hatte oder woran ich je beteiligt war, schon hinter mir. Es fühlte sich in diesem Moment richtig an und ich ließ mich darauf ein zu vertrauen … ein ganz neues Gefühl für mich.

Dann begann Marie, Worte der Wahrheit, Güte und Liebe zu sprechen, aus der Tiefe eines Menschen, der zu Gott gehörte und aus seiner Weisheit und Macht schöpfte. Sie flossen aus ihr heraus wie ein stiller, sanfter Strom, der mich umspülte und mich umgab.

Ich wünschte, ich könnte mich noch erinnern, was sie genau sagte. Ich wünschte, ich hätte eine Aufnahme oder ihre Worte aufgeschrieben, um sie nochmals lesen zu können. Aber vielleicht spielt das keine

156

Rolle. Entscheidend war die Art, wie Marie mit mir redete, wie sie mich hielt, wie sie mich nicht aufgab.

Sie sieht mich. Sie sieht mich tatsächlich so, wie ich bin.

„Marie, ich bin zerbrochen. Ich bin völlig zerbrochen!", schrie ich heraus.

„Durch die Risse kann Licht hineinfallen", sagte Marie.

Ich war verwirrt und wusste nicht, was ich von alldem halten sollte. Vielleicht war es das Beste, überhaupt nichts zu denken, nur einfach mein Herz zu öffnen, meinen Geist loszulassen und das Geschenk zu empfangen.

Mir kam es so vor, als sei der Raum mit einer seltsamen, fast heiligen Energie aufgeladen. Als sei Gott selbst durch Maries Hände, ihre Stimme und ihren Geist eingetreten, als befinde ich mich auf heiligem Boden.

Als ich in dem Moment mitten im Raum stand, Marie und die anderen um mich herum, erwachte etwas in mir. Seelische Vorgänge sind schwer in Worte zu fassen. Ich kann es nur so beschreiben: Etwas in mir wurde aufgebrochen und befreit. Eine Last wurde von mir genommen und ich konnte wieder aufstehen.

Da fast mein ganzes Leben vom Trinken bestimmt gewesen war, hatte ich alle meine Gefühle an einem dunklen Ort vergraben. Ich war wie ein Korken, der in eine Flasche mit einer trüben Flüssigkeit getaucht war, gefangen und festgehalten in der Dunkelheit, wo ich weder sehen noch atmen noch herauskommen konnte.

Auf einmal war ich befreit und tauchte an die Oberfläche. Es war wie ein neuer Anfang, als hätte ich neue Augen bekommen. Zum ersten Mal war ich erwacht, konnte aufblicken und das Licht sehen.

Das war am 24. November 2012. Ich betrachte diesen Tag als meinen zweiten Geburtstag, da mein Leben noch einmal von vorne begann.

Und das Glas, das ich ein paar Tage zuvor im *Olde Fiddle* getrunken hatte? Es war das letzte meines Lebens gewesen.

Am nächsten Tag war ich völlig erschöpft. Aber ich empfand seltsamerweise auch Frieden.

Das Treffen mit meinem disziplinarischen Vorgesetzten vom Eselhof stand nun an. Ich wollte offen und ehrlich sein, aber es war mir klar, dass es nicht einfach werden würde. An diesem Morgen hatte ich ein Gebet gesprochen, das mir ein neues Vertrauen gegeben hatte. Alles Weitere lag nun in Gottes Hand.

Als der Gesprächstermin begann, tat ich etwas sehr Ungewöhnliches. Anstatt darauf zu warten, befragt zu werden und mich verteidigen zu müssen, beschloss ich, selbst die Initiative zu ergreifen, und bat ums erste Wort. Ich wollte mit meiner eigenen Stimme sprechen.

„Bevor es losgeht, muss ich Ihnen etwas sagen. Ich möchte ganz ehrlich zu Ihnen sein. Ich habe vieles falsch gemacht und weiß, dass ich viele Menschen enttäuscht habe. Das tut mir sehr leid und ich möchte für mein Verhalten um Verzeihung bitten." Dann holte ich langsam Luft und sprach es aus: „Ich habe ein Problem mit Alkohol." Ich hielt inne, blickte meinem Vorgesetzten in die Augen und wartete auf seine Reaktion.

Stille.

Er wirkte erschüttert. Noch nie zuvor hatte ich so mit ihm gesprochen. Zum ersten Mal, seit ich denken konnte, hatte ich mich demütig gezeigt. Er ließ mich einfach reden. Der ebenfalls anwesende Protokollant schrieb nun nicht mehr mit, sondern hörte nur noch verwundert zu.

„Ich kann Ihnen nur eines versichern", fuhr ich fort. „Ich liebe Tiere. Ich liebe die Arbeit hier. Dies ist mein Zuhause. Ich möchte hier nicht weg."

Zum ersten Mal war ich in einer beruflichen Situation vollkommen ehrlich gewesen – keine Geschichten, keine Übertreibung, kein

Versuch, mich in ein gutes Licht zu rücken. Ich räumte meine Fehler ein, wartete ab, was als Nächstes passieren würde, und legte mich und meine Arbeit in Gottes Hand.

So richtig konnte keiner von uns begreifen, was in dem Moment in diesem Raum geschah. Ich spürte eine ganz reale Kraft, die nicht aus mir selbst kam. Und genau wie Marie hörten diese Männer mir zu. Sie hörten mir wirklich zu!

Nach dem Gespräch machte ich mich auf zum Felsen. Alles wirkte verändert, neu, heller. Ich staunte über das Grün der Wiesen, die Grautöne der Wolken, das gescheckte Fell der Esel, die um mich her weideten, als sähe ich das alles zum ersten Mal. Als ich oben war und den Rundweg um den Felsen einschlug, war ich überwältigt. Die Welt erschien mir so frisch und rein und schön, wie ich sie noch nie erlebt hatte, zumindest nicht mehr, seit ich ein kleiner Junge gewesen war. Sogar der Felsen wirkte klarer, seine Kanten schärfer.

Wie lange war ich von alldem weg? Wie lange war ich blind?

Am Ende des Wegs hielt ich inne und lehnte mich an den Zaun, an derselben Stelle, an der ich zu Gott um Hilfe geschrien hatte. Ich beobachtete, wie die Sonne hinter den Hügeln unterging und den Himmel in glühende Farben tauchte.

Danke!

Nach einer Stunde rief mich mein Vorgesetzter an und teilte mir seine Entscheidung mit. Er würde mir noch eine Chance geben! Aber er ließ keinen Zweifel daran: „Das war die allerletzte Verwarnung." Jetzt war es an mir zuzuhören und mein Herz klopfte heftig. Ich bekam noch eine Chance!

Etwa zwei Wochen nach meinem letzten Glas wollte ich mich bei meinen Eltern ins Auto setzen, um Helen, Tim und ihre beiden Töchter Sarah und Gemma zu besuchen.

Darragh machte sich gerade fertig, ins Bett zu gehen. Ich erzählte ihm, dass ich zu Tante Helen fahren würde. Sein Blick sagte mir, dass er mir nicht glaubte, aber ich beließ es dabei. Doch als ich ins Auto stieg, stand mir Darraghs Gesichtsausdruck immer noch vor Augen. *Was mache ich da?* Eilig stieg ich wieder aus und ging hinein. Mein Sohn lag auf der Seite im Bett und starrte mit leerem Blick die Wand an.

„Alles okay mit dir, Darragh? Willst du mitkommen zu Tante Helen?"

„Ja!" Er sprang aus dem Bett in meine Arme. Ich holte seine Jacke und legte sie ihm um – er war im Schlafanzug –, dann gingen wir hinaus und setzten uns ins Auto.

„Alles gut, Darragh?" Ich ließ den Motor an und steuerte den Wagen aus der Einfahrt.

„Ja, Daddy, alles gut."

„Im Bett hast du ein bisschen geknickt ausgesehen."

„Hm, ich dachte, du triffst dich heute Abend mit deinen Freunden." Seine Stimme war ruhig. „Dann hätte ich dich das ganze Wochenende nicht gesehen, weil du krank auf dem Sofa gelegen hättest."

Seine Worte gaben meinem Herzen einen Stich und mir lief es eiskalt den Rücken hinunter. Dieselbe schwarze Wolke, die mich in der Nacht auf dem Felsen umhüllt hatte, als ich meinem Leben ein Ende setzen wollte, war einen Moment lang hier im Auto. Tränen stiegen mir in die Augen und meine Kehle war wie zugeschnürt, aber ich wollte es nicht zeigen. Ich wollte Darragh keine Angst machen.

Als wir wenige Minuten später vor Helens Haus hielten, erwartete sie uns schon an der Haustür. Darragh stieg aus und lief in ihre Arme, dann ging er hinein; ich aber blieb im Auto sitzen. Helen sah mich fragend an. Dann aber schloss sie mit der Intuition einer Schwester die Tür und ließ mich in Ruhe.

Ich begann zu weinen, zehn oder fünfzehn Minuten lang. Noch nicht einmal das Licht hatte ich ausgeschaltet. Zum ersten Mal begriff ich, was meine Trinkerei mit Darragh gemacht hatte. Mir war, als zerrisse es mir das Herz, als mir bewusst wurde, was für ein Vater ich die ganze Zeit gewesen war. Ich sah mich so, wie ich war, doch so wollte ich nicht mehr sein.

Die vielen Male, in denen ich bei Darragh und Patrick versagt hatte, standen mir vor Augen: Ich hatte mehrere Jobs, mein Haus und die Mütter meiner Jungs verloren. Wenn ich im Pub gewesen war, wusste ich, dass sie bei Mam nach mir gefragt hatten, und nun wusste ich auch, was sie ihnen erzählt hatte: „Er ist mit Freunden weg."

Ich war immer nur mit halbem Herzen für meine Jungs da gewesen; zu Hause und doch nicht zu Hause. Das musste sich ändern. Sie sollten nie mehr das Gefühl haben, ich würde sie nicht sehen, nicht hören, nicht für sie sorgen.

Ein Gespräch mit Marie fiel mir ein.

„Was bedeutet Verantwortung für Sie?", hatte sie mich gefragt.

„Ich weiß es nicht, Marie."

„Die Fähigkeit zu reagieren, Paddy. Wie werden Sie jetzt auf das reagieren, was ich Ihnen sage?" Marie hatte mir in die Augen gesehen, als blicke sie mir direkt ins Herz.

Wie würde ich auf Darragh, Patrick und ihr Bedürfnis nach einem gesunden, präsenten Vater reagieren, der sie von ganzem Herzen liebte? Oder noch schlimmer: Als ich über Darraghs Worte nachdachte, fragte ich mich: *Wenn Darragh heute nicht mit mir mitgefahren wäre, wäre ich dann vielleicht tatsächlich ins Pub gegangen anstatt zu Helen?*

Der Gedanke traf mich bis ins Mark.

Während der Weihnachtswoche wurde ich vom Eselhof aus zu einem Notfall nach Baltimore gerufen, einem kleinen Dorf in South Cork. Ein Farmer hatte mich um Hilfe bei einer Muttereselin mit ihrem neugeborenen Fohlen gebeten.

Der Mann war schon sehr alt und hatte nur ein Bein. Wir gingen in die kleine Scheune, die an einer Seite offen war. In einer Ecke lag eine Eselin und regte sich nicht. Als ich näher trat, bemerkte ich, dass sie auch nicht atmete. Neben ihr war ein winzig kleines Fohlen – schwach, aber sehr lebendig.

Ein Nachbar, der vorbeikam, sagte mir, die Eselin sei schon vor zwei Tagen direkt nach der Geburt gestorben, er habe es dem Besitzer nur nicht sagen wollen. Es war unklar, was mit der Eselin geschehen war, aber sie musste lange genug durchgehalten haben, um ihr Neugeborenes aus dem Geburtssack zu holen und abzulecken, sodass es trocknen konnte. Kleine Eselfohlen sehen aus wie flauschige Teddybären; ihr extralanges Fell hält sie warm und sorgt dafür, dass sie sich wohlfühlen.

Das Fohlen, das wir Tinsel nannten, hatte an den zwei Tagen bei seiner Mutter getrunken und sich die ersten wichtigen Mahlzeiten geholt, auch das lebenswichtige, immunstärkende Colostrum. Draußen war es nass und eiskalt, aber eng an seine Mutter geschmiegt war das Kleine halbwegs warm und trocken geblieben und hatte gerade genug Milch bekommen, um zu überleben, bis Hilfe eintraf.

Die kleine Tinsel stand auf, als wir kamen. Noch ein wenig wackelig schwankte sie auf ihren langen Beinen, aber es war unverkennbar, dass dieses zwei Tage alte Weihnachtswunderkind einmal groß und schlank werden und ein schönes braunes Fell haben würde.

Ich hob sie auf, trug sie in den mit weichem Stroh ausgelegten Transporter hinaus und fuhr mit ihr zurück auf den Eselhof. Dort bekam sie erst einmal eine schöne warme Flasche Milch und wurde unter einer Wärmelampe ins Stroh gebettet. Tinsel war etwas ganz Besonderes. Wir schenkten ihr viel Liebe und Aufmerksamkeit. Erstaunlich, dass dieses kleine Wesen überhaupt überlebt hatte, aber irgendwie war aus dem Tod Leben hervorgegangen.

Mein erster Blick in Tinsels vor Lebendigkeit strahlendes kleines Gesicht hat sich mir tief eingeprägt und war wie ein frisches Leuchtfeuer der Hoffnung für meine Seele. Ein Zeugnis der Natur und des Schöpfers. Er hatte sich unter den schwierigsten Umständen ihrer angenommen.

Wenn Gott sich um Tinsel gekümmert und sie bewahrt hatte, würde er nicht auch mir eine Chance zum Leben geben? Wenn er dafür gesorgt hatte, dass sie genau zur richtigen Zeit die Hilfe bekam, die sie brauchte, würde er nicht auch weiterhin dafür sorgen, dass ich Hilfe bekam? Dass wir die kleine Tinsel gefunden und wohlbehalten zu uns auf den Hof gebracht hatten, war für mich im richtigen Moment ein starkes, wunderschönes Bild der Rettung. Wenn ich nur an dem Gefühl jener Nacht in Cork City festhalten könnte, gesehen zu werden, wie ich war, dann hatte vielleicht auch ich eine Chance, ganz gesund zu werden.

Ich hatte immer noch nicht viel Geld und die Geschenke an diesem Weihnachtsfest waren entsprechend bescheiden, aber Darragh, Patrick und ich hatten bei Mam und Dad ein sicheres Zuhause voller Leben, Liebe und Lachen. An Heiligabend gab es Truthahn mit Wurstfüllung, eine Spezialität meiner Mutter, Dad reichte Weihnachtsplätzchen herum und kochte uns starken Tee. Sein Motto: „Wenn eine Maus nicht darauf herumlaufen kann, ist es kein Tee." Auch die übrige Familie kam herüber – meine Schwestern mit ihren Ehemännern und Kindern – und wir gingen in dieser Nacht alle zusammen in den Gottesdienst.

Mir war klar, dass meine Probleme nicht auf wundersame Weise einfach über Nacht verschwinden würden. Ich litt noch immer an PTBS, mein Gehirn war alkoholgeschädigt und mein Herz trug tiefe Narben. Es würde noch viel Arbeit erfordern, etwas aus mir zu machen.

Aber ich war nüchtern, hatte eine Arbeitsstelle und eine Familie – und die Esel. Und jetzt sah es sogar so aus, als könnte ich eine Zukunft haben. Das war das beste Weihnachtsgeschenk meines Lebens.

An jenem Weihnachtsmorgen, dem ersten nüchternen seit meiner Kindheit, stand ich früh auf und ging mit Mam in die Kirche. Auf dem Heimweg schaute sie mich immer wieder staunend an, weil ich normalerweise den Heiligabend im Pub verbracht und am Weihnachtsmorgen einen Kater gehabt hatte.

„Mam, kann ich dir irgendwie helfen? Soll ich den Tisch decken?"

„Nein, alles schon fertig", entgegnete sie und winkte ab. Ich blickte auf das Festessen, das sie vorbereitet hatte – Truthahn mit Schinken, *Yorkshire puddings*, Rosenkohl mit Rüben, Kartoffelpüree mit Soße und frisch gebackenes Brot. Auf dem Sideboard standen eine große Schüssel mit *bread-and-butter pudding* zum Nachtisch und noch ein paar andere Köstlichkeiten. Mir war, als würde ich in den warmen, köstlichen Düften die Liebe meiner Mutter einatmen, die sie in ihr Weihnachtsessen hineingebacken hatte. Hatte ich ihr eigentlich jemals gesagt, wie sehr ich ihr Essen liebte?

„Mam, ich bin hier und würde dir gerne helfen. Was kann ich tun?"

Sie lächelte und zwinkerte mir glücklich zu.

„Wie wäre es mit einer Tasse Tee, Mam?"

Also kochte ich uns Tee. Mam ist eine echte Teekennerin. Sie probiert mit einem kleinen Löffel, ob er gut ist, dann gibt sie tropfenweise Milch hinein und rührt um, bis er schön milchig ist, nicht zu stark, ohne Zucker. Wir saßen da, plauderten und tranken unseren Tee. Ich weiß nicht, wann ich mit meiner Mutter einmal so entspannt zusammengesessen hatte.

Danach ging ich zur Terrassentür und trat nach draußen. Ich blickte auf die nebelverhangenen grünen Hügel, atmete tief die frische, saubere Luft ein und ließ einen langen, freudeerfüllten Eselruf los, den die Esel sogleich beantworteten. Ihr Rufen klang wie Musik in meinen Ohren; es übertraf jede Kirchenglocke. Tinsel konnte noch nicht schreien, aber ich wusste sie bei uns sicher und geborgen, den Bauch voll warmer Milch.

„O Patrick, kannst du nicht aufhören damit?" Mam lachte und strahlte übers ganze Gesicht. „Wirst du jemals damit aufhören?"

KAPITEL FÜNFZEHN

Neue Augen und Nollaig

Es ist ein Fenster offen von meinem Herzen zu deinem.
RUMI, persischer Dichter des Mittelalters

Der 6. Januar ist in Irland ein ganz besonderer Feiertag. Mit *Nollaig na mBan*, was so viel bedeutet wie „kleines Weihnachten" oder „Frauen-Weihnachten"[4], endet die Weihnachtszeit. Traditionell übernehmen die Männer an diesem Tag die Hausarbeit und die Frauen treffen sich mit ihren Freundinnen. Einen guten Monat nach meinem zweiten Geburtstag im November war wieder einmal *Nollaig na mBan*. Noch hatte ich keine Frau gefunden, mit der ich diesen besonderen Tag hätte begehen können.

Dennoch ging ich mit neuen Augen und einem neuen Herzen durch die Welt. Als Junge hatte ich mit dem Trinken angefangen, und als ich es aufgab, erlebte ich alles noch einmal wie ein kleiner Junge – das grüne Gras, die Tiere und auch die Menschen. Meine neuen Augen mussten erst lernen, sich zu orientieren, aus dem Nebel herauszutreten, in dem ich gefangen gewesen war, und klar zu sehen. Ich musste meinen Blick auf das richten, was mir und meiner Familie guttat.

Das Gefühl erinnerte mich wieder an das Erlebnis des Apostels Paulus mit Jesus auf der Straße nach Damaskus, wo er ein helles Licht gesehen hatte. Der Anblick des leibhaftigen Herrn blendete ihn so, dass er drei Tage blind war. In Damaskus wurde nicht nur sein Augenlicht wieder hergestellt – die Veränderung ging weit darüber hinaus. Paulus war ein neuer Mensch geworden, für immer verwandelt durch die persönliche Begegnung mit Gott.

Von diesem Tag an wurde Paulus ein Mann Gottes, der freimütig die Gute Nachricht verkündete und bezeugte, dass Lebensveränderung möglich ist. Die Geschichte hatte mich damals beeindruckt, als ich beim Militär im Libanon gewesen war. Nun aber war sie noch greifbarer geworden, weil ich sie am eigenen Leib erfahren hatte.

Lange Zeit hatte ich genauso unfrei gelebt wie mancher Esel. Früher war es gang und gäbe, Weideesel mit Stricken oder Leinen an einen Felsen oder einen Zaun zu binden und ihnen manchmal sogar die Füße zu fesseln, damit sie nicht weglaufen konnten.

Während der Arbeit wurden sie mit komplizierten Geschirren aus Leinen, Riemen und Schnallen auf dem Rücken, unter dem Bauch und um den Kopf vor den Wagen gespannt. Fürsorglichen Besitzern lagen dabei die Sicherheit und das Wohlbefinden der Esel am Herzen, aber eben längst nicht allen.

Um Ablenkung zu verhindern, bekamen Zugesel manchmal Scheuklappen angelegt, Lederschilde seitlich an den Augen, sodass sie nicht nach hinten oder zur Seite schauen konnten.

Über lange Jahre war ich gewissermaßen ein Esel mit Scheuklappen gewesen, der unter einem schmerzhaften Geschirr angestrengt versucht hatte, eine schwere Last zu ziehen. Als ich in jener Nacht mit Marie und meiner Gruppe von Neuem geboren wurde, als ich neue Augen und ein neues Herz bekommen hatte, war es wie eine Befreiung.

Ich sah nicht mehr nur den Schmerz, der unerträglich schwer auf meinen Schultern gelastet hatte, sondern auch das Zeichen des Kreuzes auf meinem Rücken, wie bei den Eseln.

Nollaig war nicht nur die Bezeichnung einer christlichen Tradition – es war auch der Name eines Esels, den wir in der Weihnachtszeit retteten. Wir hatten einen Anruf von einem Hof in einer Nachbarstadt bekommen, nur acht Kilometer von unserem Hof entfernt. An jenem nasskalten Tag stand Nollaig zitternd ganz alleine auf der Weide.

Sein Fell war fleckig und bei näherer Betrachtung fielen mir zahlreiche Stellen auf, an denen sich das Haar büschelweise gelöst hatte und die nun mit Schorf bedeckt waren. Manchmal picken sogar Vögel an solchen kahlen Stellen herum und machen alles noch schlimmer. Vorsichtig strich ich mit der Hand über sein Fell. Da, wo er noch Haare hatte, waren sie verfilzt, was auf weitere Probleme schließen ließ. Er musste sich in seiner Haut sehr unwohl gefühlt und im kalten irischen Dezember gefroren haben wie ein Schneider. Auch seine Hufe waren übel mitgenommen, überwachsen und mit einem Pilz infiziert, der sie von innen heraus verfaulen ließ.

Wie war Nollaig nur in einen solchen Zustand geraten? Dieser reizende Esel hatte es nicht verdient, derartig vernachlässigt zu werden. Bald hatte ich das Rätsel gelöst: Der Besitzer war Alkoholiker. Als ich auf die überwucherten Wiesen, die schäbigen Schuppen und das baufällige Haus blickte, wusste ich Bescheid. Alles war schmutzig und heruntergekommen, genauso kaputt wie der Mann selbst.

Nollaig kam mit uns auf den Eselhof und mit medizinischer Behandlung, der Hilfe des Hufschmieds, gutem Futter und einem warmen, trockenen Schlafplatz wurde er wieder gesund. Aber es dauerte seine Zeit. Als sich seine Haut und sein Fell erholt hatten, zeigte er seine wahren Farben – ein sattes Braun und Weiß.

Ein Tier in einer solchen Verfassung zu sehen, tut immer weh; noch schlimmer aber ist es, wenn der Zustand vermeidbar gewesen wäre. Ich war selbst noch lange nicht über den Berg, stand gerade erst am Anfang meines Heilungsprozesses, aber die Geschichte von Nollaig führte mir deutlich vor Augen, was passieren kann, wenn man Versuchungen nachgibt. Der Lebensstil des Farmers hätte Nollaig beinahe das Leben gekostet. War der Esel ihm egal gewesen? Das kann ich nicht sagen, aber Nollaigs Anblick an jenem Tag steht mir noch immer vor Augen.

Nollaig hatte Glück, dass ihm rechtzeitig jemand zur Hilfe kam, aber das haben nicht alle Esel. Manchmal ist ein Esel schon so krank oder wurde so lange vernachlässigt, dass jede Rettung zu spät kommt und er von seinem Leiden erlöst werden muss.

In der Zeit, in der ich auf dem Eselhof arbeitete, musste ich hin und wieder dabei helfen. Das Einschläfern ist für das Tier zwar meist schmerzlos, kann aber doch beängstigend sein. Ich versuchte immer, dem Esel auf seiner letzten Wegstrecke beizustehen, und merkte mit der Zeit, wie ich ihm den Übergang am besten erleichtern konnte. Ich stellte mich an seine Seite, legte den rechten Arm um seinen Hals und die rechte Hand über seine Ohren und Augen, damit er nicht sah, wie der Tierarzt die Spritze vorbereitete. Mit der linken Hand strich ich dem Esel am Hals entlang, lehnte mich an seine Schulter und redete beruhigend auf ihn ein.

„Alles gut. Es wird alles gut", murmelte ich immer wieder.

Jeder Esel sollte sich geliebt und umsorgt fühlen und ich hoffe, dass sie alle in diesen heiligen Momenten wussten, dass wir versuchten, ihnen so gut wie möglich zu helfen.

Wenn das Medikament nach etwa einer halben Minute zu wirken begann, entspannten sich die Beine und sackten zusammen. Ich hielt den Esel dann weiter fest am Hals und half ihm, sich langsam hinzulegen. Da saß ich dann und streichelte ihn sanft bis zu seinem letzten Atemzug. Es war immer ein friedliches Ende. Kein Lebewesen – auch kein Esel – verdient es, weggeworfen zu werden oder allein sterben zu müssen.

Dieser Abschied war nie leicht, aber je weiter meine Heilung voranschritt und meine Seele gesundete, desto mehr sah ich es als eine heilige Handlung an, ein kostbares Leben von dieser Welt an einen besseren Ort zu begleiten … an dem hoffentlich frisches grünes Gras im Überfluss und strahlender Sonnenschein warteten.

So seltsam es klingen mag, Marie hatte das für mich in jener Nacht in Cork getan. Ich war damals ein sterbender Mann, dessen Lebensflamme mit jedem Glas, das ich trank, schwächer wurde. Marie führte mich mit starkem, aber liebevollem Griff hinein in ein neues Leben. Das alte Ich musste begraben werden, sodass mein wahres Ich zum Leben erwachen, durchatmen und wieder all die Schönheit und Wunder dieser Welt sehen konnte. Meine Augen und meine Seele waren reingewaschen worden. Wie konnte ich ihr das jemals vergelten?

Ganz sicher dadurch, dass ich meinen neuen Weg ernst nahm und weiter an mir arbeitete. Unterstützung fand ich dabei in einer Selbsthilfegruppe.

Im festen Entschluss, besser auf mich selbst aufzupassen, schloss ich mich auch einem Wanderverein in unserem Dorf an, der regelmäßig Touren in der Region unternahm und auch hin und wieder einen Berg bestieg.

In dieser Zeit entdeckte ich ein neues Morgenritual, das mir bis heute sehr wertvoll ist. Ich stehe früh auf, ziehe mich an, gehe hinunter in die Küche und zünde ein Feuer an. Nachdem ich mein großes, gerahmtes Bild von Jesus auf den Kaminsims gestellt habe, knie ich auf dem Holzboden nieder und spreche vertraute Gebete – das Gebet des Heiligen Franziskus, den Rosenkranz, das Vaterunser.

Herr, mach mich zu einem Werkzeug deines Friedens,
dass ich liebe, wo man hasst;
dass ich verzeihe, wo man beleidigt;
dass ich verbinde, wo Streit ist;
dass ich Glauben bringe, wo Zweifel droht;
dass ich Hoffnung wecke, wo Verzweiflung quält;
dass ich Licht entzünde, wo Finsternis regiert;
dass ich Freude bringe, wo der Kummer wohnt.
Herr, lass mich trachten, nicht, dass ich getröstet werde,
sondern dass ich tröste;
nicht, dass ich verstanden werde, sondern dass ich verstehe;
nicht, dass ich geliebt werde, sondern dass ich liebe.
Denn wer sich hingibt, der empfängt;
wer verzeiht, dem wird verziehen;
wer sich selbst vergisst, der findet;
und wer stirbt, der erwacht zum ewigen Leben.
Amen[5]

Ich bete auch das Vaterunser:

Unser Vater im Himmel! Dein Name werde geheiligt.
Dein Reich komme. Dein Wille geschehe wie im Himmel so auf Erden.
Unser tägliches Brot gib uns heute. Und vergib uns unsere Schuld,
wie auch wir vergeben unsern Schuldigern.
Und führe uns nicht in Versuchung, sondern erlöse uns von dem Bösen.
Denn dein ist das Reich und die Kraft
und die Herrlichkeit in Ewigkeit. Amen.[6]

Dieses einfache Ritual hat etwas sehr Kraftvolles an sich und gibt mir Ausrichtung. Während ich diese und andere Gebete spreche, lege ich meinen Willen und mein Leben an diesem Tag in Gottes Hand.

Als Nächstes lege ich mich auf dem Holzboden auf den Rücken und atme eine Minute lang tief durch, manchmal bei leiser Musik. Dann rede ich mit Gott so, als würde er am Küchentisch sitzen, eine Tasse Tee trinken und ich zu seinen Füßen liegen. Manchmal bete ich mit Worten, ein anderes Mal übergebe ich ihm meine Gefühle, meine Sorgen und Ängste. Alles.

Danach lausche ich aufmerksam. Manche Leute nennen es Meditation. Ich möchte einfach auf das hören, was Gott mir zu sagen hat, und der frühe Morgen ist die einzige Tageszeit, in der es dazu still genug ist.

Manchmal gehen meine Gedanken spazieren, von meinen persönlichen Problemen, beruflichen Belangen oder meiner Familie bis hin zum Weltgeschehen. Es kommt auch vor, dass ich völlig unzusammenhängende Gedanken und Gefühle vor Gott ausdrücke, dass Erinnerungen und Bilder wieder aufleben.

Diese Zeit mit Jesus ist mir sehr wichtig geworden. So viele Jahre lang war Jesus für mich nicht mehr als ein Wort oder Teil eines Gebets in der Kirche. Das Bild, das ich als Heranwachsender von Gott hatte, war von Angst geprägt.

Heute sehe ich ihn anders. Er lebt in mir und hat mich aus der Selbstzerstörung hinein in sein Licht geführt. Der wilde Esel von einem Mann ist gerettet worden, erlöst aus Tod und Verzweiflung. Ich weiß, dass ich ohne göttliches Eingreifen, die Hilfe einer Nonne namens Marie und vieler anderer Menschen, die mich liebten und sich um mich kümmerten, heute nicht mehr am Leben wäre.

Das ist fast ein wenig peinlich; wir Iren sind es nicht gewöhnt, von unserer Hilfsbedürftigkeit zu reden, aber so bin ich heute. Hier geht es um die geistliche Seite meines Wesens. Genauso frei und offen spreche ich auch mit meiner Familie und das hält mich lebendig. Ich möchte wahrhaftig sein und reden, weil ich so lange an der Wahrheit vorbeigelebt habe.

Ich durfte eine unumstößliche Wahrheit entdecken: Je mehr ich von Gott abhängig bin, desto unabhängiger bin ich in meinem Leben von den Überzeugungen und Gewohnheiten, die mir so sehr geschadet haben. Je mehr ich ihn liebe und ihm diene, desto freier bin ich. Ich musste mich selbst vergessen, um mich zu finden.

Das alles ist ein großes Geheimnis, aber so ist es.

Mein morgendliches Ritual, in dem ich mich auf Gott ausrichte, hält mich am Leben. Jeder Tag ist ein Kampf, und ohne Gebet könnte ich nicht leben. Also entscheide ich mich für das Leben.

Die Zeit mit Gott ruft mir auch in Erinnerung, dass es in meinem Leben nicht nur um mich geht. Vor meiner Verwandlung hatte ich nur um mich selbst und meinen eigenen Willen gekreist. In meinem Herzen war für nichts und niemanden sonst Platz. Meine tägliche Übung macht mir bewusst, dass ich nicht mehr selbst der Mittelpunkt meines Lebens bin.

Im Markusevangelium gibt es eine Geschichte, in der Jesus einen blinden Mann heilt. Die Freunde des blinden Mannes brachten ihn zu Jesus und baten ihn um Heilung.

Jesus nahm den Blinden bei der Hand und führte ihn aus dem Ort hinaus. Er benetzte ihm die Augen mit Speichel, legte ihm die Hände auf und fragte ihn: „Siehst du etwas?"

„Ich sehe Menschen; sie gehen umher, aber sie sehen aus wie Bäume."

Da legte Jesus ihm noch einmal die Hände auf die Augen; nun konnte er deutlich sehen. Er war geheilt und konnte alles klar erkennen.[7]

Mir gefällt diese Geschichte in vielerlei Hinsicht: Jesus hat auf den Hilferuf der Freunde reagiert. Offensichtlich konnte der Blinde es nicht allein schaffen – er war auf seine Herde angewiesen. Jesus nahm ihn mit aus dem Dorf, um mit ihm allein zu sein. Hier berührte er ihn und heilte ihn, aber nicht auf einen Schlag. Erst beim zweiten Versuch sah der Mann klar! Die Heilung des Mannes war also ein Prozess.

Auch ich brauchte zwei Versuche, um vom Alkohol loszukommen und Heilung zu finden. Jesus sah es offensichtlich nicht als Scheitern an, dass der Mann nicht sofort geheilt wurde. Vielleicht müssen manche Menschen mit verfinsterten Augen und Herzen mehr als einmal von Jesus berührt werden.

Jeden Abend ging ich nach Feierabend auf den Hügel und beobachtete den Sonnenuntergang. Es war, als sähe ich ihn zum ersten Mal in meinem Leben. *Wie lange war ich blind dafür? Wie lange habe ich nicht mehr nach oben geschaut?*

Es war wie am Anfang einer neuen Freundschaft oder Liebesbeziehung. Manchmal hatte ich das Gefühl zu schweben, eingehüllt vom goldenen Glanz der Sonne. Die Welt war wunderschön – wie hatte ich das nur so lange übersehen können?

In den ersten Monaten ohne den Alkohol kletterte ich oft auf die großen runden Heuballen neben der Scheune und blickte über die Landschaft bis zu den Kerry Mountains. Wenn es dunkel wurde, legte ich mich auf das Heu und lauschte dem Gesang der Vögel. Manchmal gesellte sich Darragh, der damals acht Jahre alt war, zu mir, und wir hörten gemeinsam den Eseln bei der Fütterung zu. Es hatte etwas Meditatives – Hunderte von Eseln, die mit gesenktem Kopf in einer

Reihe standen und genüsslich, beinahe andächtig ihr Heu kauten. Eine abendliche Ruhe legte sich über den Eselhof, wenn der Tag sich neigte.

Diese Momente gaben mir ein Gefühl der Gelassenheit, das ich wohl noch nie zuvor empfunden hatte. Ich war wie verwandelt – sah, hörte und spürte Dinge, als wäre ich ein neuer Mensch. Durch meine Gebrochenheit und Hingabe drang Licht durch die Ritzen in mein Innerstes ein und vertrieb die Dunkelheit – genau wie Marie gesagt hatte.

Ich war damals dreiunddreißig, genauso alt wie unser Herr, als er mit seinem neuen Leib und neuen Augen aus dem Grab auferstand. Und nun hatte auch ich die Gewissheit, wie die Esel das Zeichen des Kreuzes auf meinem Rücken zu tragen.

KAPITEL SECHZEHN

Das Mädchen am Fuße des Hügels

Die Menschen geben sich gegenseitig Schutz.
IRISCHES SPRICHWORT

Was wir in einem Seelenfreund finden, ist nichts Wildes, was gezähmt werden müsste, sondern etwas Wildes, mit dem es zu leben gilt.
ROBERT BRAULT

Etwa ein Jahr nachdem ich vom Alkohol losgekommen war, begegnete ich einer Frau, der das Gebet genauso wichtig war wie mir. Sie hieß Eileen und war das hübsche Mädchen aus dem Dorf, das mir meinen ersten Kuss gegeben hatte, bevor wir so ganz unterschiedliche Wege gegangen waren.

Eileen war unweit von meinem Zuhause in einem traditionellen irischen Cottage aufgewachsen, wo ihre Mutter in der gemütlichen Küche waltete und blechweise irische Scones für jeden backte, der auf eine Tasse Tee vorbeikommen wollte. Eileens Eltern hatten wie meine ein großes Herz für jedes Geschöpf, ob Mensch oder Tier, das eine warme Bleibe und etwas in den Magen brauchte. Mit fünf Mädchen (Eileen war das mittlere von ihnen) und einem Jungen war das Haus voller Leben, Liebe und Lachen.

Eileen war ein kluges und zielstrebiges Mädchen. Ich wusste, dass sie zunächst Kunst an der Universität in Cork City und anschließend Grundschullehramt studiert hatte. Später erwarb sie einen Master in Kinder- und Jugendtherapie mit Schwerpunkt Spieltherapie. Sie gründete eine therapeutische Praxis und baute für sich und ihren Sohn, der ebenfalls Daragh heißt (allerdings mit einem r), ein schönes zweistöckiges Haus neben dem Cottage ihrer Eltern. Im Jahr 2018 wurde sie Rektorin in der Dorfschule, aus der ich einst weggelaufen war, um nie wieder zurückzukehren.

Obwohl sich unsere Wege im Dorf manchmal kreuzten, hatte ich das Gefühl, sie seit Jahren nicht mehr *wirklich* gesehen zu haben – bis zu einem denkwürdigen Tag auf dem Eselhof.

An diesem Tag fand dort eine Spendenaktion statt, an der ich mit meinen Söhnen Darragh und Patrick teilnahm. Als Eileen auf mich zukam, durchzuckte mich so etwas wie ein kleiner elektrischer Schlag. Mir war, als sähe ich sie zum allerersten Mal, und ihre grünen Augen schienen direkt in mein tiefstes Inneres zu schauen.

EILEEN

Als ich Patrick bei der Spendenaktion des Eselhofs sah, kam eine Flut von Kindheitserinnerungen in mir hoch. Der Tag, an dem er aus dem Klassenzimmer lief, steht mir heute noch deutlich vor Augen. Danach war die Schule nur noch halb so interessant, auch wenn ich sein Hundegebell oder seine Eselrufe nicht vermisste. Er gehörte zur Clique der Nachbarskinder, die auf unserem Rasen Tennis spielten oder sich hinter meinem Elternhaus herumtrieben. Wir waren jedoch beide stille Wasser und nahmen einander kaum wahr.

Nachdem er die Schule gewechselt hatte, sah ich ihn nur noch montagabends beim Set-Dance-Kurs im *Old Walls*. Set Dance ist so etwas Ähnliches wie der amerikanische Square Dance. Wir lernten Choreografien zu verschiedenen Paartänzen und wurden oft mit Jungen zusammen eingeteilt. An einem Abend hatte Patricks Freund Barry für uns eine Gelegenheit zu einem ersten Kuss arrangiert.

Ich war schon den ganzen Abend nervös, wechselte kein Wort mit Patrick und sah ihn nur aus dem Augenwinkel heraus an. Ihm wird es wohl nicht anders gegangen sein. Nach dem Kurs ging ich hinaus in den vereinbarten Winkel und er küsste mich. Oder ich ihn. Wir küssten uns tatsächlich und es waren viele Zähne im Spiel. Geredet haben wir kaum, wenn überhaupt.

Nach einer Woche küssten wir uns noch einmal … und das war's.

Wenn wir uns Jahre später zufällig im Pub begegneten, machten wir uns über unseren ersten Kuss lustig.

„Hey, Paddy Piranha!"

„Wie geht's, Hecht-Schnute?"

Hin und wieder hörte ich Geschichten über seine Streiche oder Alkoholeskapaden, aber da er mich nie groß beachtete, wenn wir im selben Raum waren, vergaß ich ihn meist.

Nun standen wir uns auf dem Eselhof bei den Pferdekutschen gegenüber. Ich hatte Patrick mit seinen zwei Jungs an der Hand gesehen und mir mit meinem Daragh einen Weg durch die Menge gebahnt, um ihn zu begrüßen.

„Patrick Barrett. Wie schön, dich zu sehen."

„Eileen! Gut siehst du aus. Und wer ist der hübsche junge Mann an deiner Seite?"

„Das ist mein Sohn Daragh."

„Seid ihr gleich bei der Schatzsuche dabei?", fragte mein Daragh Patrick.

„Nein, noch nicht gleich", entgegnete Patrick lächelnd.

„Warum nicht, Dad? Vielleicht weil du schon zwei Schätze an der Hand hast?", meldete sich Patricks Darragh zu Wort.

Ich fand die süße Bemerkung dieses Achtjährigen witzig und schmunzelte in mich hinein. *Er hat schon seine Schätze.*

PATRICK

Als ich Eileen wiedersah, wurde etwas in mir wach. Zwar hatte ich mich schon immer zu ihr hingezogen gefühlt, aber solange ich am Alkohol hing, hätte ich das, was ich für sie empfand, nie genau benennen oder verstehen können. Ich hatte immer das Gefühl, nicht gut genug für sie zu sein, und schämte mich für das, was aus mir geworden war. *Was sollte sie mit mir schon anfangen?*

176

Wenn ich ihr im Dorf begegnete, war ich immer wie geblendet von ihrer starken Ausstrahlung und Herzlichkeit. Dagegen fühlte ich mich klein und wäre am liebsten weggelaufen. Meist tat ich dann so, als sähe ich sie nicht oder als wäre sie mir egal. Aber diesmal war es anders.

Zu dieser Zeit lebte ich mit Eileens einzigem Bruder Sean in einer WG, der wohl Mitleid mit mir hatte. Wir waren schon seit unserer Schulzeit befreundet und hatten als Kinder beide als einzige Jungen unter unseren vielen Schwestern zu leiden gehabt. Als einige Zeit nach meiner Begegnung mit Eileen bei der Spendenaktion Silvester vor der Tür stand, fragte Sean Eileen, ob er mich zu ihrer kleinen Party mitbringen dürfe.

Ich war mir nicht so sicher, ob ich hingehen sollte, aber Mam ermunterte mich. „Gehst du überhaupt mal abends irgendwo hin?", fragte sie. „Ich kümmere mich schon um die Jungs. Amüsier dich ruhig ein bisschen. Solange du keinen Alkohol anfasst, ist alles gut."

Also sagte ich Ja. Ich komme mit.

EILEEN

Als Sean mich fragte, ob ich Patrick auf die Party einladen könne, sagte ich: „Ja, natürlich!" Er sollte schließlich nicht ganz allein ins neue Jahr gehen müssen.

An diesem Abend war Patrick mein erster Gast. Mit seinem tollen marineblauen Pullover sah er richtig gut aus. Er begrüßte Daragh, der gerade im Wohnzimmer Playstation spielte.

Als ich Patricks Mantel aufgehängt hatte, führte ich ihn in die Küche und fragte: „Kannst du vielleicht auf die Arbeitsplatte steigen und die Lichterkette aufhängen?" Sie sollte oben entlang der Schränke die Decke beleuchten.

„Na klar!", erwiderte er ein wenig nervös.

Während er mit der Lichterkette zugange war, sah ich nach dem Briekäse im Backofen und bereitete die Hähnchen-Pilz-Pastete vor.

Dabei musste ich immer wieder zu ihm hinüberspähen. *Er wirkt so glücklich und zufrieden.*

Nach dem Essen räumte er die Spülmaschine ein und stellte sie an. Weil sie so schwer beladen und an ihrem Platz nicht richtig befestigt war, begann sie heftig zu vibrieren und schließlich zu wandern. Fast hätte sie mich am Knöchel erwischt und womöglich umgestoßen, wenn Patrick sich nicht geistesgegenwärtig auf den Boden geworfen und sie aufgehalten hätte. Es war ein schönes Gefühl, dass da jemand auf mich achtgab.

Als wir später auf dem Sofa saßen, erzählte er von seiner Therapieausbildung und interessierte sich für meine Arbeit mit Kindern. Das war unsere allererste richtige Unterhaltung.

PATRICK

Was haben wir gelacht über den Beinah-Zusammenstoß mit dem wandernden Geschirrspüler! Sean witzelte, ich hätte Eileen gerettet, aber es fühlte sich wirklich gut an. Ich spürte eine Art Verbindung mit ihr und den bleibenden Wunsch, für sie da zu sein.

EILEEN

Kurz vor einem Tagesausflug in die Ballyhoura Mountains hatte sich Patrick meinem Wanderverein angeschlossen. Um ehrlich zu sein, freute ich mich gar nicht unbedingt darauf, mit ihm zu wandern – obwohl wir auf meiner Silvesterparty viel Spaß miteinander gehabt hatten. Ich dachte einfach nicht, dass wir viel gemeinsam hätten.

Als sich unsere etwa 20-köpfige Gruppe am Wanderparkplatz traf, war es kalt und regnete in Strömen – nicht gerade die besten Voraussetzungen für eine Wanderung oder ein Gespräch. Aber schließlich gingen Patrick und ich beim Abstieg nebeneinanderher und er begann, mir aus seinem Leben zu erzählen: von seiner Genesung, seinen Jungs, davon, wie er zu Gott gefunden und welche Zufriedenheit sich seither in ihm ausgebreitet hatte. Ich war tief berührt, und ehe ich mich versah, liefen mir Tränen über die Wangen. *Er hat sich spürbar verändert.* Ich freute mich aufrichtig für ihn und seine Jungs. Es war schön, einen neuen Freund im Dorf zu haben.

PATRICK

Die Aussicht darauf, einen ganzen Tag mit Eileen zu verbringen, beflügelte mich – selbst auf einer Wanderung mit vielen anderen bei ungemütlich nasskaltem Wetter. Ich hatte so vieles auf dem Herzen, was ich ihr sagen wollte, doch beim Aufstieg ergab sich einfach keine Gelegenheit zu einem Gespräch. Oben am Gipfel versammelten wir uns alle in einer zerfallenen steinernen Hirtenhütte. Sie hatte kein Dach mehr und bot dementsprechend wenig Schutz vor Kälte und Regen. Ich war bis auf die Knochen durchgefroren und hatte Hunger. Als ich meine Gourmet-Brotzeit – eine Dose *Baked Beans* – öffnete, hörte ich ein vertrautes Lachen.

„Wie willst du *die* denn hier oben essen?", fragte Eileen augenzwinkernd.

„Mmmm", entgegnete ich, den Mund voll kalter Bohnen. „Magst du ein paar?"

Ich bemühte mich sehr, beim Abstieg nicht wieder von ihr getrennt zu werden. Als wir Seite an Seite gingen, wagte ich es, ihr etwas von den Kämpfen in meinem Leben zu erzählen. Es schien sie tatsächlich zu interessieren. Hier war ein Mensch, der aufmerksam auf das hörte, was ich sagte. Ruhige, aufrichtige Gespräche zu führen, war etwas ganz Neues für mich und ich wusste gar nicht richtig, wie ich es anfangen sollte. Früher wäre ich weggelaufen und ins Pub geflohen. Ich war es nicht gewohnt, mein wahres Ich zu zeigen.

Als ihr die Tränen kamen, verschlug es mir die Sprache.

Als wir an diesem Abend wieder zu Hause waren, schickte ich ihr eine Textnachricht: *Tut mir leid, dass du meinetwegen weinen musstest.*

EILEEN

Ich begann, mich auf seine Textnachrichten zu freuen, anfangs ganz ohne romantische Hintergedanken. Dann nahm ich zusammen mit seiner Schwester Helen an einem Meditationstag teil, wo wir unsere Vorhaben für das kommende Jahr auf einer Tafel zusammentrugen. Ich ließ die Themen Liebe oder Heirat absichtlich außen vor, weil ich zu dieser Zeit auch allein glücklich und zufrieden war.

Als ich am Ende auf mein Handy schaute, fand ich eine Nachricht von Patrick. Im Auto stichelte Helen: „Er würde so gut zu dir passen!"

Ich musste über ihre Bemerkung lachen. Merkwürdigerweise fuhr er genau in dem Moment zufällig an uns vorbei.

PATRICK

Eine Woche danach brachte ich für einen Besuch von Eileen das Haus auf Vordermann. Ich hatte sie zum Tee eingeladen.

Auf meinem Tischkalender stand für diesen Tag ein Gandhi-Zitat: „Glück ist, wenn deine Gedanken, deine Worte und dein Tun im Einklang stehen."

So möchte ich für Eileen sein – offen und aufrichtig, ein Mensch, bei dem Körper, Seele und Herz eine Einheit bilden.

Sie sollte mein wahres Ich sehen, verletzlich, wie es war. Ich wünschte mir einfach eine echte, ehrliche Verbindung, ganz ohne Imponiergehabe. Eileen würde für immer in meinem Leben sein, das wusste ich.

Meine Strategie sah so aus: Erst würden wir einen Film miteinander ansehen und dann würde ich kannenweise Tee kochen, damit sie so lange wie möglich blieb. Etwas nervös war ich schon, wie damals als Jugendlicher im *Old Walls*, aber es war eine gesunde Nervosität. Ich hatte ein gutes Gefühl dabei. Und ich sehnte mich danach, sie wieder zu küssen.

EILEEN

Als Patrick anrief und mich fragte, ob ich zu ihm zum Tee kommen wollte, sagte ich spontan zu, aber nachdem ich Ja gesagt hatte, kamen mir doch Zweifel. *Ist das jetzt ein Date?*

Dass er Interesse an mir hatte, wusste ich, aber ich hatte mich eigentlich ganz gut in meinem Leben eingerichtet. Ich war gerne mit Freunden zusammen, ohne bewusst nach einem Partner Ausschau zu halten. Also nahm ich mir vor, ihm über einer Tasse Tee zu sagen, dass wir „einfach nur Freunde" bleiben sollten.

Aber dann lief es ganz anders. Wir kamen in ein intensives, tiefes Gespräch über alles – über Liebe, über das Leben und über Gott. Es war wie ein göttlicher Moment, als wir einander unser Herz öffneten. Dann verstummten wir beide und eine mächtige Kraft erfüllte den Raum. Ich spürte buchstäblich einen Strom aus vollkommenem Licht, der unsere Seelen verband.

Ich weiß nicht mehr, wie lange dieser Moment dauerte, aber ich hätte ihn am liebsten festgehalten.

PATRICK

Ich glaubte, dass Gott in mir und in Eileen lebte, und als wir an dem Abend zusammen waren, erfüllte die Gegenwart Gottes auf kraftvolle Weise den Raum. Da war keine Verurteilung, keine Scham, kein Ballast, nur ein Augenblick reinster, aufrichtiger Liebe.

In meinem Herzen war dasselbe prickelnde Gefühl, das ich als Kind empfunden hatte, wenn ich Aran und später Nollaig, Jerusalem, Tinsel und Jacksie tief in die Augen geschaut hatte. Ich hatte es in den Augen meiner neugeborenen Kinder und in den Augen von Marie gesehen – reine Liebe.

Was diese Empfindung noch intensiver machte, war der Frieden, der sie begleitete. Als wir aufhörten zu reden, wurde das Gefühl in der Stille noch stärker.

„Fühlst du es auch?", fragte Eileen schließlich.

„Ja, als wäre Gott selbst hier."

Bis zum heutigen Tag bewahre ich diese Erfahrung in meinem Herzen, ohne zu wissen, ob sie sich jemals wiederholen wird.

Dass Eileen zur Kirche ging, wusste ich, aber mir war nie bewusst gewesen, wie tief ihr Glaube, ihre Spiritualität und ihre Verbindung mit Gott waren. Ich glaube, ich fühlte mich von ihr als Frau genauso angezogen wie von der Gegenwart Gottes in ihr. Meine geistliche Reise hatte mich zu ihr geführt, zu ihr, die die ganze Zeit schon im Dorf gelebt hatte. Warum hatte ich sie vorher nicht so sehen können?

EILEEN

Ungefähr eine Woche später fragte Patrick mich, ob ich Lust hätte, zum ihm herüberzukommen und einen Film mit ihm anzuschauen. Diesmal wusste ich, dass es ein Date war. Doch er saß an einem Ende des Sofas, ich saß am anderen und wartete darauf, dass er die Initiative ergreifen würde. Irgendwann wollte er mir einen Zaubertrick vorführen, aber es klappte nicht, es war ihm peinlich und er rutschte wieder an sein Ende des Sofas.

Als der Film zu Ende war, erhob ich mich zum Gehen.

„Magst du vielleicht noch eine Tasse Tee, bevor du gehst?", fragte er.

„Gerne."

Als ich mich nach fünf oder sechs Tassen Tee tatsächlich aufmachte, ging er mit mir zur Tür, legte seine Arme um mich und küsste mich. Es war überwältigend und ich wusste im Tiefsten meines Herzens und meiner Seele: Ich war endlich nach Hause gekommen. Von diesem Abend an blühte unsere Liebe auf. Ich bewunderte es, wie ernsthaft er an seinem neuen Leben arbeitete – für sich und nun auch für uns.

PATRICK

Eines Tages bekam ich einen dringenden Anruf von Eileen. Ein Igel saß in der Garage fest und musste gerettet werden. Als ich hinkam, zog ich Handschuhe an und hob das kleine Wesen, das sich zu einem kleinen, stacheligen Ball zusammengerollt hatte, vorsichtig auf. Ich träufelte ein paar Tropfen Wasser mitten auf ihn (ein Trick, den ich von meiner Großmutter gelernt hatte) und schon setzte er sich in Bewegung. Er ging auf wie eine wunderschöne Rosenblüte, die sich dem Licht öffnet.

Ich war kein Igelflüsterer, aber ich nahm ihn mit nach Hause, um ihn zu füttern, und der Igel lernte, dass er mir vertrauen konnte. Nach ein paar Tagen war er so stark und gesund, dass ich ihn wieder in seine Hecke freilassen konnte.

Meine neue Liebe zu Eileen erinnerte mich an den Igel. Ich lernte, mich zu öffnen und einem anderen Menschen zu vertrauen, Liebe zu geben und anzunehmen.

EILEEN

Als Patrick mir am 28. Februar 2014 seine Liebe gestand, schmolz ich dahin. In meinem Herzen und meiner Seele fühlte ich eine tiefe Verbindung zu ihm. Wir schrieben uns ganze Schachteln voller Liebesbriefe, unzählige Textnachrichten und er machte mir auf Knien einen Heiratsantrag – in dem Winkel vor dem *Old Walls*, wo wir uns zum ersten Mal geküsst hatten. Ganz filmreif war es nicht – die Tauben flogen aufgeschreckt vom Dach und es war so dunkel, dass ich den Ring nicht sehen konnte –, aber ich schwebte den ganzen nächsten Tag wie auf Wolken und wusste: Patrick war mein Seelengefährte.

PATRICK

Es mag total verrückt klingen, aber ich glaube wirklich, dass es nicht meine eigenen Worte waren, als ich zu Eileen das erste Mal *Ich liebe dich* sagte. Ich fühlte mich gleichsam dazu gedrängt. Und als ich sie umarmte, war es ein ganz seltsames Gefühl … als würden wir verschmelzen.

Es dauerte nicht lange, bis wir anfingen, übers Heiraten zu sprechen, und schon im März verlobten wir uns. Bei ihrem Vater um ihre Hand anzuhalten, wagte ich nicht, aus Angst, er könnte nicht einverstanden sein. Schließlich kannte er den alten Patrick noch zu gut. Ich hoffe, heute kann er sehen, dass ich sie liebe, für sie sorge und immer für sie da sein werde.

Eileen und ich standen im Dunkeln draußen vor dem *Old Walls*, sodass sie gar nicht merkte, wie ich vor ihr auf die Knie ging.

„Was machst du da?", fragte sie.

„Weißt du, ich dachte, hier wäre der richtige Ort." Wir mussten lachen. Genau in dem Moment fing eine Taube, die auf dem Dach über uns nistete, laut an zu gurren. Sie war unsere einzige Zeugin.

EILEEN

Als ich fünf oder sechs war, sagte ich beim Zubettgehen einmal zu meiner Mutter, mein Herz fühle sich so an, als sei es bis oben hin voll mit Gottes Liebe, wie ein Becher voll mit flüssigem Gold, das überfließt.

Ich habe immer eine enge Verbindung zu Gott gespürt, schon als kleines Mädchen. Draußen im Garten oder in der freien Natur fühlte ich mich nie allein, sondern spürte, dass jemand an meiner Seite war. Ich konnte stundenlang an einer Gänseblümchenkette basteln und war dabei in meiner Seele tief zufrieden. Mit elf Jahren begann ich Tagebuch zu schreiben. Es wurde zu meiner Art des Gebets und Gott antwortete mir immer auf den Seiten.

In meiner Kindheit und Jugend im katholischen Irland wurde jedoch immer betont, dass jeder Mensch schuldig, fehlerhaft und schlecht sei. Glaube wurde mit Leiden gleichgesetzt. Erst mit Ende zwanzig erzählten Menschen mir von dem Gott, der uns bedingungslos liebt und dessen Liebe in uns und durch uns fließt wie flüssiges

Gold. Gott will Freude, Glück und Liebe für uns, nicht Leid und Streit. Als ich Gott so kennenlernte, erhellte das Licht seiner Liebe meine Seele wieder wie damals, als ich ein kleines Mädchen war. Gottes Liebe stellt keine Bedingungen.

Je mehr Patrick von dieser Liebe erfüllt wurde, desto stärker fühlte ich mich zu ihm hingezogen und mit ihm verbunden. Der Tag unserer Hochzeit machte mich überglücklich. In Patrick hatte ich wirklich und wahrhaftig meinen Seelengefährten gefunden.

PATRICK

Zehn Monate, nachdem wir einander unsere Liebe gestanden hatten, heirateten wir an einem wunderschönen Neujahrstag in der Kirche in Liscaroll. Alle unsere Verwandten und Freunde feierten mit uns. Dad, Darragh, der kleine Patrick und ich fuhren mit einem Eselfuhrwerk vom Eselhof zur Kirche.

Einer meiner Schwager, Mick, hatte den alten Eselwagen aufgemöbelt und über und über mit Blumen und Farn aus dem Wald geschmückt. Ich hatte von den Travellern einen Eselhengst geborgt, der für Wagenrennen ausgebildet war. Für eine Hochzeitskutsche war er damit natürlich nicht ideal geeignet, aber einen anderen Zugesel hatte ich nicht auftreiben können. Immerhin bot er mit seinem wunderschön glänzenden schwarzen Fell etwas fürs Auge.

Es war still an jenem Morgen, da vermutlich alle, die nicht auf die Hochzeit kamen, am Neujahrstag 2015 ausschliefen. Das Einzige, was die Stille störte, war ein übereifriger Lastwagenfahrer, der mit seinem Sattelzug die Hauptstraße von Liscarroll herangepoltert kam.

Das riesige Gefährt war eigentlich zu breit für die schmale Straße, aber das kümmerte den Fahrer nicht und er hatte keine Skrupel, den Esel aufzuschrecken. Der machte in seiner Panik einen Satz und blieb erst mit dem Bein im Wagen hängen, dann machte er kehrt und lief zurück durchs Dorf, während Dad und ich uns bemühten, ihn zu beruhigen. Fast wären wir mit unserem Wagen in drei Autos gekracht und es wäre um ein Haar doch noch ein Eselrennen geworden.

Kaum war der Sattelzug in der Ferne verschwunden, entspannte sich der Esel und zog uns schließlich doch noch unversehrt zur Kirche.

Eileen schritt mit ihrem Vater zum Altar, während ihr Daragh das Lied „The Book of Love" sang. Als ich sie in ihrem großartigen weißen Kleid sah, war ich überwältigt von ihrer Schönheit.

Dann begegneten sich unsere Blicke. *Ich kann es nicht glauben, dass ich das Mädchen heirate, das mir meinen ersten Kuss gegeben hat.* Als sie vorne ankam, war es an mir, sie zu küssen. Diesmal vor unseren Familien und dem ganzen Dorf.

Nach der Trauung gingen wir zum Fotoshooting auf den Hügel beim Eselhof – Eileen stand auf dem Felsen, beugte sich zu mir herunter und küsste mich. Der Wind wehte wie immer und hob ihren Schleier in den Himmel. Die Felder um uns herum, das Dorf und die Burg im Hintergrund und die Hügel hüllten uns in ein sanftes Grün. Die Esel versammelten sich um uns und beobachteten mit ihren glänzenden schwarzen Augen neugierig und aufmerksam, was da vor sich ging.

So vieles war in meinem Leben hier oben schon geschehen und nun war auch Eileen, meine *anam cara*, hier an meiner Seite.

EILEEN

Etwas naiv waren wir schon. Ich war erfüllt von meiner Liebe zu Patrick, wusste aber wenig über die Probleme des Alkoholismus und brachte auch meine eigenen Ängste mit. Aber wir gehörten zusammen und unsere Liebe zueinander war ungebrochen. Noch nie habe ich einen Menschen so tief in meine Seele schauen lassen wie Patrick und neben Darragh und dem kleinen Patrick bin ich nun einer seiner Schätze. Auch meinen Daragh hat er ins Herz geschlossen.

Eines Abends erzählte mir Patrick bei einer Tasse Tee von der Nacht auf dem Hügel beim Eselhof, als er in seiner Verzweiflung zu Gott geschrien hatte. Da ging mir plötzlich ein Licht auf.

In einer Novembernacht war ich mit meinem Hund Cleo durch das Dorf bis hinter die Burg gelaufen. Ich fühlte mich einsam und sehnte mich danach, zu lieben und geliebt zu werden; sehnte mich nach einem Menschen, mit dem ich mein Leben teilen konnte und der Daragh und mich für immer lieben würde. Ich wünschte mir auch, abends beim Tee mit jemandem über den Tag zu plaudern.

Draußen beim Eselhof gab es keine Straßenlaternen, doch die Sterne leuchteten in dieser Nacht hell vor dem samtschwarzen Himmel. Ich setzte mich auf die Steinmauer am Fuß des Hügels, Cleo zu meinen Füßen. Die Luft war so kalt, dass ich meinen Atem sehen konnte. Ich blickte auf drei Sterne, die heller als alle anderen schienen. Es kam mir fast so vor, als würden sie am Himmel umeinander tanzen, ganz sanft, bedächtig und leise.

Gott war bei mir und ich legte meine Einsamkeit, meine Ängste und meine Sehnsucht nach einem Partner in seine Hände. Da spürte ich eine Welle der Liebe durch mich hindurchfließen und die Gewissheit, dass Gott über mich und meinen zukünftigen Seelengefährten wachte. Ich hatte das starke Gefühl, dass mein Ehemann gar nicht weit weg von hier auf dem Weg zu mir war.

Nun wusste ich, dass es stimmte. Ich war dort gewesen! „Patrick, ich war in dieser Nacht damals unten am Hügel, unweit von dir entfernt!"

Hätte mir irgendjemand erzählt, dass ich einmal bei Patrick Barrett landen würde, dem Jungen, den ich hasste, als ich dreizehn war, hätte ich ihn ausgelacht. Aber ich glaube nicht an Zufälle. Gott ist der Mittelpunkt unserer Liebe und wird es immer sein, ja, er muss es sein, denn ich habe Patrick gesehen in seinem Schmerz und seinen Qualen und bin stolz auf ihn, dass er solche Kämpfe ausgefochten hat, um zu dem Menschen zu werden, der er heute ist.

Wir haben einander bis heute in jeder Lebenslage Halt gegeben und das wird so bleiben, solange wir auf dieser Erde leben. So lange werden wir immer wieder bei einer Tasse Tee zusammensitzen und plaudern.

Es gab eine Zeit, in der ich Patrick Barrett hasste, aber die ist lang vorbei. *Diesen* Patrick liebe ich.

PATRICK

Ich habe drei Eileens in meinem Leben: meine Mam, meine Schwester und nun meine Frau. Der Name *Eileen* ist gälisch und bedeutet „die Helle, die Strahlende".

Und das ist sie wirklich.

KAPITEL SIEBZEHN

Jacksies Lied

Auf Gottes Befehl hin ergießen sich Quellen in die Flusstäler,
zwischen den Bergen schlängeln sich ihre Wasserläufe.
PSALM 104,10

Erinnern Sie sich noch an Jacksie, das verstoßene Fohlen, das Sie am Anfang meiner Geschichte kennengelernt haben? Jacksie spielt in meinem Leben eine sehr große, wichtige Rolle. Denn er kam genau zu der Zeit als Neugeborenes auf den Eselhof, als auch ich vom Alkohol befreit und im Glauben neu geboren worden war. Wir waren sozusagen beide Babys.

Seine ersten Berührungspunkte mit der Welt waren Menschen – meine Familie und ich und andere Mitarbeiter des Eselhofs. Wir fütterten ihn alle drei Stunden und hielten ihn im Stall unter der Wärmelampe behaglich warm, bis er alt genug war, um sich seinen Artgenossen anschließen zu können.

Er war immer so aufgeregt, wenn ich nachts zum Füttern kam, wedelte mit dem Schwanz wie ein kleiner Welpe und nickte mit dem Kopf. Manchmal versuchte er, seinen Hals oder gar sein Bein um mich zu legen, als wolle er mich umarmen. Wenn ich die Stimme seiner Mutter nachahmte, lauschte er und sah mich mit seinen kleinen glänzend schwarzen Augen an, die aus seinem flauschigen braunweißen Fell hervorlugten. In manchen Nächten schlief ich im Stroh neben diesem kuschelig warmen, langohrigen Teddybären ein.

Jacksie saugte all die Aufmerksamkeit, die ich ihm schenkte, wie ein Schwamm auf und es war, als versuche er wie ein menschliches Baby meinen Gesichtsausdruck zu imitieren. Wenn Esel sich in der Gegenwart eines Menschen sicher und geborgen fühlen, dann zeigen sie das durch ein sehr vielfältiges Mienenspiel. Man muss sie aber genau beobachten, denn ihre Miene verändert sich von einer Sekunde zur nächsten. Sie können die Stirn runzeln, besorgt schauen, Wut oder Gereiztheit zeigen, Angst, Überraschung oder Neugier ausdrücken und sogar schmunzeln oder lachen.

Ihre Lippen sind weich, fast gummiartig, sodass sie sie in die Breite ziehen oder auch hochziehen können, um die Zähne zu zeigen. Sie drehen sie auch mit Leichtigkeit in verschiedene Richtungen und gebrauchen sie fast wie Finger, um nach etwas zu essen zu schnappen oder einen Gegenstand zum Spielen zu greifen, etwa einen Ball, einen Besen oder einen alten Gummistiefel.

Die Esel bei uns auf dem Hof ziehen einander auch gerne die Namensschilder ab, die sie um den Hals tragen, rennen damit weg oder hauen sie sich gegenseitig um die Ohren. Esel können Türen öffnen und Schlösser knacken wie Aran, mein Freund aus Kindertagen. Sie kneifen Menschen auch hin und wieder spielerisch oder versuchen sie anzuknabbern, wie sie es auch untereinander tun.

Als Jacksie älter wurde, hielt er es für ein schönes Spiel, gelegentlich kräftig zuzubeißen. Esel sind zwar niedlich, aber sie gebrauchen auch gerne ihre Zähne. Wenn ich also mit Jacksie spiele, lege ich oft einen Arm um seinen Hals oder seinen Kopf und halte ihm mit der anderen Hand den Unterkiefer, damit er mich nicht mit den Lippen packen und beißen kann. Ich weiß, dass er dieses ausgelassene Spiel in vollen Zügen genießt, denn er wedelt vor lauter Freude mit dem Schwanz.

Auch mit mir zu ringen hat für ihn seinen Reiz. Als er noch klein war, fand ich es drollig, wenn er auf meinem Schoß lag und an seiner Flasche nuckelte, aber jetzt, wo er mehrere Hundert Pfund auf die Waage bringt, ist es nicht mehr ganz so niedlich.

Die Spiele heranwachsender Esel werden gröber. Manchmal stellen sie sich auf die Hinterbeine und boxen sich gegenseitig wie Kängurus, schlagen mit den Vorderhufen aufeinander ein oder beißen einander. Noch heftiger wird es, wenn sie wie bei einem Ringkampf ihre Beine und Hälse umeinanderwickeln. Das sieht bösartig aus, sie tun es aber meist nur zum Spaß. Menschen allerdings sind für derartige

Raufereien nicht die idealen Partner. Es dauerte einige Zeit, Jacksie begreiflich zu machen, dass es Grenzen gibt – bei mir und bei den anderen, die sich jetzt um ihn kümmern.

Auf der Weide jagt Jacksie mir oft nach, setzt zum Sprung an und will mit mir ringen. Manchmal wird er wütend, wenn ich ihn abblitzen lasse, dreht mir den Rücken zu, schmollt und zeigt mir die kalte Schulter. Mit angelegten Ohren zieht er beleidigt davon.

Jacksie scheint mich wirklich zu mögen, denn wenn er meine Stimme hört, egal wo er gerade ist, fängt er an zu wimmern und zu weinen, auf seine Eselsart, und ruft mich, damit ich zu ihm komme. Alle anderen ignoriert er beinahe. Ich habe keine Ahnung, warum er ausgerechnet mich zu seinem Lieblingsmenschen auserkoren hat, aber ich glaube, ich bin es bis heute.

Er kam zu einer Zeit zu uns auf den Eselhof, in der ich ihn genauso brauchte wie er mich – damals stand ich, wie erwähnt, noch ganz am Anfang meines Genesungswegs und hatte gerade mit der Ausbildung zum Therapeuten begonnen. Er war meine Brücke zurück zur Arbeit mit den Eseln, zurück zu einer Art kindlicher Unschuld. Er brachte mich zum Lachen, wenn ich auch das wirklich nötig hatte. Selbst wenn wir nicht der gleichen Spezies angehören, steht er mir näher als ein Freund – er ist für mich mehr wie ein Bruder.

Esel sind sehr empfindsam und haben ein gutes Gedächtnis, aber sie verurteilen einen Menschen nicht wegen seiner Probleme. Als Teil ihrer Herde akzeptiert zu sein, gab mir ein starkes Gefühl der Zugehörigkeit, das mir half, mich selbst wiederzufinden.

Der Gedanke, dass Menschen einem Geschöpf wie Jacksie im Zorn mit einem Stock über den Rücken schlagen oder ihn krank und mit Schmerzen alleine auf der Weide liegen lassen, macht mich ganz verrückt. Esel empfinden Schmerz. Sie merken, ob jemand ihnen zugetan ist oder nicht, und wenn sie einem Menschen oder einer Situation nicht trauen, dann spüren sie das, auch wenn sie es nicht immer zeigen. Das weiß ich sicher.

Jacksie ist wie ein Familienmitglied, aber mittlerweile habe ich auch meine eigene Herde. Meine Ehe mit Eileen hat alle meine Träume wahr werden lassen. Ich kann es immer noch nicht glauben, dass sie Ja gesagt hat!

Eileens Daragh hat vor Kurzem die Schule abgeschlossen und wird bald ein Musiktheaterstudium in England beginnen. Er fasste damals gleich Vertrauen zu mir und nahm mich in seinem Zuhause herzlich auf, auch wenn die Umstellung für ihn natürlich nicht leicht war. Ich bin ganz begeistert, was für ein mitfühlender, vielseitig begabter junger Mann er ist, ein Mensch, der die Welt zu einem besseren Ort macht.

Nicht weniger stolz bin ich darauf, Darraghs und Patricks Vater sein zu dürfen. Die beiden sind solch fürsorgliche, einfühlsame und starke junge Männer. Was ich besonders bemerkenswert finde, ist der Respekt, den sie anderen entgegenbringen. Darragh will entweder Soldat oder Krebsforscher werden, Patrick Profi-Rugbyspieler und Farmer. Im Moment kümmert er sich um eine Hühnerschar.

Eileen und ich haben jetzt auch zwei gemeinsame Kinder, die fast vierjährige Ellen-Rose und den kleinen zweijährigen Odhrán *(Oren)*. Beide sind genauso klug und schön wie Eileen – Gott sei Dank.

Unsere Tochter Ellen-Rose war mein erstes Mädchen und ich war der Erste, der sie nach ihrer Geburt in die Arme schließen durfte. Sie hatte hellblaue Augen und eine ganz helle Haut. Minutenlang betrachtete ich sie ehrfürchtig und ergriffen. Sie war so ruhig und so strahlend, und als ich sie auf Eileens Brust legte, schmiegte sie sich an wie ein kleines Lämmchen.

Unser kleiner Odhrán jagte uns bei seiner Geburt einen riesigen Schrecken ein. Die Geburten von Darragh und Patrick standen mir noch lebhaft in Erinnerung, deshalb war ich außer mir, als unser Jüngster Probleme mit der Atmung hatte.

Als es ihm nach einer Woche im Krankenhaus in Cork City noch immer nicht besser ging, wurde er mit dem Krankenwagen ins Kinderkrankenhaus nach Dublin verlegt. Da er an tausend Schläuchen und Maschinen hing, durften wir ihn auf dem Weg nicht begleiten, sondern mussten getrennt fahren – es war schrecklich!

Gleich nach unserem Eintreffen in Dublin musste Eileen infolge einer Geburtskomplikation in einem Krankenhaus am anderen Ende der Stadt operiert werden. Ich hatte solche Angst, einen von ihnen zu verlieren. Familientraumata wie dieses waren für mich zwar nichts Neues, wohl aber meine Reaktion darauf. Da es Eileen nun auch so schlecht ging, war es mir nicht möglich, in der Kirche in Mallow für Odhrán zu beten, aber ich vertraute darauf, dass Angehörige und Freunde für uns beteten und uns durchtrugen. Und das taten sie.

Die Dorfbewohner waren für uns da, während Odhráns Gesundheit am seidenen Faden hing. Geschlossen erschienen sie in einem besonderen Gottesdienst, um für seine Heilung zu beten. Zu wissen, dass Freunde und Nachbarn an uns dachten und für uns beteten, bedeutete unendlich viel für uns. Ich werde es ihnen nie vergessen.

Eileens wunderbare Familie und ihr Daragh hielten in dieser schwierigen Zeit, in der Odhrán unsere ganze Zuwendung brauchte, zu Hause die Stellung und kümmerten sich um die kleine Ellen-Rose. Fast drei Monate waren wir weg.

Nun habe ich fünf Schätze in meinem Haus (mit Eileen sechs), und ich danke Gott jeden Tag im Gebet, dass er mich gerettet hat. Unser gemeinsames Leben als Familie ist erfüllt, mit allen seinen Höhen und Tiefen. Ich weiß, wohin ich gehöre – solange ich lebe.

Oft denke ich an die Besuche meiner drei Schwestern in Dublin zurück. Ich war im Kinderkrankenhaus in einem Elternzimmer untergebracht, das auf einer Station mit dem Namen Nazareth lag. Inmitten der Sorgen um meinen Sohn tat es mir so gut, mit meinen drei Schwestern wieder einmal längere Zeit zusammen sein zu können. Wir lachten und witzelten unter Tränen, ich konnte aber auch ganz ehrlich über meine Gefühle und Ängste sprechen. Diese Offenheit kannten sie an mir gar nicht. Vielleicht zum allerersten Mal schauten sie mir tief in die Seele und sahen, was aus mir geworden war.

Mein Verhalten und meine Lebenseinstellung, die von meiner Alkoholsucht geprägt gewesen waren, hatte uns voneinander entfremdet. Nun war unsere gemeinsame Zeit mitten in dieser für meine Familie so belastenden Phase ein wichtiger Schritt zur Heilung unserer Geschwisterbeziehung. Ich wusste, dass ich Debbie, Helen und Eileen tief enttäuscht hatte, besonders während Dads Krankheit.

Sie waren mit Recht wütend auf mich gewesen. Dass Dad dem Tod so nah gewesen war, hat uns wieder zusammengeschweißt. Wir vier haben geschworen, uns im Alter um unsere Eltern zu kümmern und auch aufeinander achtzuhaben.

Es ist schon seltsam: Obwohl ich in einer großen Familie mit starken Bindungen aufwuchs, fühlte ich mich oft allein und ausgegrenzt. Ich war eine verlorene Seele, aber endlich habe ich den Weg zurückgefunden. Meine PTBS, meine Sucht und die Folgen falscher Lebensentscheidungen hatten mich vergessen lassen, wie es ist, Teil einer Dorfgemeinschaft zu sein und nah an der Natur und mit den Tieren zu leben. Jacksie hat mir geholfen, mich daran zu erinnern und wieder an das anzuknüpfen, was mir in meiner Kindheit so viel bedeutete.

Aber Liscarroll hatte wie so viele andere Dörfer zu kämpfen gegen die Konkurrenz der Supermärkte und Betriebe in größeren Städten, wo es mehr Arbeitsplätze gab. Die Rezession von 2008 versetzte der irischen Wirtschaft einen herben Schlag und die Arbeitslosigkeit war hoch. Auch wenn das Dorf heute kleiner ist als noch zu meiner Zeit bei der Armee, hat sich der Eselhof vergrößert. Mehr und mehr Esel kehrten während der Wirtschaftskrise von 2008 aus ihren vorübergehenden Pflegeunterkünften zu uns auf den Hof zurück. Die Not war groß.

Sucht ist von Natur aus egoistisch – gefangen im Alkohol war es, als seien meine Augen nach innen gerichtet. Ich drehte mich nur um mich selbst, um meine Sorgen und Wünsche. Mich selbstlos um andere zu kümmern, war mir fremd.

Die Pflege der Esel, ganz besonders Jacksie, hat mich gelehrt, für andere zu sorgen. Meine Arbeit auf dem Eselhof hat mir den Kopf frei gemacht, sodass ich lernen konnte, uneigennützig, ehrlich und liebevoll mit Menschen in Beziehung zu treten. Ich weiß nicht, ob ich ohne die Esel fähig gewesen wäre, mich auf die Beziehungen einzulassen, die ich heute habe.

Eines aber weiß ich: Ich würde gerne das, was ich bei den Eseln gelernt habe, nutzen, um anderen zu helfen, gerade Menschen mit

PTBS. Gott hat einen Traum und eine Hoffnung in mich einge-pflanzt: weiterzugeben, was ich selbst erfahren habe, und vielleicht eines Tages ein Therapiezentrum zu eröffnen, in dem Esel Teil des Heilungsprozesses sind. Ihre Offenheit, Freundschaft, Intelligenz und ihr Sinn für Humor sind eine gute Medizin.

Durch meine Ausbildung habe ich gelernt, dass ich mit einem hohen Maß an Empathie geboren wurde und spüren kann, was in anderen vorgeht. Als Kind wusste ich nicht, wie ich mit dieser Emp-findsamkeit umgehen oder mir Grenzen setzen sollte, um nicht zu viel zu fühlen. Die Forschung zeigt, dass bei Menschen wie mir die sogenannten Spiegelneuronen überaktiv sind und unser Gehirn des-halb den Schmerz anderer in einem sehr hohen Maße spürt.

Ein solches Nervensystem kann stärker auf äußere Reize reagie-ren, zum Beispiel auf Belastungen jeder Art, und es ist nicht immer einfach, diese Reizüberflutung der Sinne zu verstehen oder mit ihr umzugehen. Entscheidend dabei ist zu lernen, empathisch und für-sorglich zu sein, ohne die Gefühle der anderen in sich aufzunehmen oder ihren Schmerz zu tragen. Jungen wird häufig eingebläut, stark zu sein und sich zu verhalten wie ein Mann, deshalb können sensible, empathische Jungen leicht den Eindruck bekommen, dass mit ihnen etwas nicht stimmt oder dass sie nicht dazugehören.

Ich weiß noch genau, wie ich am allerersten Tag beim Militär am Tor meiner Kaserne stand und mir in strengem Ton gesagt wurde: „Lass deine Gefühle hier am Tor zurück." Das nahm ich mir damals zu Herzen und stellte mir tatsächlich vor, meine Gefühle abzulegen, als ich meine Uniform anzog. Ich war nicht mehr ich selbst, sondern war Eigentum der Armee geworden.

Von diesem entscheidenden Moment an lernte ich es, meine Per-sönlichkeit je nach Umgebung zu wechseln. Doch als es mit der Zeit in mir immer finsterer wurde, schaffte ich es nur noch schwer, aus dem dunklen Modus wieder herauszukommen. Ein solcher Wechsel kann aber auch sehr plötzlich über mich kommen. Manchmal ist es heute noch so, als würde ohne Vorwarnung in mir ein Schalter umge-legt und ich gehe aus geringstem Anlass in die Luft. Hat das Trinken in jungen Jahren Spuren an meiner inneren Steuerung hinterlassen? Oder die PTBS? Oder eine Mischung aus beiden? Ich weiß es nicht, aber es passiert mir auch noch ohne den Alkohol.

Bei einer PTBS entsteht nach Ansicht von Fachleuten durch wiederholte traumatische Erfahrungen eine Art Verletzung, die einen Kampf- oder Fluchtreflex auslöst. Dieser wird dann zur Gewohnheit und lässt sich kaum abschalten. Besonders wenn ich betrunken war, überkam mich oft eine unbändige Wut, angeheizt durch die PTBS. Meine Augen seien dann schwarz und mein Gesicht kreidebleich geworden. Manchmal warf ich sogar mit Gegenständen um mich und verwüstete einen ganzen Raum, ohne mir dessen bewusst zu sein. Ich lief herum und war gleichzeitig nicht da. Danach schlief ich ein und hatte auch am nächsten Tag keinerlei Erinnerung mehr daran.

Gegen diese überschießenden emotionalen Reaktionen entwickelte ich alle möglichen sehr ungesunden Bewältigungsstrategien. Hätte meine Großmutter mir damals keinen Sherry angeboten, wäre ich vielleicht nicht so früh dem Alkohol verfallen, aber ich hätte ihn vermutlich früher oder später auch selbst entdeckt.

Ich erlebte die Atmosphäre in manchen Schulen und Klassen, in die ich ging, als sehr schwierig. Diese Erfahrungen traumatisierten mich schon früh und auch meine Eltern litten darunter. Der begabte Dichter Philip Egan aus Liscarroll hat zu diesem Thema ein Gedicht mit dem Titel „Das Gebet eines Kindes" geschrieben. Hier sind ein paar Zeilen daraus, frei ins Deutsche übertragen:

Lieber heiliger Gott,

ich wär gern in der Schule gut.
Denn immer, wenn ich was nicht kann,
schlägt mich der Lehrer voller Wut
mit seinem Stock und schreit mich an.

Stellt mir vor Augen mein Versagen,
o Gott, ich halt das nicht mehr aus.

Die Hände grün und blau geschlagen,
heul ich mir nachts die Augen aus.

Muss er denn gleich den Stock erheben,
nur weil ein Kind etwas nicht weiß?
Als sei's das Wichtigste im Leben,
wie Schnee und Eis auf Gälisch heißt.

Zu diesen kindlichen Traumata kamen später die Erlebnisse als Soldat. In meiner psychotherapeutischen Ausbildung begegnete ich Jonathan Tarr wieder, einem guten Freund, der mit mir beim Militär gewesen war. Ihm konnte ich meine schmerzlichsten Erinnerungen aus dieser Zeit anvertrauen und mir so den Druck und den Schrecken dessen, was ich erlebt hatte, ein Stück weit von der Seele reden.

Während meiner Zeit im Kosovo hatte ich einmal den Auftrag, einen Quartiermeister namens Paddy Doyle durch das Gebirge an der Grenze zu Mazedonien zu chauffieren. Es war eine logistische Aufgabe; ich sollte verschiedene Dinge erledigen und hatte ansonsten viel Freiheit. Paddy kannte die Gegend gut, weil er seit Längerem dort war, schon zu der Zeit, als die Lage noch schlimmer gewesen war.

Die Kämpfe waren vorbei, aber die Menschen traumatisiert von dem gewalttätigen, blutigen Konflikt, der zu „ethnischen Säuberungen" geführt hatte. Ich sah Massengräber und hörte entsetzliche Geschichten. Die Menschen hatten vor Erschöpfung eingefallene Gesichter und betrauerten Freunde und Angehörige, die Opfer des Völkermords geworden waren. Nun versuchten sie die Scherben aufzusammeln und nach dem schrecklichen Geschehen irgendwie weiterzuleben.

Die Dorfbewohner waren verzweifelt, besonders die Mütter.

Unter anderem sollte ich an diesem Tag mit einem Kumpel namens Tony Lebensmittel zu einem Lager der Roma auf dem Gelände einer alten Schule bringen. Wir luden die Lebensmittel hinten in unseren Jeep und brachen auf. Auf dem Weg riet Tony mir, gut auf meine 9-mm-Handfeuerwaffe aufzupassen. Die Fenster des Schulgebäudes waren eingeschlagen und es sah verlassen aus.

Doch kaum hatten wir angehalten, tauchten Köpfe in den Fensteröffnungen auf und Kinder strömten aus dem Tor, gefolgt von Männern und Frauen.

„Wirf die Lebensmittel raus!", rief Tony.

Ehe ich mich versah, waren wir von Hunderten hungriger Männer, Frauen und Kinder umringt. Zum ersten Mal in meinem Leben sah ich, was Hunger war. Ein erwachsener Mann schlug ein Kind wegen eines Laibs Brot. Mütter mit Babys auf dem Arm versuchten, etwas zu ergattern, egal was. Es war das reine Chaos. Ich sah, roch und hörte die Armut und den Hunger. Während wir durch die Menge fuhren, bekam ich das Bild von dem Mann, der das kleine Kind geschlagen hatte, nicht mehr aus dem Kopf.

Die Roma waren in den Krieg verwickelt und wurden grausam behandelt. Die Serben benutzten sie als Zielscheibe für die Albaner, und als der Krieg vorbei war, schlugen die Albaner zurück und nahmen die Roma ins Visier, die als Minderheit zwischen den Fronten standen.

Unter den Flüchtlingen, die nach Mazedonien flohen, befanden sich viele Roma. An einem Wochenende ging ich in die irische Bar *St. Patrick* in Skopje, Mazedonien, wo es mich ziemlich oft hinzog. Als Stammgast kannte ich das Bedienpersonal und ein paar von ihnen hatten mich eingeladen, nach ihrer Arbeit noch mit ihnen irgendwo einzukehren. Ich trug keine Uniform. Ob es nun mutig oder dumm war, weiß ich nicht, jedenfalls beschloss ich, mich ihnen anzuschließen. Was war schon dabei?

Wir gingen in ein Café, und als ich aufgegessen und ein paar Gläser getrunken hatte, brach ich als Erster auf. Als ich die Tür öffnete, sah ich etwas an meinen Füßen. Ich dachte erst, es sei ein zerknüllter

Lappen, und wollte es gerade wegtreten, als ich genauer hinschaute und sah, was es wirklich war: ein Baby.

Augenblicklich verfiel ich in eine Art Traumzustand, schockiert und unfähig, den Anblick eines verlassenen Säuglings am Eingang zu einem Café einzuordnen. Ich stand einfach da und starrte das Baby an.

So zart, wie es war, nahm ich an, dass es ein Mädchen sein musste. Es lag eingewickelt in eine Decke, aus der nur das Gesicht herausschaute, die Haut ganz blau vor Kälte, die Augen geschlossen, regungslos.

„Komm, gehen wir", sagte jemand, packte mich am Arm und zog mich mit sich.

Ich wehrte mich nicht. Immerhin stand ich unter Befehl und es war uns eingebläut worden, alles, was ungewöhnlich war, als potenziell gefährlich einzustufen. Vielleicht war die Mutter in der Nähe und beobachtete das Geschehen oder es war eine Art Falle. Was hätte ich auch schon tun sollen?

Was das Schlimmste daran war: Bis zur Geburt meines Darragh berührte mich dieses Erlebnis kaum. Ich vergrub die Erinnerung daran tief in mir, dort, wo auch meine Gefühle begraben lagen, erzählte niemandem etwas davon und verschwendete keinen Gedanken mehr daran. Eines Tages aber mussten wir mit Darragh zum Arzt, um eine Schnittwunde an der Stirn nähen zu lassen. Ich hielt ihn auf dem Arm, während der Arzt ihm ein Beruhigungsmittel spritzte. Als er in meinen Armen einschlief, fühlte ich mich mit einem Mal zurückversetzt an jenen Tag im Kosovo.

Plötzlich war ich wieder dort auf der Straße an der Grenze zu Mazedonien und starrte auf das kleine Bündel. Und zum ersten Mal spürte ich etwas; spürte das, was ich damals hätte spüren müssen, doch nicht spüren konnte, weil es in meinem Herzen und meiner Seele zu finster, ja tot gewesen war. Aber nun wurde mein kleiner Darragh mir zum Rettungsanker, der mein Herz wieder lebendig werden ließ.

Ich nahm den Ort in seiner ganzen Hoffnungslosigkeit und Verzweiflung wahr und in dem Moment stand es mir blitzartig alles wieder vor Augen.

Ich sehe das Baby. Ich sehe mich.

Lebt die Kleine? Ich kann es nicht sagen. „Wartet", rufe ich. „Was sollen wir machen?"

„Gehen wir einfach!", erwidern die anderen.

Ich stehe da, schaue auf das Bündel und überlege, was ich tun soll.

„Komm schon!", drängen die anderen.

Schließlich gehe ich mit ihnen davon.

Ich wusste, dass das Baby von einer verzweifelten Mutter auf die Türschwelle gelegt worden war, in der Hoffnung, dass jemand ihrem Kind das Leben retten würde. Wer weiß, ob die Kleine überhaupt noch lebte, als ich sie sah, aber eines weiß ich: Ich bin einfach den Aufforderungen gefolgt und habe sie liegen lassen.

Das ist die schlimmste, die schmerzhafteste Erinnerung meines Lebens. Was ist das für eine Welt, in der Menschen ein hilfloses Kind in Eiseskälte liegen lassen und einfach davongehen?

Ich schüttete meinem Freund Jonathan mein Herz aus und er hörte zu. Seine Freundschaft und Güte halfen mir, das Erlebnis noch einmal vor meinem inneren Auge zu sehen, darüber zu reden und den Weg der Heilung einzuschlagen.

Ich kann die Zeit nicht mehr zurückdrehen und das kleine Mädchen retten, aber ich kann ihre Geschichte erzählen. Sie war ein kostbares, von Gott geliebtes und nach seinem Bild geschaffenes Wesen, das einem grausamen Krieg zum Opfer fiel. Ich werde sie niemals vergessen. Möge Gott mir vergeben, dass ich mich damals nicht über die Aufforderung der anderen hinweggesetzt und sie mitgenommen habe, und wenn es mich alles gekostet hätte.

Jonathan und ich saßen oft stundenlang zusammen und redeten, und diese Verbindung schien Licht in die dunklen Schichten tief in uns zu bringen. Er war einer der ersten Menschen, bei denen ich mich so sicher fühlte, dass ich meinen emotionalen Schutzschild ablegen und meine wahren Gefühle offenbaren konnte. Er wusste, was ich durchgemacht hatte; bei ihm konnte ich echt sein. Leider starb Jonathan 2019 bei einem Einsatz in Sierra Leone und hinterließ Frau und Kinder hier in Irland. Bei seiner Beerdigung war ich Sargträger. Auch wenn wir nur sieben Jahre befreundet gewesen waren, vermisse ich ihn sehr; doch ich weiß, dass er hier bei mir ist, mir über die Schulter schaut und mich ermutigt.

Vor Kurzem spielte ich nachmittags auf dem Boden mit Odhrán. Eileen hatte eine kleine Wassermelone gekauft und wir lachten, als er sie herumrollte. Dann hob er sie ein paar Zentimeter hoch und ließ sie wieder fallen. Dabei sprang sie ein wenig auf. Ich rettete die Melone, um eine saftige Sauerei zu verhindern, und gab sie Eileen, die sie in der Küche auf der Arbeitsplatte aufschnitt. Die Frucht war schön reif mit kräftig rotem Fruchtfleisch. Auf einmal wurde mir erst schlecht, dann heiß und schließlich taumelte ich, sackte auf den Knien zusammen und sagte zu Eileen: „Einen Moment."

Ich rannte ins Bad und fühlte mich hundeelend. Es war ein PTBS-Anfall ohne Vorwarnung, ausgelöst durch den Anblick der Wassermelone. Bislang war es meistens dazu gekommen, wenn ich einen Hubschrauber über mir gehört hatte, doch diesmal war es das rote Fruchtfleisch einer Wassermelone, das mich an Dinge erinnerte, die ich gesehen hatte und nie vergessen werde.

Während ich da über der Toilette kauerte, gebeutelt von Übelkeit und Schwindel, fing ich an zu weinen. In dem Moment spürte ich vier kleine Hände auf meinem Rücken. Ellen-Rose und Odhrán hatten sich ins Bad geschlichen und tätschelten mir den Rücken. Auch Eileen war nun da und legte sanft die Hand auf meine Schulter.

„Daddy, warum weinst du denn?", fragte Ellen-Rose neugierig und besorgt zugleich.

Ich weiß nicht, wollte ich sagen. *Ich kann es nicht erklären. Irgendwie bin ich gerade nicht ich selbst. Ich erlebe Dinge noch einmal, die ich am liebsten vergessen würde. Ich habe Narben auf meiner Seele, genau wie die auf meinem Arm.*

Ich dachte an Jonathan, der mich auch schon so erlebt hatte. Er hatte sich um mich gekümmert und gewollt, dass ich heil würde, so wie Eileen und die Kinder es sich wünschten. Langsam kam ich aus der Vergangenheit wieder zurück in die Gegenwart, aber ich war den ganzen restlichen Tag ein Häufchen Elend.

So sieht eine PTBS aus und fast wäre ich daran gestorben. Deshalb ist es mir ein so großes Anliegen, anderen zu helfen, die ähnliche Kämpfe mit ihrem inneren Schatten ausfechten.

Einmal saß ich mit Dad bei einer Tasse Tee in der Küche und plauderte. Plötzlich sah er mich an und sagte: „Jetzt hast du es ihnen aber allen gezeigt, Patrick!"

So deutlich hatte er mir noch nie gesagt, dass er stolz auf mich war.

Vermutlich hätte Dad niemals gedacht, dass sein Zufluchtsort für Esel am Ende auch mich retten würde, aber so war es.

Das Leben ist für mich heute so viel wertvoller. Ich verspüre nicht mehr den beinahe unwiderstehlichen Drang, ihm ein Ende zu setzen, und danke Gott für jeden einzelnen Tag mit Eileen und den Kindern.

Vor ein paar Jahren verrottete die alte Eiche auf dem Hügel, die in jenen dunklen Fantasien eine so große Rolle gespielt hatte, und stürzte um. Tim und ich sägten sie zu Brennholz und heizten damit unsere Häuser. So hat sie die beste Verwendung gefunden.

Heute halte ich mich lieber an eine andere Baumgeschichte, in deren Mittelpunkt ein Zolleinnehmer mit Namen Zachäus steht. Er wollte Jesus sehen, war aber so klein, dass er in der Menschenmenge keinen Blick auf ihn erhaschen konnte. Da hatte Zachäus eine Idee. Er lief voraus und kletterte auf einen Maulbeerbaum, um besser sehen zu können, wenn Jesus des Weges kommen würde. Als Jesus zu dem Baum kam, blieb er stehen, schaute hinauf und sagte: „Zachäus, steig herunter. Ich komme heute zu dir nach Hause."

Zachäus kletterte schnell herunter und ging voll Freude mit Jesus zurück zu seinem prächtigen Haus. Die Leute ärgerten sich, dass Jesus seine Zeit mit einem solch gierigen Verräter von Zolleinnehmer vertat. Aber die Begegnung veränderte Zachäus. „Die Hälfte meines

Vermögens gebe ich den Armen, Jesus! Und wenn ich jemanden betrogen habe, dann zahle ich ihm die vierfache Summe zurück!"

„Heute bist du gerettet, Zachäus", entgegnete Jesus. Er umarmte diesen einsamen, verschrobenen Außenseiter und sah in ihm den, der er wirklich war – ein Mensch, der gesehen und geliebt werden wollte, der Hoffnung und ein neues Leben brauchte. Das war auch meine Geschichte.

Ich war wie Jacksie – musste wie ein Baby ganz neu anfangen, brauchte Pflege und Nahrung, um wieder meinen Weg zu finden. Immer wenn er meine Stimme hört und mit einem gebrochenen I-Aah antwortet, höre ich in meinem Herzen die wunderschöne Musik eines Wesens, das dem Tod geweiht war, doch heute quicklebendig ist und voll Freude jauchzt.

Dank Jacksie und der anderen Esel habe ich ein Ziel: Ich möchte das, was mir widerfahren ist, nutzen, um anderen zu helfen.

KAPITEL ACHTZEHN

O komm nach Hause

*Nun liegt das altvertraute Irland
smaragdgrün hinter Meereswogen.
Erinnerungen werden wach,
mein Herz fühlt sich nach Haus gezogen.*
NACH EINEM IRISCHEN SPRICHWORT

Kürzlich plauderte ich mit der kleinen Ellen-Rose. Sie hat volles blondes Haar wie meine Mutter, das ihr in weichen Locken ums Gesicht fällt. Ihre zarte, helle Haut mit den rosigen Wangen passt gut zu ihren Augen, die genauso blau sind wie die meiner Mutter, blau wie die Irische See. Ellen-Rose ist eine in sich gekehrte, nachdenkliche Dreijährige mit einem Sack voller Fragen.

„Daddy, wie ist es, wenn man von der Burg aus durch ein Fenster hier herüberschaut?"

„Hm, Ellen. Darüber muss ich erst mal nachdenken." Ich frage mich, welche Art von Antwort sie erwarten mag. Ist sie ein Tagträumer wie ich? Oder hat sie Abenteuergeist, möchte die Türme hochsteigen und die Welt von oben betrachten? Vielleicht ist sie auch neugierig, wie unsere Familie wohl von außen aussieht.

Sie läuft in meine offenen Arme und lässt sich von mir drücken – aber nur dann, wenn sie selbst dazu bereit ist. Das Trauma der Krankheit ihres kleinen Bruders und ihrer Mutter hängt ihr noch immer an.

„Ellen-Rose, stell dir vor, du würdest oben auf dem Turm am Fenster stehen und hier herüberschauen. Was, meinst du, würdest du sehen?"

Sie sieht auf und strahlt mich an. „Wie wir Spaß miteinander haben, Daddy."

„Das haben wir. Und irgendwann steigen wir auf die Burg und schauen aus dem Fenster! Aber jetzt hol deine Schuhe. Wir fahren zu Opa rüber und sehen nach Jacksie."

Mir gefällt der Gedanke: Wenn sie sich vorstellt, durch das Burgfenster zu schauen, sieht sie keine Schlachten und keine winzigen Gebäude, nein, sie sieht uns, unsere Familie, wie wir zusammen Spaß haben.

„Eileen, ich ziehe Odhrán schon mal an", rufe ich in die Küche. Odhrán windet sich und will nicht in die Ärmel seines Mantels schlüpfen, der ihm allmählich zu klein wird.

Wir packen eine Brotzeit ein – Sandwiches mit Schinken, Käse, Tomaten und Mayonnaise (leider keine Bovril-Paste), mit Natron gebackenes Brot, Chips, Bananen und Schokolade. Dazu noch ein paar Flaschen Wasser und eine Thermoskanne mit warmem Tee; dann können wir aufbrechen.

„Ellen-Rose, kannst du das tragen?" Ich reiche ihr eine Tüte trockenes Brot. „Das ist für die Esel."

Ellen nimmt die Tasche, läuft zur Haustür hinaus und steigt ins Auto. Als Odhrán meine ausgestreckte Rechte ergreift, drücke ich seine kleine Hand ein wenig. Gemeinsam gehen wir zum Auto und ich schnalle ihn in seinem Autositz an.

Eileen kommt heraus, gibt mir einen Rucksack und schenkt mir ein Lächeln. Noch nie hatten wir so viel Freiraum miteinander und mit den Kindern wie in dieser Zeit während des Lockdowns wegen COVID-19. Ich habe auch mehr Zeit mit Dad und meinen Schwestern. Das Dorf ist wieder zum Leben erwacht. Die Leute kommen aus ihren Häusern und plaudern beim Spazierengehen.

Es ist eine merkwürdige Zeit, die ihre ganz eigenen Ängste und Sorgen mit sich bringt – wir alle sorgen uns um Mam, die jetzt in einem Pflegeheim in der Nähe lebt. Vor ein paar Jahren wurde bei ihr Alzheimer festgestellt und sie ist nun stark auf Hilfe angewiesen. Aber das Pflegeheim liegt unweit der Hügel, ist lichtdurchflutet und das Personal sehr fürsorglich. Die Bewohner sitzen in bequemen Stühlen mit handgestrickten Decken. Durch das Fenster sieht man die Esel auf den Weiden grasen.

Als ich bei meinem Elternhaus in die Einfahrt biege, erscheint Dad lächelnd an der Verandatür. Er hält eine Leine für Luna in der Hand, seine zuletzt gerettete Hündin. Sie ist lebhaft, rennt auf uns zu, schwänzelt vor Freude um uns herum und rempelt die Kinder an. Odhrán und Ellen-Rose tätscheln sie am Kopf und laufen zum Tor des Eselhofs. Dad, Eileen und ich folgen ihnen.

Ich schaue Eileen an und kann nicht glauben, dass wir in diesem Moment hier sind – zusammen. Als Dad das Tor öffnet, stürmen wir hindurch, eine chaotische kleine Menschenherde. Aus Spaß lasse ich einen leisen Eselruf los, um Hallo zu sagen und uns anzukündigen. Irgendwo in der Ferne höre ich so etwas wie ein krächzendes Hupen, als würde jemand versuchen, durch eine verstopfte Klarinette zu blasen.

„Jacksie!", rufe ich. „Wie geht's dir?"

Er antwortet mit einem kräftigen I-Aah und kommt näher. Ich bin froh, dass ein Zaun zwischen uns ist, sonst wäre er womöglich auf mich zugerannt und hätte mit mir eine Runde ringen oder beißen wollen. Wenn er seinen Kopf herumwirft und dabei schreit, verschreckt er die Kinder. Er hält sich vermutlich immer noch für einen Menschen, auch wenn er sich inzwischen mit anderen geretteten Eseln angefreundet und die Spiele seiner Artgenossen gelernt hat.

Wir schlendern jetzt durch die Scheunen auf denselben Wegen wie ich damals als kleiner Junge. Ich beobachtete gern Mam und Dad, die in Arbeitskleidung und Gummistiefeln Futter anmischten oder Gemüse für die Esel schnipselten. Der Hof hat sich stark verändert und vor allem vergrößert, um noch mehr Esel aufnehmen zu können. Dort, wo früher Aran und Pünktchen auf mich warteten, um mich zu Großmutter zu begleiten, sind heute Büroräume. Meine Großmutter ist schon lange tot und jetzt lebt meine Tante Julia mit ihrem Hund Rocky im Bruchsteinhaus.

Der alte Hühnerstall ist zum Büro des Tierschutzvereins geworden. Bei der alten Linde, auf die ich immer geklettert bin, ist nun der Eingang zum Eselhof, mit einem ordentlichen Parkplatz für die 50 000 Besucher, die jedes Jahr kommen, um den historischen Hof zu erkunden, die Esel zu sehen und über die grasbewachsenen Stufen hinauf auf den Hügel zu steigen.

Wir gehen an den Scheunen und Arans altem Stall vorbei. Der gute alte Aran – er wurde weitervermittelt und ich habe ihn während meiner Zeit beim Militär aus den Augen verloren. Aber ich bin überzeugt, dass er bei seinen neuen Besitzern ein gutes Zuhause gefunden hat. *Ob sie ihn wohl zum Fernsehen ins Haus lassen?*, frage ich mich und muss bei dem Gedanken schmunzeln. Mit einem Esel, der Tore und Türen öffnen kann, wird das Leben nie langweilig!

Vor uns liegt ein vertrauter, gerader Weg mit Zäunen an beiden Seiten, der fast unmerklich bergauf führt. Zu unserer Rechten erhebt sich ein steiler Hang mit vereinzelten Büschen und Bäumen und einer Herde junger Esel auf halber Höhe. Sie fressen und spielen und nehmen gar keine Notiz von uns.

Zu unserer Linken liegen einige ausgedehnte Weiden, auf denen eine große Eselherde grast, in unterschiedlichsten Farben, Staturen und Größen. Jeder trägt an einem losen Halsband ein Namensschild. In der Mitte suhlt sich Jacksie an einer Stelle, wo kein Gras mehr wächst, in der Erde. Als er uns gesehen hat, rufen die Kinder: „Jacksie!"

Er rollt sich auf den Bauch, streckt erst die Vorderbeine, dann die Hinterbeine von sich. Sein Hinterteil erhebt sich zuerst, dann Rücken und Kopf. Er schüttelt sich, kommt zu uns herübergelaufen, grüßt uns mit einem lauten I-Aah und schlägt so heftig mit dem Kopf, dass Odhrán Angst bekommt und leise wimmert. Eileen nimmt ihn schützend auf den Arm.

Manchmal nehme ich die Kinder mit auf die Weide und wir mischen uns unter die Esel, die zur Begrüßung sanft an uns schnüffeln, uns kneifen oder mit ihrem Fell am Rücken, an den Schultern oder am Kopf kitzeln. Aber heute nicht – heute ist Jacksie dran.

„Daddy!", schreit Odhrán, als ich mich über den Zaun schwinge, auf Jacksie zulaufe und ihn ein wenig an der Nase herumführe. Erst schwenke ich nach rechts, dann nach links, er immer heftig kopfnickend hinterher, bereit zu einer Runde Spielen.

Wir jagen einander über die Weide, ich weiche ihm immer wieder aus, sodass er gar nicht erst versuchen kann, mich zu „umarmen"; dann halten wir inne. Ich lehne mich an seine Seite und lege die Arme über seinen Rücken, einen in Richtung Schwanz, den anderen in Richtung Hals, und Jacksie dreht sich langsam um die eigene Achse. Wir vollführen unseren vertrauten kleinen Tanz, bei dem wir beide jeden Schritt kennen.

Nach ein paar Drehungen streiche ich ihm ein paarmal über den Widerrist und laufe zurück zu meiner Familie. Jacksie trottet hinter mir her wie ein Schoßhund. Ich springe über den Zaun, nehme Odhrán in die Arme und wir steigen über die grasbewachsenen Stufen zum Felsen hinauf. Jacksie jammert hinter uns ein wenig, verliert aber dann schnell das Interesse und läuft wieder zu seinen Artgenossen.

Das kleine Tor im Zaun gibt es nicht mehr, auch die große Eiche mit den Schaukeln nicht, von denen Eileen und ich uns gegenseitig versuchten herunterzustoßen. Die Überreste des alten Ringforts oben auf dem Hügel sind in die Erde gesunken und kaum mehr sichtbar. Jemand hat sie vor Jahren weiß gestrichen, sodass sie aussehen wie riesige Knochen oder Zähne.

Wir schlagen den Rundweg um den Gipfel ein und schauen über die sanften grünen, mit Steinmauern und Hecken durchzogenen Hügel hinunter, auf denen hier und da Vieh und Schafe grasen. Aus den Schornsteinen mancher Cottages steigen dünne Rauchschwaden auf. Als wir etwa ein Viertel des Rundwegs gegangen sind, sehen wir unter uns die Burg, die noch immer über dem Dorf thront. Dahinter erstreckt sich die Hauptstraße mit ihren Geschäfts- und Wohnhäusern, der Kirche, der Schule und dem *Old Walls* ganz am Ende.

Unser ganzes Leben liegt auf diesem Hof und in diesem Dorf – jeder Meilenstein, all unsere Erfolge und Misserfolge, unsere Freunde und Familien, unsere Freuden und Sorgen. Früher hat es mich gestört, so gut bekannt und in einem Meer von Bräuchen, Erwartungen und Ritualen zu leben, aber mittlerweile sehe ich es als tragfähiges Netz der Verbundenheit über Generationsgrenzen hinweg. Menschen teilen ihr Leben, geben aufeinander acht, ziehen die junge Generation groß und kümmern sich gleichzeitig um die ältere, immer bemüht, ihre Kultur und ihre Traditionen zu bewahren.

Ich glaube, dass der Eselhof nicht zufällig hier angesiedelt ist. Auf der anderen Seite unseres ovalen Rundwegs kommen wir am Felsen vorbei. Für mich war er schon immer ein heiliger Ort. Hier bin ich in der Erde verwurzelt, auf dem Aussichtsplatz, wo ich in die Vergangenheit zurückschauen, in der Gegenwart Halt finden und von der Zukunft träumen kann.

Vor meinem inneren Auge sehe ich mich selbst noch einmal ganz neu als unbefangenen kleinen Jungen, als schwierigen Teenager, als verzweifelten jungen Mann, als ehemaligen Alkoholiker und als frischgebackenen Ehemann mit seiner Braut an der Seite. Odhrán, Ellen-Rose, Eileen und ich springen über den Zaun, laufen zum Felsen und lassen uns an seinem Fuß zum Picknick nieder. Auch an diesen Tag werden wir uns später erinnern.

Dad geht mit Luna weiter. Ich wette, auch er denkt zurück an manche besonderen Momente hier oben mit Neddy, dem Esel aus seiner Kindheit, seinen Eltern und seinem Bruder, mit Mam, drei Töchtern und einem Sohn und nun seinen Enkeln. Und natürlich mit den Eseln. Immer die Esel.

Für mich liegt an diesem Ort die Schnittstelle zwischen Himmel und Hölle. Ich habe jeden Tag die Wahl, welchen Weg ich einschlagen will. Die meiste Zeit meines Lebens war ich versucht, die Seite mit dem verführerisch saftigen Gras zu wählen, die doch nichts als Kummer, Verlust und Schmerz bereithält. Nun versuche ich zu lernen, das karge, steinige Feld zu bestellen, zu beobachten, wie Dinge aufkeimen und wachsen, und mich auf die Zeit zu freuen, wenn ich die Früchte meiner Arbeit und den Lohn eines verantwortlichen Lebens werde ernten können.

Der Hof und der Felsen sind einfach typisch irisch, unglaublich stark in unserer Geschichte verankert, in der um jedes Stück Land gekämpft und jeder Quadratmeter erobert oder zurückgewonnen werden musste. Es ist ein geheimnisvoller Ort, dessen Geist aus Liedern und Gedichten spricht. Schon immer war ich stolz darauf, Ire zu sein und unser starkes Erbe und unsere Kultur in mir zu tragen. Ich hoffe, ein guter Vertreter unserer Stärken und Schwächen, unserer Liebe und Leidenschaft, unseres Sinns für Humor und Freundschaft und unserer starken Verbundenheit mit der Familie und der Dorfgemeinschaft zu sein.

Als Katholik von Kindesbeinen an war ich lange davon überzeugt, unser Glaube sei der einzig wahre. Aber kürzlich sah ich während einer Zeit der Stille ein großes Feld mit vielen in Holz eingefassten Hochbeeten, wie ein Gemeinschaftsgarten mit einzelnen Parzellen, den man manchmal in Städten findet. Die einzelnen Hochbeete standen für die unterschiedlichen Glaubensgemeinschaften auf der Welt.

Mein Beet war das katholische, mit einer Mischung aus Furcht, Werten, Ritualen, Lehren, Liebe und Leidenschaft, doch vor allem mit einem richtenden Gott. Ich bin mit einer ständigen Angst vor Gott aufgewachsen. Diese Angst verschmutzte und vergiftete die Erde, sodass kaum etwas anderes als Unkraut wachsen konnte. Das Unkraut vermehrte sich so stark, dass die hölzernen Wände des Hochbeets zerbarsten und die Zwiebeln und Pflanzen sich auf dem Feld verstreuten und verdorrten.

Ich weiß nicht viel über die anderen Hochbeete, aber ich habe gelernt, dass Gott nicht auf eines beschränkt ist. Er lässt sich nicht in einen Kasten sperren, denn er ist der Meistergärtner, der die Pflanzen setzt, gießt, pflegt, schützt und nährt, wenn wir ihn um Hilfe bitten. Er ist bereit und wartet geduldig darauf, dass wir uns an ihn wenden.

Wenn ich zum Bild Gottes geschaffen bin, wie die Bibel sagt, dann ist er der ursprüngliche Eselflüsterer. Durch die Arbeit, die ich getan habe und noch tun werde, lebe ich seinen Traum für mich aus. Von Herzen wünsche ich mir, heute in der Welt sein Bild widerzuspiegeln.

Ich habe persönlich erfahren: Er ist immer da, egal wie lange oder wie weit wir uns von ihm entfernt haben. Manchmal stelle ich mir vor, dass er einen Esel so wie Jacksie an der Seite hat, der ihm Gesellschaft leistet und mit ihm lacht.

Es war mein Glück, dass ich in Liscarroll in der guten Erde des Eselhofs aufwachsen und später, als ich dazu bereit war, wieder dorthin zurückkehren durfte. Hier habe ich meine Seele und meinen Auftrag wiedergefunden. Dieser Zufluchtsort für Esel ist ein Mikrokosmos dessen, was die Welt sein könnte, wenn wir wie die Esel im Einklang mit der Natur und miteinander leben würden, beschützt unter dem Dach des Himmels mit unserem Herrn, dem Fels, im Mittelpunkt.

Nach unserem Picknick machen wir uns auf den Rückweg. Die Esel schauen von der Weide zu uns herüber oder laufen eine Weile neben uns her. Die Kinder sind müde, und nachdem wir uns von Dad verabschiedet und uns vergewissert haben, dass er zum Abendessen gut versorgt ist, setze ich Eileen mit den Kindern zu Hause ab und fahre weiter zum Pflegeheim.

Wegen des Lockdowns kann ich nicht hineingehen, aber nach einem Anruf bringt das Pflegepersonal Mam zu mir ans Fenster – wobei sie mittlerweile ein Stadium erreicht hat, in dem sie wohl nicht einmal mehr weiß, was ein Fenster ist. Sie meint, wenn sie mich durch die Scheibe sehen kann, könne sie auch hindurchgreifen.

Ich schaue auf ihr glattes Haar, das so hell ist wie irische Butter, und in ihre klaren blauen Augen. Als ich meine Hand hebe und ihr zuwinke, streckt sie ihre aus, als könne sie meine ergreifen. Dann lege ich meine Handfläche ans Fenster und sie hält ihre auf der anderen Seite dagegen. Ich kann es beinahe spüren … beinahe. Sie wirkt schmaler heute und ich frage mich, ob sie mich wohl noch kennt oder weiß, wie ich heiße.

Auf einmal blickt sie auf und ich sehe ein Leuchten in ihren Augen. Doch, sie kennt mich!

Als ich ihr eine Kusshand zuwerfe, versucht sie dasselbe, weiß aber nicht so richtig, wie sie es anstellen soll. Für mich jedoch sind ihre Versuche, meine Hand zu fassen und meinen Kuss zu erwidern, heute an meinem Geburtstag wertvoller als jedes andere Geschenk.

Eine Erinnerung an ein anderes Fenster blitzt in mir auf. Es spiegelte einen gebrochenen Mann wider, in dessen Seele es finster war und der den Versuch, aus sich selbst auszubrechen, beinahe mit dem

Leben bezahlt hätte. Meine Mutter war in jenem Moment damals dort und hielt meine Hand, als ich sie am nötigsten brauchte.

Ein letzter Kuss durchs Fenster, dann kommen zwei Pflegerinnen und ich muss mich verabschieden. Auf der kurzen Heimfahrt denke ich noch einmal über meine neuen Augen nach und frage mich, wie ich so lange blind sein konnte für die Schönheit, den Reichtum und die Liebe, die mich umgaben. Jetzt kann ich all das sehen, selbst durch eine Glasscheibe, und bin unendlich dankbar dafür.

Zu Hause in unserer Einfahrt halte ich an und blicke zur Haustür hinüber. Durch die Scheibe sehe ich Eileen auf dem Boden mit den Kindern spielen. Ich bleibe noch eine Minute sitzen und schwelge in einem glücklichen Traum. *Ist das mein Leben?* Was ich nie für möglich gehalten hatte, ist wahr geworden. Ich brauche mich nicht mehr allein, einsam oder nirgends zugehörig zu fühlen. Und an guten Tagen ist es auch so.

An schlechten Tagen strecke ich meine offenen Hände aus und lege alles hinein, was mir Sorgen bereitet, mich ärgert, umtreibt oder auf mir lastet. Dann stelle ich mir vor, wie ich diese Dinge zum Altar bringe und sie an Gott abgebe. Meist tue ich das am Morgen während meiner Zeit der Stille, aber wenn nötig, kann ich es überall und zu jeder Zeit tun. Wenn Finsternis von mir Besitz ergreifen will, lege ich alles in Gottes Hände, dann muss die Dunkelheit weichen.

Ich bin ein stolzer Sohn Irlands, aber es tut mir weh, eine ganze Generation weit weg vom Glauben und im Schmerz verloren zu sehen. Das kenne ich nur allzu gut, denn auch ich war dort. In meiner Geschichte hat es viel mehr dunkle als helle Tage gegeben, aber ich möchte sein wie Marie – möchte Menschen wirklich sehen, sie kennen, mich um sie kümmern und ihnen helfen zu heilen und zu wachsen.

Es war ein Glück – oder vielmehr ein Segen –, dass ich den Weg zurück gefunden habe. Meine Mutter soll stolz sein können auf einen Sohn, der hart arbeitet, für seine Familie sorgt, sich an das erinnert, was er gelernt hat, und die Hilfsbedürftigen rettet, die ihm in den Weg gestellt sind, ob Mensch oder Tier.

Es war einmal ein Junge aus dem Dorf, der stand oben auf dem Felsen, schaute auf die Burg hinunter und träumte davon, in den Kampf zu ziehen. Aber er musste lernen, dass er nicht stark genug war, die Schlacht allein zu schlagen. Er brauchte Hilfe. Eines Tages hielt er inne, schrie zu Gott und sein Gebet wurde erhört.

Die Hilfe hörte niemals auf. Darum beschloss er, auch anderen zu helfen, wie ihm selbst geholfen worden war, und das weiterzugeben, was er von den Eseln gelernt hatte.

Und wenn sie nicht gestorben sind, dann sprühen sie noch heute vor Leben ... besonders Jacksie!

Nachwort

Mein Sohn Patrick ist auf einer Farm im Südwesten Irlands mit Kühen, Pferden, Eseln und Maultieren aufgewachsen. Da er keinen Bruder zum Spielen hatte, wurden die Tiere seine Brüder und er tollte oft den ganzen Tag mit ihnen auf der Weide herum. Die Esel sollten in seinem Leben – und natürlich auch in unserem – noch eine große Rolle spielen.

Im Jahr 1964 trafen die ersten Esel, die mein Vater, Garrett Barrett, gerettet hatte, auf unserem Hof ein. Er war als Inspektor bei der irischen Gesellschaft zur Verhütung von Tierquälerei (ISPCA) tätig. 1981 fuhr ich zum ersten und letzten Mal mit meinem Vater auf einen Einsatz. Aus der Grafschaft Kerry war ein schlimmer Fall von Tierquälerei gemeldet worden. Den Kopf an die Beine gebunden, waren die Pferde und Ochsen in einem erbarmungswürdigen Zustand. Mein Vater musste sie mit einem Stanley-Messer von ihren Fesseln befreien. Als er etwa beim zwanzigsten Tier angelangt war, rief er plötzlich um Hilfe. Er reichte mir das Messer und brach mit einem schweren Herzinfarkt vor meinen Augen zusammen. Ich war damals vierunddreißig.

In Begleitung der Vorsitzenden der ISPCA, Miss Turketine, fuhr ich hinter dem Rettungswagen her. Im Auto wandte ich mich ihr zu und sagte: „Ich werde das Werk meines Vaters fortsetzen." Im Dezember 1981 wurden auf dem kalten, kargen Feld die Weichen für meine Zukunft gestellt. Innerhalb eines Monats übernahm ich Dads Arbeit. Patrick war damals zweieinhalb und gemeinsam mit seinen älteren Schwestern Helen, Debbie und Eileen und meiner Frau Eileen widmete ich mein Leben fortan vernachlässigten Tieren.

Es waren bereits zweiunddreißig gerettete Esel auf dem Hof in Liscarroll. Damals verloren mit der zunehmenden Mechanisierung in der Landwirtschaft viele Esel ihre einst hochgeschätzte Aufgabe. Esel sind starke, widerstandsfähige Tiere, die gut und gerne fünfzig Jahre alt werden können. Mehr und mehr Esel wurden auf dem Feld oder an der Straße ausgesetzt und dem rauen irischen Klima überlassen. Die Lage wurde ernst.

1987 schloss sich das *Donkey Restfield Ireland,* wie wir unseren Hof zunächst genannt hatten, mit *The Donkey Sanctuary in England* zusammen. *The Donkey Sanctuary Ireland* wurde von mir ins Leben gerufen. Mit meiner Frau Eileen an der Seite retteten wir mehr als sechstausend Esel von der ganzen Insel.

Patrick arbeitete in den ersten Jahren nach seiner Schulzeit mit. Die Esel waren seine Spielgefährten, aber ich musste immer ein Auge auf ihn haben, weil er manchmal, mutig wie er ist, mitten in die grasende Herde hineinlief. Esel können die unterschiedlichsten Temperamente haben, manche sind sehr ausgelassen und verspielt. Aber Patrick schien nie Angst zu haben und ist schon immer sanft mit ihnen umgegangen, selbst als kleiner Junge.

Angesichts seiner Abenteuerlust und seines Willens, anderen zu helfen, war es kein Wunder, dass Patrick mit neunzehn Jahren Soldat wurde. Meist rief er einmal in der Woche an, um uns zu sagen, dass alles in Ordnung sei, weil er wusste, dass ich mir Sorgen machte. Nach seiner Zeit beim Militär arbeitete er wieder bei uns mit. Mir fiel auf, dass er sich verändert hatte, aber er sprach nie viel über seine Erfahrungen. Damals dachte ich, er sei einfach gestresst nach allem, was er durchgemacht und gesehen hatte. Oft blieb er die ganze Nacht weg. Ich tat dann kein Auge zu und wartete auf ihn. Oft betete ich nachts den Rosenkranz. Mit meiner Padre-Pio-Münze in der Hand bat ich Gott, meinen Sohn zu bewahren.

Schließlich kam der Tag, als Patrick in ein Therapiezentrum eingewiesen werden musste. Eileen war die Stärkere von uns. Ich betete den ganzen Tag, lief unruhig auf und ab, trank starken Tee und hoffte auf seine Genesung.

Danach konnte ich eine deutliche Veränderung zum Besseren erkennen. Patrick begann eine Ausbildung in Psychologie und Psychotherapie, um Menschen in ähnlicher Lage helfen zu können. Seit seinem Abschluss ist er immer stärker geworden. Ich sehe jetzt an ihm wieder viel von der Freiheit des kleinen Jungen, der auf den Feldern herumrannte.

Patrick und seine Familie besuchen mich regelmäßig und ich liebe es, bei einer warmen Tasse Tee über das zu plaudern, was war und was noch kommen wird. Oft stehe ich an der Küchentür und sehe ihm nach, wenn er zu einem Rundgang um den Eselhof aufbricht, und bin stolz auf den Mann, zu dem er geworden ist. Nicht selten schließe ich mich ihm an, meinen Rosenkranz in der Hand, dankbar, froh und glücklich. Mein Sohn ist nach Hause gekommen.

Paddy Barrett, Gründer von „The Donkey Sanctuary Ireland"

Dank

PATRICK BARRETT

Mein Dank gilt …

… Susy: Wer hätte gedacht, dass eine im Glauben abgeschickte E-Mail uns so weit bringen würde? Danke für deine außergewöhnliche Geduld, Toleranz und die wunderbare Fähigkeit, diese Geschichte mit Leben zu füllen. Du warst für mich eine großartige Mentorin und Lehrerin. Gott segne dich und deine Familie – wir sind für immer in Freundschaft mit euch verbunden.

… Sarah Atkinson und Bonne Steffen: Es war für mich eine Freude und ein Vorrecht, mit Ihnen beiden und dem gesamten Tyndale-Team zusammenzuarbeiten. Sie haben daran geglaubt, dass ein Mann und seine Esel eine Geschichte wert sind. Danke!

… dem Dorf Liscarroll: Die Freundschaften, das Lachen und die gemeinsamen Geschichten haben mich zu dem Mann gemacht, der ich heute bin. Ein Bild des Dorfes ist für immer in meinem Herzen eingerahmt und erinnert mich daran, dort zu blühen, wo ich hingepflanzt bin. Danke Pat O'Brien dafür, dass Sie uns die Dorfgeschichte Liscarrolls aus Ihrer Sicht nahegebracht haben.

… den Freunden aus meiner Kindheit, mit denen ich so viele Abenteuer erlebt und auch manche Schrammen davongetragen habe: Sean Murphy, Brian Brosnan, Barry Madden, Brendan O'Connor und Roy Gardiner.

… dem *Flatstone Counselling & Psychotherapy Institute* mit seinem Team: Dónal Healy (†) und Clare Murray, die die Vision hatten, ein Institut ins Leben zu rufen, in dem Menschen heil werden und lernen können. Sie haben wirklich an mich geglaubt und mir den entscheidenden Kick gegeben. Danke, Maria Stuart, dass ich am 24. November 2012 zu Ihnen kommen durfte. Danke, Anne Paffrey, dass Sie mein wahres Wesen erkannt und mich ermutigt haben, eine Ausbildung zum Psychotherapeuten zu machen. Danke, Helen O'Dea, dass Sie mir immer zugehört haben. Und danke, Alan Davis, für Ihre Unterstützung und Ihre Weisheit während der ganzen Zeit.

… allen meinen Kollegen bei Flatstone: Nuala, Liam, Shanon und Jacinta. Ich glaube fest, dass euer heilendes Licht in so manches Leben hineinscheint. Danke, Martina Drett und ihrer Familie. Ihr alle seid meine Familie. Danke für eure beständige Freundschaft.

… den irischen Streitkräften und all den Menschen, mit denen ich beim Militär gedient habe. Es war eine Ehre und eine bleibende Erfahrung.

… meinem lieben Freund Jonathan Tarr (†): Wir haben einander unser Herz ausgeschüttet, einander in die Seele geschaut und unsere Erfahrungen ausgetauscht. Ich weiß, dass du immer bei mir bist.

… Noreen, Jackie, den Healys und meinen Schwagern. Danke, dass ihr mich so herzlich aufgenommen und auch meinen Gaumen verwöhnt habt! Und dass ihr Eileen und mich auf unserer gemeinsamen Reise unterstützt.

… dem McCormack- und dem Barrett-Clan. Ich bin stolz darauf, beiden „Herden" anzugehören.

… meinen drei Schwestern – Debbie, Helen und Eileen. Euch gilt mein ganz besonderer Dank. Ich habe euch viel Geduld abverlangt. Danke für all eure Fürsorge und Unterstützung in meinem Leben. Ihr habt immer auf mich achtgehabt und mich in die richtige Spur zurückgeführt. Ich weiß nicht, ob ich ohne euch den Weg zurück gefunden hätte. Danke euren Ehemännern Tim, John und Timmy – auch ihr habt mit mir viel aushalten müssen!

… Mom und Dad: Der Eselhof, den ihr aufgebaut habt, ist ein bleibendes Erbe eurer Hingabe, Fürsorge und Liebe zu den Eseln. Mit der gleichen Hingabe, Fürsorge und Liebe habt ihr auch eure Kinder überschüttet. Das Wort Danke kann nur unzureichend ausdrücken, was ihr in guten und schwierigen Zeiten für mich getan habt.

… meinen eigenen Schätzen: Odhrán, für dein sonniges Wesen, deine Freude und deinen Geist bei uns zu Hause. Du bringst mich immer wieder zum Lachen! Meinem wunderschönen kleinen Mädchen, Ellen-Rose. Deine Stärke, Entschlossenheit und Sanftheit inspirieren mich. Patrick, deine Sorge um die Tiere zeigt, wer du bist. Danke für deine Rücksichtnahme, deine Freude und Güte. Danke, Darragh, meinem Erstgeborenen – ich habe so viel von dir gelernt. Du bist unglaublich stark, wahrhaftig und humorvoll! Danke dem „großen" Daragh – du hast Musik und Kreativität in unser Heim gebracht. Wir werden dein Lachen und deine Fröhlichkeit vermissen, wenn du zum Studium weg bist. Danke Daisy, unserem Hund – dafür, dass du einfach du bist! Es ist ein Segen, euch alle zu haben. Ich liebe euch alle aus tiefstem Herzen für immer.

… meiner wunderschönen Ehefrau und Seelengefährtin Eileen: „Glück ist, wenn deine Gedanken, deine Worte und dein Tun im Einklang stehen." Du bist mein Glück.

… den Eseln: Ihr wart mir in meiner Kindheit Leben und Zuflucht. Danke, dass ihr mich die wahrsten Werte gelehrt habt – Loyalität, Ehrlichkeit, Freundschaft und Liebe.

Und ein ganz besonderes Dankeschön an Jacksie: du verrückter Esel!

SUSY FLORY

Ein herzliches Dankeschön dem ganzen wunderbaren Team bei Tyndale, dass Sie diese einzigartige Geschichte angenommen haben. Ihre Bücher und Ihre Arbeit bewirken so viel in dieser Welt.

Patrick, sei gesegnet dafür, dass du dein Herz und deine Seele geöffnet und mich und nun auch die Welt an deiner Geschichte hast teilhaben lassen. Und danke für dein Vertrauen, dass ich sie schreiben durfte. Von dir habe ich viel über Gottvertrauen und das Hören auf seine Stimme gelernt.

Danke, Eileen, für deine Weisheit, deinen Humor und deine Freundschaft!

Paddy, danke für Ihre Weisheit und Güte. Sie sind ein Held, dass Sie über die Jahre so viele Esel und Menschen gerettet haben. Danke, dass Sie mir die Padre-Pio-Münze gezeigt haben.

Dank an Patricks Mam Eileen. Ich bin so froh, dass ich Sie kennenlernen und mich an Ihrer Schönheit und Ihrem Lächeln erfreuen durfte.

Helen, danke, dass du mir deine Geschichten erzählt hast, und für alles, was du für Tiere und Menschen tust.

Und Jacksie, ich hab dich ins Herz geschlossen, denn du bist voller Leben, Übermut und Freude – ein Botschafter auf dem Eselhof.

Schließlich gilt mein tief empfundener Dank meiner eigenen Herde: Robert, Ethan, Angela, Teddy und Forrest, dass ihr für mich sorgt, euch für mein Schreiben interessiert, ihr meinen Geschichten zuhört und eure Gedanken und Ideen mit mir teilt. Ich bin auch meiner Mutter Mary Jane Daugherty Srubar dankbar dafür, wie sehr sie Irland und das Geschichtenerzählen liebt. Sie war sehr stolz darauf, eine Tochter Irlands zu sein, und betrachtete sich als irische Prinzessin. Mit ihrer ersten und einzigen Reise nach Irland 2001 wurde ein Traum für sie wahr. Dieses Buch ist für dich, Mum!

Über „The Donkey Sanctuary"

Im *Donkey Sanctuary Ireland* finden noch heute viele Tausend vernachlässigte oder ausgesetzte Esel wie Aran und Jacksie ein neues Zuhause, auch wenn Dad sich vor ein paar Jahren zur Ruhe gesetzt hat. Ihm wurde in Anerkennung für seinen Beitrag zum Tierschutz ein Platz in der *National Hall of Fame* verliehen, was in Irland eine große Ehre ist. Die Zeremonie fand im Rahmen einer Gala in einem Hotel oben in der Grafschaft West Mead statt. Die *Donkey Breed Society* überreichte den Preis. Dad betonte in seiner Rede, ohne seine Frau und seine Familie stünde er heute nicht dort. Nie werde ich diesen Abend vergessen. Ich war sehr stolz auf meinen Vater, der seine gesamte berufliche Laufbahn dem selbstlosen Einsatz für ein Tier gewidmet hat, das so oft übersehen oder misshandelt wird. Wie Marie sah er immer, was zu tun war, und tat es.

Der Hof hat heute eine neue Leitung. *The Donkey Sanctuary* setzt die wichtige Arbeit der Eselrettung fort. Besucher sind jederzeit willkommen. Der Eintritt und das Parken sind kostenlos.

The Donkey Sanctuary liegt im Dorf Liscarroll, Mallow, County Cork, Ireland.

Näheres erfahren Sie telefonisch unter +353 (0) 22 48398 oder im Internet unter https://www.thedonkeysanctuary.ie/.

Über PTBS

Eine posttraumatische Belastungsstörung (PTBS) kann sich nach einem sehr belastenden oder schmerzlichen Ereignis oder auch nach einer länger andauernden traumatischen Erfahrung entwickeln.

Es ist noch nicht vollständig geklärt, warum manche Menschen eine PTBS entwickeln und andere nicht. Aber es gibt Faktoren, die dem Auftreten der Störung Vorschub leisten.

Einer davon ist, dass die PTBS dabei hilft, weitere traumatische Erfahrungen zu überleben. Zum Beispiel können die Flashbacks, die im Rahmen einer PTBS auftreten, den Betroffenen dazu zwingen, genauer über das Ereignis nachzudenken. Dadurch soll derjenige besser vorbereitet sein, falls etwas Ähnliches noch einmal auftritt. Das Gefühl der Übererregung kann dazu beitragen, in einer weiteren Krise schnell reagieren zu können.

Auch wenn diese Reaktionen das Überleben sichern sollen, sind sie in Wirklichkeit nicht hilfreich. Denn sie verhindern es, die traumatische Erfahrung angemessen zu verarbeiten und hinter sich zu lassen.

In den meisten Fällen entwickeln sich Symptome in den ersten fünf Monaten nach einem traumatischen Ereignis. In seltenen Fällen können aber auch erst Monate oder Jahre später erstmals Symptome auftreten.

Bei manchen Menschen mit PTBS wechseln sich längere Phasen, in denen sie nicht nennenswert beeinträchtigt sind, mit Phasen ab, in denen es ihnen schlechter geht. Andere Betroffene haben dauerhaft schwere Symptome. Die spezifischen Symptome der PTBS können von Mensch zu Mensch verschieden sein. Sie lassen sich allgemein in drei Kategorien einteilen:

- Wiedererleben
- Vermeidung und emotionale Erstarrung
- Übererregung (Gereiztheit)

Wiedererleben ist das typischste Symptom einer PTBS. Hier erlebt der Betroffene das traumatische Ereignis unfreiwillig sehr deutlich noch einmal in Form von:

- Flashbacks
- Albträumen
- wiederholten verstörenden Bildern oder Empfindungen
- körperlichen Empfindungen wie Schmerz, Schwitzen, Übelkeit oder Zittern

Betroffene können dauerhafte negative Gedanken über das Ereignis haben. Sie stellen sich möglicherweise immer wieder Fragen, die sie davon abhalten, es zu verarbeiten. Zum Beispiel, warum es überhaupt dazu gekommen ist oder ob es sich hätte verhindern lassen. Dies kann Schuld- oder Schamgefühle nach sich ziehen.

Die Symptome einer komplexen PTBS sind ähnlich. Hinzukommen können:

- Scham- oder Schuldgefühle
- Schwierigkeiten, Emotionen zu steuern
- Phasen gestörter Aufmerksamkeit und Konzentration – sie werden als Dissoziationen bezeichnet
- körperliche Symptome wie Kopfschmerzen, Schwindel, Brust- oder Magenschmerzen
- Abschottung von Freunden und Angehörigen
- Beziehungsprobleme
- destruktives oder gefährliches Verhalten wie Selbstverletzung, Alkohol- oder Drogenmissbrauch
- Suizidgedanken

Die Behandlung einer PTBS besteht im Wesentlichen aus Psychotherapie und Medikamenten. Es kann sehr schwer sein, traumatische Ereignisse zu überwinden, aber sich den eigenen Gefühlen zu stellen und professionelle Hilfe in Anspruch zu nehmen, ist bei PTBS das empfohlene Vorgehen. Es ist möglich, PTBS noch Jahre nach dem traumatischen Ereignis zu behandeln. Es ist also nie zu spät, Hilfe zu suchen.[8]

Anmerkungen

[1] Übersetzt nach einer Bearbeitung aus Sue Weaver, *The Donkey Companion* (North Adams, MA, Storey Publishing, 2008), S. 11.

[2] Jodi Picoult, Beim Leben meiner Schwester. Übersetzt von Ulrike Wasel und Klaus Timmermann © 2005 Piper Verlag GmbH, München.

[3] Frei nach 4. Mose 22,7-33.

[4] In manchen religiösen Traditionen nennt man es das Epiphaniasfest, an dem der Besuch der Heiligen Drei Könige beim neugeborenen Jesus Christus gefeiert wird.

[5] *Gotteslob* (Stuttgart, Katholisches Bibelwerk, 2013) Nr. 19.4, S. 86.

[6] Das Gebet des Herrn in Matthäus 6,9-13.

[7] Markus 8,22-25.

[8] Diese Informationen stammen (aus dem Englischen übersetzt) von der Website der Health Service Executive (HSE), der Behörde, die in Irland ansässigen Personen Gesundheits- und Sozialleistungen gewährt. https://www2.hse.ie/conditions/mental-health/post-traumatic-stress-disorder/post-traumatic-stress-disorder-ptsd-symptoms.html (aufgerufen am 6.10.2022).